i Robinson / Letture

Di Marco Damilano
nelle nostre edizioni:

Eutanasia di un potere.
Storia politica d'Italia da Tangentopoli alla Seconda Repubblica

Marco Damilano

Chi ha sbagliato più forte

Le vittorie, le cadute, i duelli dall'Ulivo al Pd

Editori Laterza

www.laterza.it

Prima edizione ottobre 2013

Edizione
4 5 6

Anno
2013 2014 2015 2016 2017 2018

Questo libro è stampato
su carta amica delle foreste

Stampato da
SEDIT - Bari (Italy)
per conto della
Gius. Laterza & Figli Spa
ISBN 978-88-581-0938-0

Sedetti fuor dell'osteria,
al limite della foresta.
Aspettai invano. Ore e ore.
Nessun predace in cresta
apparve della Malinconia.
Aspettai ancora. Altre ore.
Pensai, in straziata allegria,
al colpo fulminante
del franco cacciatore.

Giorgio Caproni

Indice

1. Il giorno degli sciacalli 3

2. Piazza Santi Apostoli 35

«Venti anni di menzogna» 65

3. Gargonze 71

4. Ottobre 94

5. Ombre di domani 112

«Faccio politica, non ho tempo di odiare...» 135

6. L'Urlo 145

«Cara Sinistra...» 155

7. Il Ritorno 164

«La mia più grande delusione» 189

8. Il treno di Walter 195

«Quando tutto si è spezzato» 214

9. Nella Palude 221

«Uno, Nessuno, Centouno» 243

Terre promesse 249

Indice dei nomi 257

Dovessi scegliere un epitaffio per il Partito democratico, userei quello composto dal solitamente lucido europarlamentare (ex giornalista del Tg1) David Sassoli. «Non abbiamo consegnato tutto il Paese a Berlusconi. Soltanto una parte», si avventurò a dire una sera dopo la nascita del governo Pd-Pdl in una sezione, di fronte a una platea di militanti comprensibilmente allibiti e anche parecchio arrabbiati. Non tutto il Paese consegnato a Berlusconi, dunque, solo una parte. Sì, ma allora, quanto? Un terzo? La metà? Tre quarti? Chissà. Di certo completamente smarrito è andato il progetto di una democrazia dei cittadini, di un Paese più civile e pulito. Un'occasione perduta che pesa in larga misura su chi ha avuto la possibilità di costruire un'alternativa e l'ha sprecata. Non solo nel 2013, però. Questa è una vicenda cominciata molto tempo prima.

Dal 19 aprile 1993 al 19 aprile 2013 sono passati esattamente venti anni. Dal referendum con cui gli italiani scelsero il sistema maggioritario, non una semplice legge elettorale ma il sogno di una competizione e di un ricambio di classi dirigenti, come mai era successo nei decenni della guerra fredda e in un secolo e mezzo di storia unitaria, ai 101 parlamentari del Partito democratico a volto coperto che, eliminando Romano Prodi dalla corsa per la presidenza della Repubblica, hanno spalancato le porte alle larghe intese. Il governo del Pd con un Berlusconi in declino, la fine della lunga partita giudiziaria con la condanna definitiva del Cavaliere che ha colto il partito del centrosinistra nel ruolo impensabile dell'Alleato.

Quel voto è stato l'atto finale di un fallimento comune. Il fallimento della Seconda Repubblica, intesa come restituzione ai cittadini del potere di scelta dei governanti, coincide con il fallimento del centrosinistra che il fattore B., l'anomalia berlusconiana, da solo non basta a spiegare. Il centrosinistra ha perso per una sua debolezza culturale, istituzionale, perfino etica, che si è conclusa in una catastrofe politica. Quel che segue è un tentativo di raccontare questa parabola, dagli entusiasmi accesi dall'Ulivo a metà degli anni Novanta fino alle cadute successive, i duelli, i tradimenti, il crollo. Il ritratto di una generazione, andata al governo in un periodo di crescita economica incredibilmente felice se paragonato alle paure e alla grande recessione di inizio secolo, che ha rapidamente dilapidato il suo momento. Ha sbagliato più forte, come dice il verso della Canzone popolare *di Ivano Fossati che fu la colonna sonora di quella stagione.*

Tra le tante interpretazioni possibili ho scelto la mia, di certo non neutrale. La chiave di una narrazione in presa diretta. Mi sono affidato alle testimonianze di alcuni protagonisti, pochi, e soprattutto alla mia memoria e agli strumenti del mio mestiere. Uno, in particolare, il più umile e resistente: i miei quaderni, fedeli ai fatti e soggettivi come l'occhio di una cinepresa, fogli a quadretti bagnati di pioggia o ingialliti dal sole, appunti raccolti in posizione di fortuna, in una tribuna stampa, in piedi di corsa durante una manifestazione o seduto per terra sotto un palco. Impressioni frettolosamente trascritte, qualche perla dimenticata da ripescare in un mare di parole spesso inutili. Frammenti di discorso politico. Nevrosi, ossessioni, discrepanze. Delusioni, passioni, speranze. Un diario strettamente personale. O forse no, non solo.

Chi ha sbagliato più forte

Le vittorie, le cadute, i duelli dall'Ulivo al Pd

Capitolo 1

Il giorno degli sciacalli

Come si progetta, si realizza e si porta a termine un omicidio (politico)? Quello della vigilia di Natale del 1971 resta uno dei più riusciti, e anche dei più dimenticati. Martedì 21 dicembre, San Tommaso Apostolo, annotò scrupolosamente il notista della "Stampa" Vittorio Gorresio, quattro ambasciatori della Dc (in ordine alfabetico, li elencò Gorresio: Andreotti, Forlani, Spagnolli e Zaccagnini) bussarono a casa del senatore Giovanni Leone, malato di bronchite, la voce roca, qualche linea di febbre, a comunicargli che l'assemblea dei grandi elettori democristiani lo aveva designato come candidato ufficiale alla presidenza della Repubblica, a voto segreto. Il senatore era già stato informato da una telefonata del deputato comunista, napoletano come lui, Giorgio Amendola: «Noi e i compagni degli altri partiti di sinistra non ti possiamo votare. Sei sicuro di volerti esporre?». Leone, 63 anni, senatore a vita, accettò e diventò sesto presidente tre giorni dopo al ventitreesimo scrutinio, con 518 voti, appena quattordici in più del quorum necessario, con la destra post-fascista determinante, il Movimento sociale di Giorgio Almirante. «Sono stato eletto il giorno dopo Santa Vittoria, mi porterà fortuna», si fece coraggio con la moglie.

Tempo dopo, quasi per distrazione perché i protagonisti avevano sempre evitato di parlarne, si apprese qualche dettaglio in più sulla riunione dei grandi elettori democristiani. Il candidato non era Leone. Dopo l'uscita di scena del presidente del Senato Amintore Fanfani, infatti, doveva entrare in gara l'altro cavallo di razza: Aldo Moro. In quel momento Moro, 55 anni, la frezza bianca che attraversava i capelli ancora neri come un guizzo di impazienza inusuale per lui, era ministro degli Esteri, ma non aveva incarichi di partito, anzi, si trovava in minoranza. Nel novembre 1968 era passato all'opposizione interna, in un discorso al Consiglio nazionale aveva sferzato i notabili della Dc con durezza sconosciuta: «un partito senza animazione ideale, senza esperienza storica, tutto preso da un confuso empirismo, immobile ed eguale, incapace di adoperare un criterio politico, per valutare e dominare situazioni nuove con animo nuovo». In quella stagione di imprevedibili cambiamenti e di tumultuose novità, Moro vedeva «l'ampliarsi delle attese e delle speranze, il travaglio doloroso nel quale nasce una nuova umanità. Tempi nuovi si annunciano e avanzano in fretta come non mai. È il moto irresistibile della storia».

Parlava così l'uomo che quella sera di inverno del 1971 aveva sfiorato la candidatura al Quirinale. Fosse stato nominato dalla Dc, sarebbe stato poi eletto presidente con i voti di tutti i partiti della sinistra, Pci compreso. Enrico Berlinguer, il vice-segretario destinato alla successione di Luigi Longo, incontrandolo in gran riservatezza, gli aveva garantito i voti comunisti: «Non vogliamo nulla in cambio, è solo un atto di stima nei suoi confronti. Tutti i democristiani ci hanno chiesto i voti, tranne lui». E al Quirinale sarebbe arrivato il politico che meglio aveva interpretato la contestazione del 1968 e la reazione che aveva scatenato: la strage di piazza Fontana, la strategia della tensione, la presenza di una destra politica, economica, occulta che Moro conosceva per esserne diventato il bersaglio più ricorrente. «Flaccido e cascante come un piccolo visir cupo, funereo, ha sparso il suo cammino di cadaveri e rovine...», lo ritraeva "Il Tempo" di Renato Angiolillo, precursore dell'editoria berlusconiana della Seconda Repubblica. Uno iettatore, da eliminare.

Fu eliminato, infatti, dalla corsa al Quirinale. Fu nominato, invece, Leone «con uno scarto non rilevante e grazie all'appoggio quasi totale dei senatori», rivelò anni dopo Giulio Andreotti. E il sistema politico diede alle richieste di cambiamento una risposta di conservazione che avrebbe pesato negli anni Settanta. Cominciò la più debole e tormentata presidenza della storia repubblicana, conclusa, per la prima volta, con le dimissioni anticipate del capo dello Stato.

Moro, invece, di quel voto segreto dei suoi amici di partito contro di lui non parlò mai da uomo libero. Passeranno anni, si dovrà arrivare al 1978. Il presidente della Dc è ancora una volta il candidato più autorevole al Quirinale, per portare a termine dal Colle il suo capolavoro politico, l'accordo tra i democristiani e il Pci, quando viene rapito in via Mario Fani dalle Brigate rosse. E la mancata elezione al Quirinale del 1971 spunterà nel memoriale composto nei giorni del sequestro come un passaggio decisivo. E con una notazione sorprendente: «Alcune mie prese di posizione mi valsero ancora una volta (come già nel '69) la qualifica di anti-partito, una posizione negativa registrata ed amplificata tra i gruppi parlamentari che giocò il suo ruolo, com'è naturale, decisivo ai fini della mia qualificazione personale per la carica di Presidente della Repubblica», scrive. «Tanto poco dominavo il partito che in questo caso fui battuto da altro eminente parlamentare [...]», ironizza. «Non ero depositario di segreti di rilievo né ero il capo incontrastato della Dc. Si può dire solo che in essa sono stato presente e ho fatto il mio gioco, per evitare una involuzione moderata della Dc e mantenere aperto il suo raccordo con le grandi masse popolari. Vincendo o perdendo. Anzi, più perdendo che vincendo».

Moro nel '71 perde il Quirinale e vince la destra che si sbarazza dell'avversario più intelligente e temuto. Un leader importante, il più prestigioso anche se il più isolato, viene sacrificato: accusato di corteggiare l'anti-politica (giocò contro di lui «la qualifica di anti-partito»), lui che era «il capo di cinque governi, / punto fisso o stratega di almeno dieci altri, / la mente fina, il maestro / sottile / di metodica pazienza...», ritratto da Mario Luzi. Un omicidio (politico) che cambia il corso delle cose.

Sono le diciassette meno dieci, la campana maggiore di Palazzo Montecitorio comincia a rimbombare, scuote gli edifici intorno, fa tremare il selciato. Il cielo è color ferro, c'è una pioggerellina sottile, il freddo è più autunnale che primaverile, anche se è un lunedì 22 aprile. Un tempo, uno o due secoli fa, la campana serviva a richiamare il popolo romano all'estrazione dei numeri del lotto un giorno a settimana, oggi torna attiva ogni sette anni, celebra il giuramento sulla Costituzione del capo dello Stato appena eletto, alla conclusione di scrutini quasi sempre simili a una lotteria: nomi estratti a sorte, voti che ballano nel bussolotto.

La Repubblica italiana ha dunque un nuovo presidente, il dodicesimo dal 1946. La campana suona più forte, ora è quasi rock, le auto blu si fermano, quando le porte si aprono l'Eletto in cappotto scuro scende rapido dalla Lancia, nonostante l'età cammina a passi spediti verso il portone della Camera, forse vuole consumare rapidamente l'emozione, forse ha fretta di terminare il rito anche lui.

Giorgio Napolitano, 88 anni, è stato votato due giorni prima come capo dello Stato dal Parlamento e dai delegati regionali in seduta comune, con 738 voti su 997: un'elezione senza precedenti, il dodicesimo presidente è l'undicesimo, Napolitano è il primo inquilino del Quirinale a essere rieletto alla più alta carica repubblicana. Dovrebbe essere un giorno di festa, ma più che la soddisfazione pesa l'angoscia, lo spettacolo di un sistema politico obbligato ad aggrapparsi a un uomo arrivato alla quarta età per salvarsi dal precipizio, dal cortocircuito politico-istituzionale: lasciare l'Italia senza presidente, senza governo, nel pieno della peggiore recessione del dopoguerra.

Nel Presidente, *romanzo di Georges Simenon pubblicato nel 1958, considerato dal biografo dello scrittore Pierre Assouline il ritratto più fedele della corruzione, dei ricatti e dei conflitti di interesse della Quarta Repubblica francese arrivata alla fine, il protagonista, forse ispirato a Georges Clemenceau, è un anziano statista ritirato sulla costa normanna, «appoggiato sullo schienale della vecchia poltrona Luigi Filippo, di pelle nera ormai logora, che per quarant'anni lo aveva seguito da un ministero all'altro, tanto da diventare leggendaria». Il presidente attende che il suo ex fedelissimo incaricato di formare il nuovo governo lo vada a trovare, è sicuro di un richiamo in attività che alla fine non ci sarà. «Sa, caro dottore», confida all'amico medico Fumet, «esiste una verità che sfugge non solo alle masse, ma anche agli opinionisti e questo mi lascia sconcertato ogni volta che leggo la biografia di un illustre uomo politico. Si parla tanto di quanto le classi dirigenti siano guidate dall'interesse, dall'orgoglio o dalla sete di potere. Tuttavia si perde di vista, o si rifiuta di comprendere, che a partire da un determinato stadio, da un certo grado di successo, un uomo di Stato non è più padrone di se stesso e diventa prigioniero della cosa pubblica [...] Nel corso di un'ascesa politica vi è un momento in cui gli interessi e le ambizioni personali di un uomo coincidono con quelle del Paese». «Fumet, uomo dalla mente duttile, lo osservava attraverso il fumo del sigaro», scrive Simenon. «"In altre parole, significa che a certi livelli il tradimento è impensabile?", chiese. Il presidente rimase un momento in silenzio. Gli sarebbe piaciuto dare una risposta precisa, senza sbavature e cercò di chiarire meglio possibile il suo punto di vista: "Il tradimento puro, sì"»*[1].

[1] G. Simenon, *Il Presidente*, Adelphi, Milano 2007, pp. 61-62.

Giorgio Napolitano accetta il secondo mandato nonostante mesi di dinieghi pubblici e privati, dopo che si è compiuta una catena di tradimenti. In due giorni, tra il 18 e il 19 aprile, tra la prima e la quarta votazione per l'elezione del nuovo presidente, il Partito democratico ha candidato uno dei suoi capi principali, Franco Marini, non riuscendo a consegnargli i voti necessari. E ha pugnalato il giorno dopo il suo padre fondatore, Romano Prodi, acclamato la mattina e bocciato il pomeriggio, a voto segreto. Ma non è questo il tradimento: l'inganno delle aspirazioni e delle speranze degli elettori è cominciato in realtà almeno due decenni prima.

Vent'anni: lo spazio di una generazione, anzi di due. Quella che all'inizio degli anni Novanta è pronta ad affrontare la prova della maturità, qualcosa di più della conquista del potere. Per chi è diventato adulto tra la contestazione, il terrorismo, gli anni Ottanta del riflusso e dell'eccesso, per la meglio gioventù diventata adulta andare al governo è una sfida non solo politica ma esistenziale. E la generazione immediatamente successiva, cresciuta dopo che il Muro è caduto, indisponibile a farsi incasellare in un recinto ideologico, chiamata a fare politica quando i partiti entrano in crisi, nell'Italia del dopo-Tangentopoli più che nel resto d'Europa.

Due generazioni unite dal mito della democrazia governante: partecipare, contare, decidere. Si trovano, invece, a dover fare i conti con una doppia anomalia, tutta italiana. La presenza a destra del conflitto di interessi di Silvio Berlusconi, con il suo potere finanziario, mediatico, politico che pesa come un ricatto sulla democrazia italiana. E la lotta fratricida a sinistra: l'assenza di una leadership forte e autorevole, accettata da tutti, sostituita da piccole ambizioni, senza un progetto, un disegno culturale e politico che non sia la permanenza nel gruppo di comando. Perdere tutti insieme, per restare alla guida, anche a costo di sacrificare l'impegno, la tenacia, la pazienza degli elettori.

Generazioni sprecate. Generazioni tradite.

Sabato 13 aprile, al primo scrutinio per il nuovo presidente nell'aula di Montecitorio mancano cinque giorni, il popolo di Berlusconi invade le strade di Bari. Alle tre del pomeriggio la centralissima piazza della Libertà comincia a riempirsi. Sull'enorme palco, sotto la scritta «Un governo forte oppure elezioni subito» una band suona i pezzi di Lucio Battisti, Julio Iglesias, Renato Carosone, Domenico Modugno, una colonna sonora da crociera pop, in attesa del comizio la gente balla la tarantella. Per capire che non è una manifestazione qualsiasi e che il Pdl ha impiegato tutte le risorse a disposizione, bisogna attraversare a ritroso la piazza, risalire la fiumana di persone fino alla sorgente. Sul lungomare, da più di un'ora, i pullman arrivati da ogni angolo della Puglia e soprattutto dal Salento eruttano a getto continuo truppe di simpatizzanti. Torpedoni numerati, Mesagne, Maglie, Gallipoli, Lecce 25, Lecce 26, Lecce 27... Sotto un gazebo vengono distribuite bandiere azzurre, cappellini, foulard, fischietti. Giovani, anziani, famiglie intere partecipano al rito della vestizione, come guerrieri medievali. Non si è badato a spese, eppure non c'è una scadenza elettorale che giustifichi una mobilitazione così spettacolare e perfino rischiosa: Bari è per Berlusconi la città di Gianpaolo Tarantini e di Patrizia D'Addario, l'escort che nel 2008 trascorse la notte con l'allora premier sul lettone di Putin a Palazzo Grazioli. Il sindaco di centrosinistra Michele Emiliano accoglie l'ospite con uno striscione sarcastico appeso davanti al Comune: «Caro Silvio, bentornato!». E lei, la D'Addario, si aggira nelle vie laterali.

Alle cinque fa molto caldo quando finalmente il Leader comincia a parlare. Un po' di fatica e tanta tensione sul volto. Perché in quel giorno di geometrica potenza organizzativa, Berlusconi è in realtà un uomo molto preoccupato, spaventato, sul punto di perdere tutto. Sì, Berlusconi è impaurito, il pomeriggio del 13 aprile. La sua paura ha un nome e un cognome: Romano Prodi. Il fondatore del centrosinistra. L'economista di Bologna che è stato presidente del Consiglio, l'unico che lo ha sconfitto alle elezioni, due volte, nel 1996 e nel 2006.

Quella mattina, all'ora di pranzo, le agenzie hanno lanciato una notizia che cambia lo scenario: il Professore risulta inserito nella lista dei candidati per il Quirinale votati in Rete dagli iscritti del Movimento 5 Stelle di Beppe Grillo, la novità sconvolgente delle ultime elezioni, otto milioni di voti, 163 parlamentari potenzialmente decisivi per eleggere il nuovo presidente. Prodi è in compagnia di altri nove nomi: il premio Nobel Dario Fo, il medico Gino Strada, la giornalista televisiva Milena Gabanelli, i giuristi Stefano Rodotà e Gustavo Zagrebelsky, i magistrati Giancarlo Caselli e Ferdinando Imposimato, Emma Bonino e lo stesso Grillo.

Una votazione successiva stabilirà l'ordine delle preferenze, ma la presenza di Prodi è la vera novità. Nonostante le ripetute voci di un contatto diretto tra l'ex premier e il guru del grillismo Gianroberto Casaleggio, nessuno si aspettava che il nome del Professore, il simbolo del centrosinistra e dell'euro, potesse finire davvero tra i candidati del movimento. Eppure era stato lo stesso Grillo a offrire un'indicazione sulla sua strategia in una riga contenuta su un post del suo blog di qualche giorno prima. Per il Quirinale Pd e Pdl vogliono «non un Pertini, ma neppure più modestamente un Prodi che cancellerebbe Berlusconi dalle carte geografiche...».

Il Cavaliere legge e fiuta il pericolo: una saldatura del Pd con il Movimento 5 Stelle lo terrebbe fuori da tutto, un rischio mortale. Ecco perché vale la pena di mettere in campo la sua persona, il potere, i soldi. La piazza di Bari capisce che è arrivato il momento clou del comizio e si fa silenziosa. «La prossima settimana si vota per la presidenza della Repubblica», premette. «Vi piacerebbe vedere il magistrato Ingroia al Quirinale? Andreste pazzi per Rosy Bindi? E per Milena Gabanelli?». Il pubblico risponde pazientemente come Silvio si augura, con fischi e urla generosamente distribuiti. Ma queste sono domande retoriche, il messaggio che più conta deve ancora arrivare. «Vi farebbe impazzire di gioia Romano Prodi?», domanda l'uomo di Arcore. Gli ululati crescono di intensità. «Peccato che non vi piaccia!», ironizza Silvio. «Il vostro è un giudizio ruvido ma assennato. Con Prodi presidente ci toccherebbe andare tutti all'estero». A quel punto la piazza esplode rabbiosa, per la soddisfazione del suo Capo: nooo, Prodi no! Ecco perché valeva la pena di convocare a Bari un sabato pomeriggio di aprile tutta quella gente: non per proporre una via di uscita alla crisi politica che si è aperta con le elezioni. Ma per scatenare un tetro crucifige di piazza. Contro un avversario che non va semplicemente battuto, ma eliminato.

In partenza per l'estero, in quei giorni, in realtà c'è l'ex presidente del Consiglio. Da qualche mese Prodi ha un incarico ufficiale delle Nazioni Unite, inviato del segretario generale Ban Ki-moon in Mali e nel Sahel, a 73 anni si muove tra l'Africa, gli Stati Uniti e la Cina. L'unica uscita italiana che si è concesso, alla vigilia delle elezioni del 24 febbraio, è stata un'apparizione a Milano sul palco del comizio del Pd. La sera del 12 marzo è in piazza San Pietro, mescolato ai fedeli aspetta la fumata del conclave che deve eleggere il successore del dimissionario papa Ratzinger. Con il naso in su, stretto nella giacca a vento sotto la pioggia, emozionato come un pupo: «È la prima volta in vita mia che assisto a una fumata». Il cattolico Prodi sussurra a bassa voce il suo candidato, tifa per il cardinale di Vienna Christoph Schönborn, quando dal comignolo della cappella Sistina esce uno sbuffo nero accenna una corsetta per guardare meglio, non trattiene la delusione. E evita qualsiasi curiosità sul conclave laico che potrebbe riguardarlo.

Prodi è formalmente fuori dalla politica italiana dal 2008, da quando il suo secondo governo è stato sfiduciato al Senato. I giornali sono pieni in quei giorni di retroscena su quella caduta: non nelle cronache politiche, però, in quelle giudiziarie. «Dal luglio 2006 fino al marzo 2008 ho ricevuto da Silvio Berlusconi tre milioni di euro», dichiara ai magistrati di Napoli Sergio De Gregorio. De Gregorio è un senatore del Pdl non ricandidato nelle elezioni del 2013, nel 2006 era entrato per la prima volta a Palazzo Madama con lo schieramento opposto: nel centrosinistra, eletto nel partito più anti-berlusconiano, Italia dei Valori di Antonio Di Pietro. Dopo appena un mese, però, aveva accettato i voti del centrodestra per diventare presidente della Commissione Difesa. Per Berlusconi è uno spostamento prezioso, in una legislatura in cui tutto si gioca tra uno o due voti. E già nel mese di luglio, racconta De Gregorio ai pubblici ministeri, il Cavaliere comincia a dimostrare la sua gratitudine: «Ho partecipato all'Operazione libertà diretta a ribaltare il governo Prodi. Già dopo il voto che mi vide eletto presidente della Commissione Difesa, discussi a Palazzo Grazioli con Berlusconi di una strategia di sabotaggio, della quale mi intesto tutta la responsabilità. L'accordo si consumò nel 2006. Il mio incontro a Palazzo Grazioli con Berlusconi servì a sancire che la mia previsione di cassa era di 3 milioni. Subito partirono le erogazioni. Ho ricevuto 2 milioni in contanti da Valter Lavitola a tranche da 200 e 300mila euro». De Gregorio illumina un altro passaggio: «Dissi a Berlusconi che forse il senatore Caforio di Idv poteva ascriversi al ruolo degli indecisi e lui mi chiese: che cosa gli puoi offrire? Risposi: gli posso offrire di rendersi autonomo, come è accaduto nei miei confronti, e magari che gli diate un finanziamento alla forza politica di sua espressione. Lui disse: puoi proporgli fino a cinque milioni di euro di finanziamento. Tuttavia

Caforio mi registrò e mi denunciò alla Procura della Repubblica di Roma»[2].

Non è la prima volta che contro Prodi la destra scatena armi non convenzionali. Nel 2003 spunta dal nulla un consulente finanziario che giura di sapere tutto dell'affare Telekom-Serbia, l'acquisto da parte della Telecom di un terzo della società telefonica serba avvenuto durante il primo governo Prodi. Il supertestimone si chiama Igor Marini: ex attore, stuntman, conte (presunto), rivela l'entità di una super-tangente, 800 miliardi, e i nomi dei destinatari: i conti all'estero cifrati Ranocchio (Lamberto Dini, all'epoca ministro degli Esteri), Cicogna (Piero Fassino, sottosegretario agli Esteri e poi segretario dei Ds) e soprattutto Mortadella, il soprannome di Prodi. L'ex premier, in quel momento, è presidente della Commissione europea, tutti sanno che terminato il suo mandato sarà ancora una volta lui a sfidare Berlusconi alle elezioni. La reputazione del testimone Marini è inesistente, ma la Commissione parlamentare di inchiesta, in cui il centrodestra ha la maggioranza, lo consulta come un oracolo. «Ha una memoria prodigiosa», lo incensa il presidente Enzo Trantino, senatore di An. Il quotidiano della famiglia Berlusconi, "Il Giornale" diretto da Maurizio Belpietro, fa di più: per un anno sbatte in prima pagina lo scandalo, quasi ogni giorno. Il primo titolo è dell'8 maggio: «Un testimone accusa Prodi, Fassino e Dini». Poi è un crescendo: «Marini: così ho consegnato le tangenti» (24 agosto), «L'ora della verità per Prodi e c.» (25 agosto), «È stata la più grande corruzione del nostro Paese» (6 ottobre).

Finché l'ora della verità, sia pure in ritardo, arriva davvero. Nel 2011 Igor Marini viene condannato a dieci anni per associazione a delinquere e calunnia. «Marini ha gravemente leso l'onore delle persone che ha accusato di aver percepito tangenti [...] L'attività calunniosa nei confronti di Prodi ha avuto maggiore incidenza rispetto alle altre persone offese: era presidente del Consiglio all'epoca dei fatti e presidente della Commissione europea al momento delle rivelazioni: ricopriva due delle più alte cariche nazionali e internazionali, il cui prestigio è stato inevitabilmente offuscato dalle false accuse di corruzione a lui mosse», si legge nella sentenza del Tribu-

[2] D. Del Porto-C. Sannino, *«Mi pagava in nero con mazzette a rate»*, in "la Repubblica", 1° marzo 2013.

nale di Roma. «È parso evidente però che il Marini non abbia agito da solo e che egli non sia l'artefice unico di questa grande menzogna ma solo l'interprete di una trama ordita da altri. Non si spiegano altrimenti la straordinaria eco che le dichiarazioni di Marini hanno avuto sui mezzi di informazione nazionale e la sollecitudine con cui la Commissione parlamentare d'inchiesta ha seguito le indicazioni del Marini...». Ma per conto di chi ha lavorato il calunniatore Igor Marini? Chi ha ordito la trama della Grande Menzogna contro Prodi (e Fassino e Dini)? Non si saprà mai.

Non sorprende, dunque, che Berlusconi a Bari mobiliti una piazza contro Prodi. Colpisce invece la totale assenza di reazioni nel centrosinistra e nel Pd, il partito di cui il Professore è considerato il padre nobile. Per più di quarantotto ore non si registrano repliche alle parole di Berlusconi: nessun esponente del Pd difende il fondatore del partito, l'unica a farlo è Rosy Bindi. Bisogna attendere il Tg3 delle 19 del 15 aprile, due giorni dopo, per riscontrare finalmente un segno di vita: «Le parole di Berlusconi su Prodi sono inaccettabili», dichiara il numero due del Pd Enrico Letta. Che però aggiunge: «Noi comunque lavoreremo per una soluzione condivisa». Come dire che il veto di Berlusconi, inaccettabile a parole, è stato già accolto nei fatti: senza il gradimento del Pdl non si fa il presidente.

Tace soprattutto Bersani. Sono passate sei settimane dal voto del 24-25 febbraio e il segretario del Pd è un uomo stordito. Bloccato all'istante in cui la sua corsa per Palazzo Chigi si è fermata: alle cinque del pomeriggio del 25 febbraio. A quell'ora nel grande Acquario romano, inaugurato nel 1887, a due passi dalla stazione Termini, scelto dal Pd come quartier generale, gli esponenti del partito stanno già commentando una vittoria, gli exit poll danno il centrosinistra largamente in vantaggio alla Camera e al Senato. E quasi nessuno si accorge, all'inizio, che le proiezioni danno invece un risultato molto diverso: il Movimento 5 Stelle, partito dal nulla, è al 25 per cento, il primo partito italiano, sopra il Pd. Mai si è visto qualcosa di simile, neppure nel 1994 della vittoria di Berlusconi.

Il corpo del Grillo si allunga, si sporge, si spalanca. Sul palco i piedi battono il ritmo, evitano una selva di fili, due passi avanti due indietro, il petto si gonfia, la voce sale di tono, il microfono passa di mano. «Abbassa la musica!», ordina. «Alza il volume!», ri-ordina. «Alza, sennò mi tocca urlare! Ce l'hai un po' d'acqua?», beve. «Quanti siamo stasera? Per la questura settanta, per i giornali nessuno...», ri-beve. In autunno cominciò la corsa elettorale in Sicilia attraversando a nuoto lo stretto, la campagna di Beppe Grillo per le elezioni politiche, lo Tsunami tour, è un tuffo in un mare umano, sono in tanti a volerlo vedere, sentire, toccare, forse votarlo. Perfino il quasi omonimo Beppe Cirillo che a Caserta si presenta con il simbolo taroccato del Movimento 5 Stelle. Oppure i ragazzi dei centri sociali che a Napoli e a Salerno lo contestano al grido di: «Qui non c'è Casa Pound». Grillo passa, benedice, imbacuccato in un impermeabile bianco sembra un inquisitore domenicano, un angelo sterminatore, il pupazzo della Michelin. L'uomo della tv anni Ottanta, di Sanremo e di Fantastico, della pubblicità e poi di Internet getta nella battaglia l'arma più antica: il contatto fisico. La sua voce, le sue manone, la saliva, il sudore. Il corpo del Grillo. Su palchetti improvvisati, con il fiato che si gela. Sotto la neve al Nord, sotto la pioggia al Sud, dove 5 Stelle non ha ancora sfondato e il terreno è fertile, piazza per piazza, paese per paese. Alla guida dei candidati a 5 Stelle, l'esercito dei comici spaventati guerrieri grillini, avamposto variopinto, smodato, confuso come ogni stato nascente, di una nuova politica.

Appena una settimana prima del voto a Cosenza, in un cinema strapieno, alla fine di una giornata in Calabria affrontata a colpi di Benagol e Tachipirina offerti amichevolmente dalla capolista Rosy Bindi, Bersani, di fronte a una sala speranzosa che lo acclamava «presidente-presidente», si era lasciato andare, al diavolo la scaramanzia: «E va bene, quando sarà fatta verremo a festeggiare qui!». Il segretario che voleva fare il presidente, l'uomo di partito che studiava da statista, alla vittoria ci credeva davvero. Anche se la campagna elettorale era stata tutta sulla difensiva. Con le ricerche che davano il Pd e la sinistra in difficoltà nelle fasce di elettorato più colpite dalla crisi: i giovani under 35, i lavoratori delle piccole imprese del Nord, le periferie delle grandi città. E anche se, a due giorni dal voto, il segretario si era chiuso in un teatro romano, l'Ambra Jovinelli, prestigioso ma minuscolo, a far vedere un disastroso spot preparato dal suo staff, i militanti che battono le mani al ritmo di «lo-smacchiamo» (il giaguaro da smacchiare è Berlusconi, in una di quelle metafore oscure che il segretario del Pd predilige), mentre Beppe Grillo, a poche decine di metri, aveva occupato piazza San Giovanni delle grandi manifestazioni di sinistra con una folla straboccante. Eppure, la sera prima del voto, uno dei principali consiglieri di Bersani si era mostrato fiducioso: «Vinceremo noi, abbiamo spaccato l'elettorato di destra tra Berlusconi e Grillo». Ed eccolo ora Bersani, irriconoscibile con un pezzo decisivo del suo elettorato rapito, conquistato dal post-comico, o semplicemente sconfortato da una campagna elettorale priva di identità. Riappare per la prima volta il 26 febbraio, davanti alle telecamere di mezzo mondo, inforca gli occhiali, beve, «siamo arrivati primi ma non abbiamo vinto», ammette, beve ancora. Altro che non vittoria, quella sera Bersani è il ritratto della sconfitta: la voce impastata, le mani tremanti, le rughe che invadono il volto improvvisamente invecchiato.

Sono seguiti i cinquanta giorni più difficili della sua vita. La ricerca di un accordo con il Movimento 5 Stelle o almeno il tentativo di spaccare i grillini. Le elezioni dei presidenti delle Camere, affidate a due parlamentari esordienti pescati dalla società civile, il magistrato Pietro Grasso al Senato e la portavoce dei rifugiati Onu Laura Boldrini a Montecitorio. Lo scontro sotterraneo con Giorgio Napolitano sull'incarico per formare il governo: sospeso, congelato, evaporato. L'umiliazione dell'incontro trasmesso via streaming con i capigruppo grillini: «Non siamo in una puntata di "Ballarò"». E gli avversari interni che aspettano il momento di sferrare l'attacco. Alla vigilia delle votazioni per il nuovo capo dello Stato Bersani sa che per rilanciare la sua candidatura a Palazzo Chigi, ormai l'unico faro della sua azione politica, ha una sola carta da giocare: il nuovo presidente della Repubblica va scelto insieme al Pdl, a Berlusconi. L'unica strada per conquistare un atteggiamento benevolo del centrodestra dopo che il dialogo con il Movimento 5 Stelle si è rivelato impossibile. Nei giorni che precedono il voto gli uomini del segretario preparano l'opinione pubblica al clamoroso cambio di strategia. Nessuna apertura al Pdl, spiega lo storico Miguel Gotor, neo-senatore, tra i più ascoltati dal segretario, «perché la grande coalizione non si può fare, il governissimo con il Pdl sarebbe la fine del Pd», ma il presidente va eletto insieme a Berlusconi. I più esperti fiutano il pericolo: «Bersani sta confondendo l'elezione del presidente con la ricerca di una maggioranza di governo. Un pasticcio», avverte il democristiano di lungo corso Marco Follini. E poi ci sono i rapporti di Bersani con gli altri leader del Pd, interrotti da settimane. Con Massimo D'Alema c'è il gelo, al punto che l'ex premier ha preferito cercare nuove alleanze, a costo di andare a Canossa, farsi vedere a Firenze per un caffè con il nemico Matteo Renzi: i soliti caffè dalemiani che annunciano le svolte. In questo caso, la richiesta di un appoggio, o almeno di una benevola neutralità, se dovesse aprirsi per D'Alema la strada che porta al Colle. E poi c'è il giovane sindaco di Firenze, sfidante di Bersani alle primarie: il consiglio regionale toscano lo ha tenuto fuori dal collegio dei grandi elettori che voteranno per il presidente, ma le sue parole pesano, eccome.

La settimana più lunga del Pd inizia alle otto di sera di domenica 14 aprile quando Renzi va al Tg5 a dire che per lui le candidature di Franco Marini e di Anna Finocchiaro sono inaccettabili. «Marini? È stato trombato alle elezioni in Abruzzo. La Finocchiaro? È ricordata perché andava a fare la spesa all'Ikea con la scorta che le portava il carrello». Un affondo violento, perché Marini e Finocchiaro, in quelle ore, sono i candidati che Bersani sta offrendo a Berlusconi per il Quirinale. Franco Marini, ottant'anni appena compiuti, è il grande favorito: segretario della Cisl negli anni Ottanta, ministro del Lavoro nell'ultimo governo Andreotti, uomo forte del Partito popolare negli anni Novanta, presidente del Senato per un biennio, agli occhi di Bersani incarna l'ideale uomo di partito. Nemico di ogni nuovismo, con il gusto della manovra ma leale con il segretario in carica, può garantire il rapporto con Berlusconi, date le comuni origini abruzzesi (e democristiane) con Gianni Letta. Doveva diventare presidente già nel 1999, aveva l'accordo con D'Alema in tasca, ma all'ultimo momento l'allora premier preferì far votare Carlo Azeglio Ciampi: «Franco, mi dispiace, l'ho fatto per l'Ulivo e per il Paese», si giustificò Massimo. «Macché, l'hai fatto per te stesso!», ringhiò il candidato mancato. Ora ci riprova. Anna Finocchiaro, siciliana di Modica, 58 anni, detta Anna dei miracoli, è da anni la signora in rosso, la ex comunista predestinata alle più importanti cariche istituzionali. Il partito la mette in campo quando la situazione è confusa, almeno sui media. L'attacco di Renzi la fa infuriare. «Parole miserabili», replica Anna, in cerca di un miracolo.

Un terzo candidato di Bersani è il giudice della Corte costituzionale Sergio Mattarella, cattolico, ex democristiano, fratello del presidente della Regione Sicilia Pier Santi ucciso dalla mafia nel 1980. Agli occhi di Berlusconi ha un grave peccato originale: nel 1990 si dimise da ministro per protesta contro la legge Mammì insieme a quattro colleghi della sinistra Dc, «l'unica corrente sempre avversa al Cavaliere, molto più ostile del Pci, con cui esisteva un canale sotterraneo mai interrottosi», ha testimoniato il lobbysta-faccendiere Luigi Bisignani[3]. Nella rosa, infine, ma con molto meno calore, c'è Giuliano Amato: ex premier, socialista di estrazione, il più stimato da Napolitano. Tra i nomi di Bersani Prodi non c'è (nell'altra lista, quella del Movimento 5 Stelle, è arrivato al nono posto: prima è la giornalista Gabanelli, secondo Strada, terzo Stefano Rodotà). E D'Alema? Lui non è in nessuna rosa: né in quella di Grillo, né in quella di Bersani.

«Amato, Marini o mister X», titola il 17 aprile "l'Unità", il quotidiano che più di tutti riflette i pensieri del segretario del Pd. In quell'assenza significativa nel titolo del foglio ufficiale del partito, in quel punto interrogativo cui viene affidata la possibilità di una terza soluzione, in quell'«anche» che spunta in un titoletto («in pista anche D'Alema, Mattarella, Cassese») c'è la chiave della giornata della vigilia. L'ombra di D'Alema da decenni è la spiegazione, a volte fin troppo banale, di tanti rebus politici. Ma questa volta a evocarla è il giornale del Pd. C'è un partito pro D'Alema, sotterraneo e trasversale, presente in tutti gli altri partiti pronto a uscire allo scoperto, come ai tempi di Andreotti che poteva contare su andreottiani di complemento ovunque, nel Pci e nell'Msi. Nel Pdl, quando il "Corriere" ha accostato in prima pagina il nome di D'Alema alle inchieste sull'ex presidente della Provincia di Milano Ds Filippo Penati, c'è stato un diluvio di dichiarazioni in sua difesa. Lui nel suo ultimo intervento alla direzione del partito ha osservato: «Dovremmo liberarci dall'ossessione dell'inciucio, una malattia psicologica, se c'è una cosa sicura in questa disgraziatissima Seconda Repubblica è che non c'è mai

[3] L. Bisignani-P. Madron, *L'uomo che sussurrava ai potenti*, Chiarelettere, Milano 2013, p. 226.

stato un accordo tra gli schieramenti, né pubblico né privato. E me ne rammarico».

Sulla strada di D'Alema verso il Colle, però, c'è un ostacolo chiamato Bersani. Il segretario cerca un accordo sul presidente che gli consenta di diventare capo del governo. Per raggiungerlo, deve chiudere con Berlusconi sul nome di un candidato che non provenga dalla radice ex Pci-Pds-Ds: sarebbero troppi, due post-comunisti ai vertici delle istituzioni. È questo lo scontro che dilania il Pd: Bersani contro D'Alema. Con Massimo al Quirinale, Pier Luigi dovrebbe scordarsi Palazzo Chigi.

All'ora di pranzo del 17 aprile, quando al primo voto ormai mancano meno di ventiquattr'ore, D'Alema è nella sede dell'Aspen in piazza Navona per un convegno, tra i presenti ci sono anche alcuni esponenti del Pdl come Maurizio Gasparri. Alla stessa ora c'è il vertice decisivo, in un luogo riservato. Casa Letta, ma questa volta non è l'appartamento di Gianni in via della Camilluccia, dove nel 1997 i commensali Berlusconi e D'Alema strinsero il patto della Crostata per chiudere i lavori della Bicamerale, poi fallito. Casa Letta in questo caso è l'abitazione del nipote di Gianni, Enrico Letta, vice-segretario del Pd, 47 anni, non più tanto giovane ma ancora brillante promessa del centrosinistra, in un palazzone alle porte di Testaccio, ribattezzato il Cremlino, forse per le terrazze orientaleggianti, forse perché tra i condomini figura Giuliano Ferrara. Si incontrano lì Bersani e il padrone di casa con lo zio Gianni e Silvio Berlusconi. E chiudono l'accordo: il patto di Casa Letta-bis.

Alle sette di sera arriva la notizia a Montecitorio: il Cavaliere ha scelto il nuovo presidente della Repubblica tra i nomi di Bersani, sarà Franco Marini. Furia, rabbia, la candidatura di Marini formalmente proposta da Bersani ma in realtà decisa dal Cavaliere-Caimano-Giaguaro ha l'effetto di un detonatore nel cuore del Pd. Ci sono nuovi protagonisti, inattesi: Fanfani non sarebbe mai finito in liveblogging, nessuno ha mai ispezionato la carriera di Forlani su Wikipedia, meno che mai i potenziali franchi tiratori avrebbero rivelato le loro intenzioni su Facebook. E invece tra le 18 e le 23 su Twitter il nome Marini ha un'impennata, oltre tremila commenti, tutti o quasi negativi. Non ci sono solo gli utenti. Si ribellano anche dirigenti del partito: «Il possibile accordo su #Marini al #Quirinale è scelta gravissima. Sarebbe vittoria della conservazione in un momento in cui serve coraggio», scrive la candidata in Friuli Debora Serracchiani. «Rispetto Marini, ma non è il mio candidato», annuncia il deputato amico di Renzi Dario Nardella. «Non saranno solo i renziani a dire di no», avverte la deputata Marianna Madia.

Preceduto da questi auspici Bersani sale le scale del teatro Capranica, l'unica sala del centro in grado di contenere i 400 grandi elettori del Pd più gli uomini di Nichi Vendola. Fuori la piazza dove c'è l'antico seminario in cui hanno studiato tanti futuri papi è una bolgia. Manifestini strappati, telecamere abbandonate, megafoni, un gruppo di contestatori che intona «Addio Bersani bello» sulle note di *Lugano addio*, segretari di circolo che minacciano di strappare la tessera: «Le salsicce alle feste ve le cucinate voi!», grida il massiccio Fabrizio Middei, circolo Pd di Nemi. C'è Silvia Bonucci, la scrittrice e traduttrice che nel 2002 animò il movimento dei Girotondi: «Non abbiamo fatto tutta questa fatica per vedere il Pd che vota con il Pdl il candidato di Berlusconi». Urlano tutti un nome: Rodotà. Perché dopo le rinunce di Gabanelli e Strada il giurista è diventato il candidato ufficiale di 5 Stelle, sarà votato dai 163 parlamentari grillini fin dalla prima votazione. Per il Pd è un motivo di imbarazzo in più: come spiegare che si vota Marini con Berlusconi e non Rodotà, voce tra le più autorevoli a sinistra, con il Movimento di Grillo?

Dentro il Capranica tutto si frantuma. «Era una situazione talmente esplosiva che per far saltare tutto sarebbe bastato gettare in platea anche un fiammifero spento», osserva dall'esterno Guido Alborghetti, vecchio saggio, parlamentare del Pci di lungo corso. Bersani è il primo a intervenire, annuncia che il candidato del Pd sarà Marini. A capo chino, quasi se ne vergogni, la voce si accartoccia, nelle file in fondo alla sala neppure lo sentono. Subito dopo parla un vecchio capo della sinistra interna, Walter Tocci, dichiara il suo dissenso: «In molti momenti della vita repubblicana i franchi tiratori hanno salvato la democrazia, spero che ce ne siano tanti», accolto da una standing ovation (conteranno molto i franchi tiratori, in effetti). Vanno al microfono uno dopo l'altro Matteo Orfini, il capo dei giovani turchi post-dalemiani, e il rinnovatore Pippo Civati, coetanei ma diversi come lo yin e lo yang, entrambi chiedono di ripensarci. Dario Franceschini interviene a favore di Marini, suo antico capocorrente, ce l'ha con Vendola, «noi abbiamo votato per la Boldrini presidente della Camera, perché ora voi non appoggiate Marini?».

L'intervento più violento, però, è fuori dal teatro, arriva sui telefonini come una bomba, Renzi in tv sceglie il salotto di Daria Bignardi ("Le invasioni barbariche") per dileggiare il candidato presidente («ve lo immaginate Marini con Obama?») e annuncia che i suoi elettori non lo voteranno. Bersani ondeggia, oscilla, mentre, in un'altra sala a due passi, in pochi minuti i grandi elettori del Pdl danno il via libera a Marini, Daniela Santanchè in bicicletta, Carlo Giovanardi felice: «I due grandi partiti si sono messi d'accordo...». Macché, nel Pd il patto non regge, perfino la fedelissima Alessandra Moretti, la deputata di Vicenza che ha girato tutti i talk show in campagna elettorale a diffondere il verbo bersaniano, annuncia che Marini non lo voterà. Nonostante gli inviti a ripensarci la segreteria tenta la prova di forza, il capogruppo al Senato Luigi Zanda mette in votazione la candidatura ed è la catastrofe: 222 voti a favore di Marini, 90 contrari, tutti gli altri assenti. I vendoliani escono e annunciano che voteranno per Rodotà. Quasi la metà degli elettori non ha neppure partecipato al voto: chi esce dal Capranica viene accolto da fischi e insulti. «Traditori!». E perfino: «Democristiani!». Sono le undici e mezzo di notte, ancora non sono cominciate le votazioni e il Pd è già saltato per aria.

«Andreotti». Il nome del senatore a vita, sette volte presidente del Consiglio, risuona alle ore dieci e cinque minuti nell'aula di Montecitorio, il primo a essere chiamato per entrare nel seggio in cui si vota per il nuovo presidente della Repubblica. Il Divo Giulio non c'è, è la prima volta che non partecipa alle votazioni di un presidente di cui è stato tante volte protagonista, come organizzatore di franchi tiratori contro il candidato ufficiale della Dc o come papabile. «Se non sarò eletto finirà la Prima Repubblica», avvisò nell'orribile maggio 1992 della strage di Capaci. E così fu. Lui morirà due settimane dopo.

È la mattina del 18 aprile, data importante nella storia della Repubblica: le elezioni del 1948, con la vittoria di De Gasperi e dei comitati civici di Luigi Gedda sul Fronte popolare di Togliatti-Nenni. Il 18 aprile 1978, un comunicato delle Br annunciò l'esecuzione di Aldo Moro e l'abbandono del cadavere nel lago della Duchessa: un falso organizzato dai servizi e dalla banda della Magliana che però anticipava l'epilogo tragico di quei 55 giorni. Il 18 aprile 1993 29 milioni di italiani dissero sì al referendum sul maggioritario di Mario Segni che doveva aprire la Seconda Repubblica. «Trionfo dei Sì, nasce la nuova Italia», titolò il "Corriere della Sera" all'indomani del risultato.

E invece, dopo aver evocato un sistema fondato sulla scelta diretta di governi e rappresentanti da parte dei cittadini, eccoci qui, immersi nel rito esoterico delle elezioni per il Quirinale. Il primo a votare è il senatore leghista Roberto Calderoli, padre della legge elettorale Porcellum. Segue il novantenne Emilio Colombo, senatore a vita, l'ultimo superstite della Costituente. Poi un altro senatore a vita, il premier Mario Monti. Fuori, in cortile, alla buvette strapiena, si contano i voti per Marini. I democratici si affollano da Denis Verdini, l'uomo dei numeri del Pdl, si informano discretamente, la previsione è che alla fine mancheranno poche decine di parlamentari.

Macché, è un disastro, in aula ognuno vota come gli pare. Alla luce del sole: «Io ho votato per Claudio Magris, il Václav Havel italiano. In attesa di Prodi», avverte il lombardo Franco Monaco, ulivista della prima ora. Il presidente della Liguria Claudio Burlando dichiara di non aver votato per Marini. Perfino i parlamentari emiliani annunciano il loro dissenso da Bersani, che è come dire un papa dimissionato in Vaticano (e pazienza se nel 2013 si è visto anche questo). I parlamentari di Renzi scrivono sulla scheda il nome dell'ex sindaco di Torino Sergio Chiamparino, ex Pci e riformista, un altro dispiacere per Bersani: avrà 41 voti. Prodi ne raccoglie 14, D'Alema 12. Il conte Mascetti, quello della supercazzola di Amici miei, *ha un solo sostenitore ma li riassume tutti. Perché alla fine il candidato Marini si ferma a 521 voti, lontanissimo dal quorum che nelle prime tre votazioni è 672. L'unico alleato per Bersani resta quello sbagliato, il Giaguaro Silvio: il Pdl ha votato compattamente per il candidato del Pd, un abbraccio mortale. Come quello di Angelino Alfano che nel mezzo dell'aula di Montecitorio accoglie il segretario del Pd disfatto. Per Bersani, in queste ore, è rimasto l'unico volto amico.*

Dopo il fallimento del primo voto al Pd restano due strade: votare subito per Rodotà, insieme a Grillo e a Vendola. Oppure provare con un altro candidato, non più concordato con Berlusconi. E gli unici in grado di ricompattare le truppe allo sbando sono i due cavalli di razza finora esclusi dalla rosa di Bersani:

Romano Prodi o Massimo D'Alema. Il cambio matura nelle prime ore del pomeriggio. Vasco Errani, il presidente della Regione Emilia Romagna, lo stratega di ogni mossa bersaniana, è di fronte alla gelateria Gromm, a due passi dalla Camera, quando gli arriva un sms. «Non è che dobbiamo dirci qualcosa? Forse è il caso che ci parliamo». A scrivere è Arturo Parisi. Parisi, 72 anni, è il professore che ha inventato l'Ulivo, l'uomo che ha condiviso con l'ex premier ogni passaggio e ogni scelta, uno dei protagonisti di questa storia, caratterialmente riservato e poco incline al palcoscenico. «Prodi non era candidato in quel momento, ma candidabile sì. Era in Mali e io volevo almeno tenerlo informato su quello che stava succedendo», ricorda. «Mi sembrava evidente che dopo il disastro Marini era inevitabile fare appello a Prodi almeno per salvare la faccia». Gli uomini di Bersani a quell'ora sanno che per evitare un'altra spaccatura letale devono ricorrere a un nome dal prestigio indiscusso. E che per mantenere in vita la candidatura del segretario a Palazzo Chigi devono impedire che crescano le quotazioni dell'altro candidabile, D'Alema. «Contattate Prodi, sappiate però che non sarà facile da convincere. Di 1998 ne basta uno. E lui è molto irritato per non essere stato difeso dalle ingiurie e dall'oltraggio di Berlusconi a Bari», consiglia Parisi a Errani.

Prodi è a Bamako, la capitale del Mali, per una conferenza internazionale dell'Onu. La sera prima ha ricevuto una telefonata di Bruno Tabacci, deputato centrista alleato del Pd, amico del Professore dai tempi della sinistra Dc, che lo ha informato della rovinosa assemblea su Marini. È un nome che può essere votato da Vendola, da una parte di Scelta civica, i parlamentari più vicini a Casini, e dal Movimento 5 Stelle, se non fin dalla quarta votazione, quando il quorum scende dai due terzi alla maggioranza assoluta (504 voti), alla quinta. Racconta Parisi: «Si sapeva dall'inizio: la quarta votazione serviva a preparare la quinta, quella decisiva. I contatti con Grillo erano indiretti. Anche con il mondo grillino ho cercato rapporti per tenermi informato e capire. Ci sentivamo incoraggiati da come Grillo aveva definito in partenza la sua posizione, l'idea che avrebbe puntato su una rosa annunciando che non avrebbe dato indicazioni sui voti. Ci sarebbe stata una votazione della Rete, con i candidati proposti in ordine alfabetico. Anche tra il primo e il secondo turno inizialmente era stato detto che Grillo si sarebbe limitato a indicare il nome del vincitore, senza l'ordine delle votazioni. Era stato informato che in Rete c'era maggiore resistenza sul nome di Prodi e da quel momento in poi, da quando è stata data la lista con la classifica delle preferenze in cui Prodi era nono, anche Grillo è rimasto prigioniero della sua dinamica».

Nel tardo pomeriggio Bersani chiama Prodi per chiedergli la disponibilità a essere il candidato del Pd al Quirinale. Ma ora, è quasi terminata la lunga giornata del 18 aprile, il problema si sposta sulla modalità di investitura: in che modo la segreteria del partito comunicherà ai grandi elettori del Pd la scelta di Prodi che significa un doppio salto mortale, dal candidato più gradito a Berlusconi a quello più inviso? Farli votare o non farli votare? E soprattutto: come spiegare a D'Alema che il suo nome è stato escluso? D'Alema aspetta, lascia che a lavorare siano i suoi parlamentari, molti meno che in passato ma certamente più numerosi di quelli vicini a Prodi. Così in serata comincia a circolare l'ipotesi che i due campioni del centrosinistra anni Novanta-Duemila possano finire in un ballottaggio davanti ai grandi elettori. Prodi contro D'Alema, due concezioni della politica che si sono affrontate per la leadership dell'Ulivo e dei democratici, lo scontro finale che vale il Quirinale e vent'anni di storia.

Alle otto di sera del 18 aprile, nel Transatlantico che sembra Waterloo con morti e feriti trascinati via, passa veloce Enrico Letta: «Sto lavorando per Romano». Nel divanetto accanto alcuni deputati ex Ds si dicono sicuri che gli elettori del Pd saranno riconvocati per scegliere tra i candidati forti: Prodi, D'Alema, qualcuno aggiunge la Finocchiaro, qualcun altro vorrebbe inserire nella partita anche Marini che non si è mai ritirato. In serata viene convocata una nuova assemblea al teatro Capranica, alle otto del mattino. I renziani si muovono come un partito nel partito, come una corrente democristiana di una volta. Solo che all'epoca i dc si riunivano nei ristoranti romani del centro: nel 1971, per esempio, gli amici di Andreotti furono convocati al Pastarellaro a Trastevere per buttare giù la candidatura Fanfani. Gli amici di Renzi, invece, innovatori e creativi, si danno appuntamento a Eataly, il mega-ristorante di cucina italiana ideato dall'imprenditore Oscar Farinetti, amico del sindaco di Firenze. E lì, nell'ex air terminal Ostiense che fu aperto poche settimane nel 1990 per i Mondiali di calcio, tra ascensori avveniristici e prosciutti appesi alle pareti, Renzi annuncia che domani i suoi voteranno per Prodi: è stato lui il primo a farne il nome, se passa è la sua prima vittoria nel partito, una prova da leader. Lo ha detto anche la Bbc.

Nella notte ci sono altre consultazioni, tra l'Italia, il Mali, la segreteria di Bersani, gli uomini di Prodi e lo staff di D'Alema, prende forma la primaria interna: all'inizio è l'idea di un semplice foglio bianco su cui ogni elettore potrà scrivere il suo nome, poi viene studiato il ballottaggio tra i due ex premier del centrosinistra, infine si ritorna alla semplice scheda bianca in cui ogni elettore potrà esprimere la sua preferenza. Le quattrocento schede bianche vengono ordinate, preparate, all'alba sono pronte per essere utilizzate.

Quando i parlamentari arrivano alle otto del mattino di venerdì 19 aprile nella piazza riempita di un sole primaverile nel teatro Capranica sta per essere recitato il copione faticosamente messo a punto nella notte. I capigruppo relazioneranno sullo stato dell'arte, poi chiederà la parola Bersani, per candidare Prodi al Quirinale: non da segretario, però, ma da parlamentare semplice, senza impegnare il partito. A quel punto si alzerà Anna Finocchiaro, anche lei parlerà da parlamentare semplice. Per candidare D'Alema. Massimo è stato informato nella notte, ha dato il suo permesso.

È a questo punto che scatta il primo atto dell'omicidio (o suicidio?) politico. Succede che come previsto il primo a parlare è Bersani. Ma la sua è una proposta secca che impegna il partito: c'è un solo candidato per il Quirinale, Romano Prodi. Un cambio di linea che viene accolto con entusiasmo. Così riporta l'Ansa alle 8.54: «Bersani propone Prodi, lungo applauso e standing ovation». L'opposto di quanto era successo con Marini due sere prima. Quell'applauso in quei minuti sembra testimoniare voglia di riscatto, di rivincita, il richiamo all'unico nome fuori dai giochi che può salvare il Pd dall'autodistruzione. E invece quell'assemblea che si alza in piedi è carica di ambiguità, gonfia di veleni e di doppi, tripli giochi.

Quella mattina l'assemblea è disertata per metà. Chi sta dentro testimonia che l'accoglienza della candidatura Prodi non è per nulla così entusiasta come vogliono far credere gli uomini di Bersani. E l'applauso non è stato del tutto spontaneo. «In tre mi sono venuti a dire: mi raccomando quando Bersani fa il nome di Prodi alzati in piedi e batti forte le mani», racconta la giovanissima deputata neo-eletta modenese Giuditta Pini. Altri però restano seduti. E per intuire cosa sta per succedere basta vedere il disappunto con cui escono dal teatro Capranica i deputati e i senatori che si aspettavano di votare per scegliere tra Prodi e D'Alema e che invece sono stati travolti da un applauso inatteso. «È stato un colpo di mano», dicono. Cresce la frustrazione nelle correnti più provate dal testacoda di Bersani: non solo i dalemiani, ma anche gli amici di Marini, che hanno visto sparire il loro candidato, e quelli di Franceschini. Delle quattrocento schede bianche non si ricorda più nessuno.

Il primo a capire che le cose non stanno andando come dovrebbero è proprio Romano Prodi, che pure è distante migliaia di chilometri dall'Italia, ancora in Mali. Questo è il suo racconto di quella lunga giornata:

Il giorno della mia candidatura al Quirinale ero a Bamako in Mali, dove non arrivavano le mail, ma il telefono funzionava. Mi chiama Bersani, la sera, dopo la caduta di Marini: «Nel partito c'è questo orientamento sul tuo nome, ti prego di accettare». Mi richiama la mattina dopo per informarmi sull'esito dell'assemblea. Gli dissi che avrei preferito una votazione a scrutinio segreto ma Bersani mi ha rassicurato: «Non c'è stato bisogno, al tuo nome è partita una standing ovation».

Richiamo il professor Parisi e l'onorevole Sandra Zampa e insieme a loro decido di fare quattro telefonate. Una l'avevo fatta già per conto mio a Stefano Rodotà, per un rapporto di amicizia personale. Nell'ordine il primo che chiamo è Marini: un calore eccezionale, vediamoci subito, quasi ci sposiamo!

Metto giù e chiamo D'Alema. Mi fredda: «Per fare nomine di tale importanza bisognerebbe consultare almeno la direzione del partito». Ho capito il messaggio, ho chiamato mia moglie e le ho detto: «Flavia, oggi pomeriggio vai pure a quella riunione che hai, tanto non passa».

Il terzo nome da chiamare è Monti. Cortese, mi dice che il mio nome è divisivo e che non mi può votare. La cosa più interessante è che passa un minuto e mi arriva un sms da parte di un deputato montiano: «So che hai parlato con Monti, se gli prometti di nominarlo presidente del Consiglio è fatta». Naturalmente non posso giurare sul rigore di questo messaggio.

La quarta e ultima telefonata è con Giorgio Napolitano: il colloquio è stato cordiale, anche lui ormai aveva capito che la cosa era saltata. Non è stata certo la telefonata di un presidente uscente con il suo successore.

A Bamako è metà mattinata, in Italia sono quasi le due del pomeriggio, a quell'ora la candidatura Prodi è già tramontata.

Parisi ha capito che l'aria è cambiata, che nell'applauso del Capranica ci sono troppe incognite. Vede una totale assenza di iniziativa di Bersani e della sua segreteria: nessun esponente del Pd ha contattato Monti, nessuno ha chiamato Rodotà, meno che mai qualcuno ha provato a farsi vivo con gli elettori a 5 Stelle. Eppure alcuni di loro sono tentati di votare per l'outsider Prodi per dare scacco matto a Berlusconi ma anche a un pezzo di dirigenza Pd: in fondo l'ex premier è nella lista dei candidati scelti dalla Rete. In Scelta civica c'è Casini che vorrebbe votare per Prodi e il Professore ha tanti amici: il capogruppo alla Camera Lorenzo Dellai, il deputato Gregorio Gitti, genero di Giovanni Bazoli. Ma nessuno del Pd li contatta: è come se, una volta lanciato il nome di Prodi, Bersani consideri esaurito il suo ruolo.

Parisi, allarmato, richiama per l'ultima volta Errani: «Non sarebbe il caso di votare scheda bianca alla quarta votazione e lavorare sulla quinta?», chiede. «Sarebbe un segno di debolezza e ormai non c'è più tempo per il contrordine. Non preoccuparti, abbiamo controllato il voto banco per banco, filiera per filiera», lo rassicura il presidente dell'Emilia Romagna. Ma anche su questo la segreteria Bersani si sbaglia. Vendola chiede agli elettori di Sel di segnare la scheda, votando R. Prodi, teme una trappola, che i franchi tiratori del Pd votino in massa per Rodotà per poi dare la colpa ai vendoliani. «A noi invece non fu chiesto nulla», testimonia il giovane deputato Pd di Pesaro Marco Marchetti. «Comico: il giorno dopo ci fu ordinato di piegare la scheda bianca prima di entrare nel seggio dove si vota, quando tutto ormai era andato male e il controllo era inutile».

Alle tre del pomeriggio, quando gli elettori rientrano in aula per votare, piazza Montecitorio è occupata. Ci sono i sostenitori di Rodotà che invocano il nome del giurista come allo stadio: Ro-do-tà. Ci sono i parlamentari del Pdl che, con una decisione senza precedenti nella storia repubblicana, hanno deciso di non partecipare al voto per il nuovo presidente: la scimmiottatura della guerra civile, del Paese spaccato, in cui neppure il presidente della Repubblica si può votare insieme, se non è di gradimento di Berlusconi, che anticipa di due settimane il governo delle larghe intese. Le opposte tifoserie si spintonano, si confondono, si mescolano, tagliano sarcastiche fette di mortadella contro il Professore di Bologna, urlano da un capo all'altro della piazza il nome del candidato da votare o da affossare. Mai, nella storia delle elezioni del presidente della Repubblica, si sono organizzate manifestazioni di piazza per condizionare gli elettori. E mai si è visto che a convocarle fosse un partito con i suoi gruppi parlamentari. Ecco i Fratelli d'Italia di Giorgia Meloni e di Ignazio La Russa. Da un angolo della piazza spuntano e avanzano, minacciosi, i vessilli di Casa Pound. E arriveranno, in serata, anche quelli di Forza Nuova. Tutte le anime della destra italiana, quella berlusconiana, quella postfascista e quella fascista, si sono date appuntamento contro Prodi che non deve diventare presidente.

Non hanno bisogno di partecipare al voto per vincere, sanno già come andrà a finire. Sono informati più di Bersani e di Errani. Come era informato molto bene il generale franchista Emilio Mola nel novembre 1936, durante l'assedio di Madrid. La capitale stava per crollare, il militare ne diede notizia alla stampa internazionale. «Quale delle vostre quattro colonne conquisterà la città?», chiese un cronista. Il generale rispose sicuro: «Sarà la quinta colonna. Quella che sta già all'interno».

All'interno ci sono i parlamentari di Monti, 5 Stelle, Sel e soprattutto del Pd. Prodi può contare su una base di partenza di 496 elettori del centrosinistra, i 297 deputati e i 111 senatori del Pd, in particolare. Tocca a loro togliere ogni alibi alla destra che protesta fuori dall'aula: oggi è proterva, domani può riscoprirsi isolata. Devono dimostrare coraggio, compattezza, solidarietà, tutto quello che una forza politica non può lasciarsi indietro, tutto ciò che finora è mancato. Mentre il voto va avanti lentamente e davanti al catafalco sfilano gli elettori con la scheda da depositare nell'urna, nessuno espone un dubbio, una critica verso l'operazione. Bisogna decifrare le lingue di legno di quel pomeriggio, mentre si attende che il sacrificio, finalmente, sia portato a termine. È in questa atmosfera immobile e appiccicosa che si compie l'omicidio (politico) che serve a far partire la nuova legislatura repubblicana. Le larghe intese, le chiameranno. Tra chi ora è dentro a votare e chi è fuori, a gridare al colpo di Stato.

Alle 15.15, mentre comincia la chiamata degli elettori, due uomini trafelati nel corridoio dietro l'aula di Montecitorio quasi sbattono uno contro l'altro. Il primo è Ugo Sposetti, l'ultimo tesoriere della Quercia, il custode dell'ortodossia del Partito: «Non possiamo votare per Prodi oggi pomeriggio con metà del Parlamento fuori in piazza!», impreca. «Dobbiamo prendere tempo e votare scheda bianca». L'interlocutore scuote la testa, pallido. «È tutto finito», sussurra il numero due del Pd, il futuro premier Enrico Letta.

Lo spoglio comincia alle 18.30, le prime schede sono per Prodi, poi il Professore rallenta la corsa. La presidente della Camera Laura Boldrini legge lentamente, grave come una Cassandra costretta ad anticipare un lutto tremendo. Ci sono i voti per D'Alema, saranno 15, tre i voti per Marini, un elettore vota per Migliavacca, l'uomo dell'organizzazione del Pd, braccio destro di Bersani, un altro per scherno scrive Prodi Vittorio, il fratello di Romano. Salgono oltre ogni previsione i sostenitori di Rodotà: sulla carta poteva contare su 162 voti, quelli di 5 Stelle, ne avrà 213, 51 in più. Anche la candidata di Monti, il ministro dell'Interno Anna Maria Cancellieri, ottiene 78 voti, nove in più di Scelta civica. Quindici sono le schede bianche, Napolitano ottiene due voti, Veltroni uno. Mentre Prodi, a spoglio finito, si ferma a 395, lontanissimo dal quorum, con 101 voti in meno rispetto ai 496 previsti. Alle 19 è già tutto finito, il delitto è terminato, i parlamentari del Pdl rientrati in aula si godono la scena, il neo-senatore Augusto Minzolini, lo Squalo dei retroscenisti politici finito alla corte di Berlusconi, ride in aula, fa segno con la mano che il Cavaliere può finalmente stare tranquillo, Prodi non c'è più, finito, questa volta non sono serviti neppure Igor Marini o Sergio De Gregorio, ci hanno pensato i suoi amici del Pd, hanno fatto tutto da soli. Il candidato più odiato dalla destra è stato eliminato dalla sinistra.

«È stato Renzi. È un megalomane: ha candidato Prodi e poi ha ordinato ai suoi di pugnalarlo per uccidere il Pd!». Sono passati pochi secondi dall'autoaffondamento e in Transatlantico parte la caccia al colpevole. Durerà appena pochi minuti: lo spazio di tempo che intercorre tra la fine delle votazioni e l'inizio dell'ennesima, drammatica assemblea convocata in emergenza al teatro Capranica. Lo spazio che serve per attribuire colpe, responsabilità, per poi tornare nell'indifferenza, quando puntare il dito contro l'uno o l'altro non serve più. E dunque bisogna ricordarseli questi minuti di follia collettiva: in mezzo ai marmi di Montecitorio i grandi elettori del Pd si gettano il corpo (morto) del partito addosso. «È stato Renzi», sentenzia immediatamente Andrea Orlando, uno dei giovani turchi, la corrente di sinistra del partito ostile al rottamatore di Firenze. Ce l'ha con il sindaco che è stato il primo a dichiarare, dieci minuti dopo il risultato ufficiale ha chiamato i cronisti a Palazzo Vecchio e ha dettato: «La candidatura Prodi non esiste più». Fausto Raciti, il capo dei giovani democratici, di stretta osservanza dalemiana-bersaniana, non ha dubbi: «È stato Renzi». Walter Verini, braccio destro di Veltroni e ulivista della prima ora, ha le lacrime, punta il dito su di loro, i trentenni nostalgici di Togliatti, «i giovani dagli occhi di ghiaccio come killer». L'ex popolare Lapo Pistelli impreca: «Questa non è più politica, è un videogame. Mi è venuta voglia di lasciare, non mi diverto più». In molti sospettano di loro, gli ex popolari scottati dalla caduta di Marini, ma l'ex ministro Giuseppe Fioroni è un uomo previdente: «Guardate qui», mostra a tutti a cadavere ancora caldo. «Ho fotografato il mio voto: sulla scheda ho scritto Prodi». L'alibi perfetto. Funziona così bene che anche il senatore Stefano Esposito, di rito dalemiano, ha sentito il bisogno di estrarre il suo iPhone e immortalare la sua preferenza. Non si sa mai: la prova dell'innocenza, prima che il delitto sia compiuto.

«Ora bisogna chiamare subito Prodi, bisogna impedirgli di ritirarsi», si affanna Orlando. Ma il Professore a Bamako è già stato informato: la France Presse batte la notizia, alla conferenza gli fanno segno con il pollice, su e poi giù. C'è un altro dolore che tormenta l'ex premier: ha appena appreso che l'amico di una vita Angelo Rovati non ce l'ha fatta. Angelone, il giocatore di basket che portava i bambini di Prodi a pallacanestro, lo sparring partner che fingeva di essere Berlusconi per allenare il candidato premier ai duelli televisivi con il Cavaliere, il consigliere economico di Palazzo Chigi costretto a dimettersi dall'incarico durante la visita di Stato in Cina dopo la pubblicazione di un piano riservato su Telecom, il mediatore con il mondo degli affari, da Stefano Ricucci a Luigi Bisignani. Il volto gaudente e sboccato del prodismo, chissà come avrebbe commentato questa giornata, lui che era un gigante e alzava il muro quando gli toccavano l'amico, «casso, Romano, andiamo via, questi sono tutti pazzi!». Quando arriva la telefonata di Bersani, in vivavoce con Errani, che gli chiede di non mollare, Prodi ha già deciso, fa come gli avrebbe detto Angelone: non ci sta più, si ritira. Scrive di suo pugno il comunicato di rinuncia: «Il ministro degli Esteri algerino mi chiese: "come hai fatto a mandare il comunicato di rinuncia se non ti sei mai alzato?". "L'ho scritto quando parlavi tu", gli risposi». A distanza di mesi spiega così l'addio alla candidatura e alla politica. Al Pd che aveva fondato.

Dopo il voto Bersani mi ha richiamato, invitandomi a non mollare. Mi sono preso una mezz'ora di tempo per riflettere. Pensai che i 101 voti mancanti avrebbero creato una band-wagon all'inverso, un meccanismo per cui nella votazione successiva altri sarebbero scesi dal carro. I veti, non i voti sarebbero aumentati. E poi in realtà, se devo credere alle testimonianze di chi mi ha garantito di aver votato per me in altri gruppi, gli oppositori nel Pd erano più di 101: forse 117, 120. Così ho rinunciato.

Guardando nella storia delle elezioni presidenziali questo non è nemmeno un evento straordinario. Tuttavia bisogna sempre riflettere sugli avvenimenti. L'esito del voto e il fatto che, caso insolito per l'Italia, nessuno ne abbia assunto la responsabilità, mi hanno confermato nella decisione presa, già da ormai qualche anno, di considerare terminata la mia esperienza politica.

Muore la patria del Pd, in questo 19 aprile che è l'8 settembre del partito, il tutti a casa, la dissoluzione. Dirigenti in fuga, diserzioni, il Pd terra di conquista. Escono uno a uno, i grandi elettori, senza fiatare. Questa volta ad accoglierli non c'è nessuna contestazione, solo un silenzio allibito. Sfilano all'uscita dal teatro Capranica, il teatro dei Veleni, nella notte del Pd. Vecchie volpi e giovani virgulti, ragazze in lacrime e notabili paonazzi, rottamatori e rottamati, iene e belle gioie. Camminano sulle macerie, i grandi elettori senza volto, gli uomini e le donne del Pd, senza più onore. Uno su quattro di loro ha votato per uccidere Prodi e il suo partito. Traditori, li ha appena chiamati con disprezzo Bersani prima di dimettersi da segretario. «Tenete le mani a posto prima di applaudire, non tutti sono degni di farlo». Mani che qualche ora prima hanno scritto un nome diverso da quello che avrebbe potuto salvare quel che restava del centrosinistra. Senza neppure uno straccio di politica alternativa: nel 1998, quando cadde il primo governo Prodi, almeno c'era un altro progetto, partì il governo D'Alema. Questa volta nulla: solo la disperazione.

La carica dei 101 suona tenero e disneyano, ma questi non sono simpatici cuccioli dalmata, è stato il giorno degli sciacalli al riparo del voto segreto. E mai un segreto così ampio è stato così ben custodito, circondato da un'omertà collettiva, rigidamente osservato e tutelato da tutti, protagonisti, comprimari, complici, testimoni e da quelli che non c'entrano nulla ma che non hanno interesse a scavare. Si crea così, nel corso dei mesi, un'altra frattura tra i gruppi dirigenti e l'elettore del Pd. Ogni volta che un parlamentare viene interpellato la reazione è quasi sempre la stessa: imbarazzo, fastidio, la frase di rito: «I nomi li sanno tutti, non è questo il punto...». Quasi che i 101, e i loro protettori, siano uniti da un legame invisibile, un giuramento, una filiazione. I dirigenti del partito, a partire dal segretario eletto al posto di Bersani, Guglielmo Epifani, dimostreranno scarsissimo interesse almeno a cercare i nomi dei 101. Nei mesi successivi solo una parlamentare ha sollevato la questione nell'assemblea del partito: la deputata Sandra Zampa, portavoce di Prodi. E solo un giovane deputato di Forlì, Marco Di Maio, ha formalmente chiesto con una lettera al segretario Epifani l'apertura di un'inchiesta interna. La reazione? Nessuna risposta.

Sono stati i dalemiani, i giovani turchi, i franceschiniani, i fioroniani, i veltroniani, i renziani? Impossibile inseguire le voci e le complicate geografie correntizie del partito, oppure rifugiarsi come in tanti hanno fatto nel paradosso di Hercule Poirot in *Assassinio sull'Orient Express*: «Invece di domandarmi se di tante persone una sola era colpevole, dovevo cercare di sapere quale invece delle tredici fosse innocente. Chi era questa persona?».

Impossibile dirlo. Nessuno dei 101 ha sentito nei mesi successivi il bisogno di assumersi pubblicamente la responsabilità del suo gesto, di spiegarlo di fronte ai suoi elettori. Eppure è stato il loro voto a determinare una doppia svolta storica: la prima rielezione di un presidente della Repubblica, resa inevitabile dall'impasse in cui il sistema si era avvitato dopo la bocciatura di Marini e di Prodi, e il successivo governo delle larghe intese presieduto da Enrico Letta, con Berlusconi partner di governo, poi condannato con sentenza definitiva dalla corte di Cassazione a quattro anni per frode fiscale. In più, hanno provocato le dimissioni di Bersani e il cambio della segreteria. I 101, autori e artefici del passaggio decisivo, sono i convitati nascosti nel cuore del Pd. Sono la ferita che sanguina tra i dirigenti del partito e i militanti, l'elettorato cui, al contrario, la vicenda non sembra affatto cosa di poco conto. La domanda arriva immancabile in tutti i dibattiti: perché nessuno si dà da fare per scoprire chi sono i 101?

«Non esistono i traditori: è un concetto integralista che non condivido. Ed è vergognoso fare una distinzione nelle votazioni tra Marini e Prodi. Quando si è scelto Prodi, al di là delle ovazioni e delle alzate di mano, avrei voluto discutere con quale maggioranza si andava ad eleggerlo, visto che Scelta civica non ci stava e il M5S non si sarebbe spostato da Rodotà. Avremmo potuto votare Rodotà forse, ma nel frattempo la valanga era partita», ha detto la deputata calabrese Enza Bruno Bossio, dalemiana, in un'assemblea dei deputati Pd qualche settimana dopo il voto per il Quirinale.

Ma certo, figuriamoci, non esistono i Traditori, nel girone infernale del Pd. Ci sono però i Dubbiosi. Gli Scettici. I politicamente Lucidi. Come il senatore Nicola Latorre, già braccio destro di D'Alema, due ore dopo il misfatto, uscendo dal teatro Capranica dimostrava una serenità invidiabile e idee molto chiare: «Che succede ora? Che saremo nelle condizioni di completare il lavoro iniziato in questi giorni eleggendo un nuovo presidente della Repubblica...». Una deputata, la romana Fabrizia Giuliani, dalemiana, è stata sentita dire all'ingresso in aula: «Se Prodi per caso non dovesse farcela, cambia tutto»[4]. Come lei un'altra dalemiana, la romana Micaela Campana. Un deputato della corrente di Letta, il campano Guglielmo Vaccaro, è stato ancora più preciso. Incontrando alcuni colleghi il 19 aprile in Transatlantico prima del voto si lasciò andare a una previsione: «Come finisce? Stasera salta Prodi, sarà rieletto Napolitano che incaricherà Letta di fare il nuovo governo».

Nel girone dei Delusi la più delusa di tutti in quella giornata era la dalemiana Anna Finocchiaro, prima stoppata nella corsa verso il Colle dall'attacco di Renzi, poi bloccata mentre stava per parlare per candidare il suo leader D'Alema. Ma delusi, molto delusi erano anche i mariniani, che la sera prima avevano visto

[4] F. D'Esposito-W. Marra, *Così il no di Bersani a Rodotà spinse il Pd tra le braccia di B.*, in "Il Fatto Quotidiano", 17 maggio 2013.

abbattere il loro leader storico senza un minuto di discussione. E gli uomini di Dario Franceschini.

Nel girone degli Speranzosi, almeno in apparenza, si agitavano i sostenitori di Stefano Rodotà. I deputati più giovani, più a sinistra, più spostati su posizioni vicine al Movimento 5 Stelle, che preferivano votare il giurista laico rispetto al cattolico Prodi, ma anche i parlamentari dalemiani. Alla quarta votazione Rodotà aveva raccolto 213 voti, 51 in più del previsto: uno su due, la metà dei 101 aveva votato per lui. Anche se poi la battaglia sotterranea a suo favore finì nello spazio di quella votazione: alla quinta votazione scese a 210, due voti in meno della somma 5 Stelle-Sel che era tornato a sostenerlo, 217 nell'ultimo scrutinio. Insomma, Rodotà fu usato per eliminare Prodi.

Nel girone degli Ostili c'erano i gruppi regionali: gli emiliani spingevano per Prodi, i toscani al contrario volevano frenarlo, temevano che con la sua elezione si sarebbe rafforzato eccessivamente Renzi, il suo king maker, preoccupazione che tormentava il presidente della Regione Enrico Rossi. Per fermare o rallentare la corsa di Prodi (e di Renzi) i toscani si riunirono e si consultarono. Il segretario regionale Andrea Manciulli, il numero due della corrente di Dario Franceschini, il pratese Antonello Giacomelli, il fedelissimo di Manciulli Luca Sani, deputato di Grosseto, poi nominato presidente della Commissione Agricoltura della Camera, la deputata di Campiglia Marittima Silvia Velo, bersaniana, che prima delle votazioni confidò ai colleghi, compresi alcuni deputati e senatori leghisti, che lei non avrebbe mai votato per Prodi. E dire che era appena stata nominata vice-presidente del gruppo Pd. Sicuramente ci avrà ripensato e nel segreto dell'urna si sarà allineata alle direttive del partito. Come i parlamentari del Sud fedeli a D'Alema: il deputato pugliese Michele Bordo, che comunicò la sua ostilità ai suoi capicorrente, poi promosso presidente della Commissione Politiche europee, oppure il molisano Danilo Leva, nominato in seguito responsabile Giustizia del Pd. Tutti si sono sfogati prima del voto sulla scelta di Prodi. Tutti, poi, non c'è nessun motivo di dubitarne e nessuna prova del contrario, avranno certamente obbedito alla linea ufficiale.

Ci sono poi quelli che in seguito non hanno dimostrato particolare dispiacere per l'affondamento del Professore per motivi personali. Nulla di male, per carità. Però il senatore bolognese

Gian Carlo Sangalli, noto disistimatore della famiglia Prodi (qualcuno dice che il voto per Vittorio Prodi porta la sua firma), di certo non si è messo in lutto. Anche lui ha replicato ai sospetti: «La mia è stata perfetta disciplina di partito». Perfettamente disciplinato, come tutti gli altri, si è visto. «Prodi chi?», rideva in Transatlantico già il giorno dopo Michele Anzaldi, deputato di prima nomina in quota Renzi, a lungo portavoce di Francesco Rutelli negli anni degli scontri più duri con il Professore. Stessa frase pronunciata anni prima da un altro deputato-portavoce, Pierdomenico Martino detto Piero, lo spin di Franceschini: lui al Quirinale agognava di andarci addirittura nel 1999, come portavoce di Marini, favorito per la presidenza. Invece Veltroni e Prodi riuscirono a far eleggere Carlo Azeglio Ciampi alla prima votazione. Ma sarebbero rimaste antipatie ininfluenti e tollerabili se non ci fosse stata la disfatta dell'intero gruppo dirigente.

Infine, due mesi dopo il venerdì nero del centrosinistra, è arrivato il ripensamento più clamoroso, quello di Bersani: «Con Prodi al Quirinale sarebbe scoppiata la guerra civile», ha dichiarato l'ex segretario[5]. Un'ammissione incredibile: se il leader del partito aveva questa convinzione, se temeva che con il Professore al Quirinale sarebbe scoppiata addirittura una guerra civile, perché ha chiesto un'ovazione per Prodi senza neppure metterlo in votazione? In realtà, il 19 aprile il Pd aveva già totalmente ceduto alla propaganda berlusconiana. Il no di Berlusconi a Prodi dal palco di Bari, e poi lo spettacolo mai visto di un gruppo parlamentare che abbandona la Camera per manifestare in piazza mentre si votava per il presidente della Repubblica, avevano pienamente raggiunto l'effetto sperato nel Pd. Invece della resistenza e della denuncia, la resa senza condizioni. Al posto di Prodi presidente e di una fase nuova, è nato un governo del Pd con Berlusconi, che il centrosinistra non è riuscito culturalmente e politicamente a sconfiggere in venti anni (elettoralmente sì, per due volte). Per evitare una guerra civile inesistente se non nei comunicati di Arcore si è affondato il nome più prestigioso. E la definitiva condanna giudiziaria del Cavaliere, tre mesi dopo, coglierà il Pd nella posizione più scomoda, imbarazzante, innatu-

[5] G. De Marchis, *Bersani: «sostengo il premier ma le larghe intese non vanno»*, in "la Repubblica", 13 giugno 2013.

rale: quella dell'Alleato. E qui siamo arrivati nel cuore dell'Inferno del Pd, dove non c'è speranza di redenzione.

Forse domani, chissà, di questo passo i 101 traditori saranno ricordati come militi ignoti, sconosciuti eroi di una sporca guerra combattuta sopra le loro teste. Per fermare una svolta e spingere la storia nella direzione opposta. Chissà: di certo non sono un incidente, un inciampo, una parentesi, uno sberleffo. Al contrario, sono il risultato di venti anni del centrosinistra: la miscela di rivalità, risentimenti, meschinità, frustrazioni personali pronte a esplodere, le maledette casualità più che complotti raffinatissimi che hanno condannato l'Ulivo e poi il Partito democratico alla sconfitta proprio quando più si stava avvicinando alla vittoria. E da questo punto di vista è in effetti un esercizio inutile mettersi alla caccia dei nomi. Gli sbagli, in politica come nella vita, sono qualcosa di più della decisione individuale, sono la somma di equilibri sottili che finiscono per spezzarsi, interessi contrapposti che non trovano compensazione. E la verità scomoda è che nessuno ha interesse a rivelare l'identità dei 101 perché i 101 non esistono. O, meglio, coincidono con la natura stessa del Partito democratico, per come è nato e cresciuto. Con le sue paure e i suoi calcoli e la sua fragilità. I 101 sono l'autobiografia di un partito mai nato. Lo specchio della doppia anomalia italiana: la destra senza limiti, la sinistra senza rispetto di se stessa. Non c'è la Colpa, esistono le colpe: per questo, in questa storia durata vent'anni di mancata modernizzazione del Paese, di paralisi istituzionale, di tante speranze deluse, di degrado civile e morale troppo timidamente contrastato, è davvero difficile stabilire chi ha sbagliato più forte.

Capitolo 2
Piazza Santi Apostoli

«Governeremo noi. Ma faremo le riforme con gli altri. Non può bastare una maggioranza semplice, a questi cambiamenti deve partecipare tutto il Paese. Ci prendevano in giro, dicendo che eravamo quattro sfigati. Ma questi dati parziali sono un segno meraviglioso. L'Ulivo è la vera proposta nuova per il Paese».

Ventuno aprile, Natale di Roma, i seggi non si sono ancora chiusi e nel quartier generale Romano Prodi già festeggia. Nel Palazzo delle Esposizioni, dove è stata allestita la sala stampa, sull'ascensore trasparente salgono Fabiano Fabiani, Massimo Ghini, Michele Mirabella. Roberto Morrione, il giornalista Rai che è stato il general manager della campagna elettorale, racconta l'apologo di Lawrence d'Arabia «che partì per prendere la città di Aqaba e trovare il tesoro. Ora Aqaba è conquistata, ma il tesoro è sempre da un'altra parte e bisogna ripartire». Si convocano i militanti in via Milano, davanti al traforo, no, troppo piccola, si va in piazza Santi Apostoli. La piazza è già piena di gente, inattesa. Un ragazzo sventola la bandiera bianca con il gonfalone dei Popolari in mezzo a quelle rosse del Pds. Un drappo rosso lo impugna Massimo D'Alema sul palco: «Abbiamo portato al governo questo simbolo», esclama indicando la falce e il martello del Partito comunista alla radice della Quercia, «ma ora possiamo cambiare». In un altro giorno lontano queste bandiere si sono incontrate, il 16 marzo 1978, il pomeriggio che rapirono Moro, alla manifestazione di piazza San Giovanni. Perché il cammino per arrivare a questa notte, all'unione dei democratici, non è stato breve e facile. Ma l'Ulivo non è la realizzazione del compromesso storico. Le bandiere rosse e bianche che sventolavano separate, ora – finalmente – possono incontrarsi, mescolarsi, per dare vita a un'identità tutta da costruire. Una nuova canzone. Popolare.

È qualcosa di più di una semplice festa per una vittoria elettorale, sia pure storica: la prima, vista dagli eredi del Pci. È la nascita di un nuovo soggetto politico, imprevisto perfino per i vincitori che da quel momento in poi avranno un problema in più, come restare coerenti con quella piazza. È lo spirito dell'Ulivo che prende corpo: non isolato al chiuso del laboratorio di qualche alchimista partitico – quante volte sarà rimpianta, la fusione calda di quella sera, nei lunghi anni delle fusioni a freddo che verranno. C'è un popolo di non invitati che chiede di esprimersi. E c'è il fattore essenziale di ogni impresa politica di successo, un mito fondativo. L'Ulivo che va oltre i singoli partiti che lo compongono, li assorbe, li supera.

Il mito condizionerà tutte le scelte successive: per anni, infatti, sarà qui, in piazza Santi Apostoli, che si celebreranno le vittorie, le sconfitte, le cadute, le resurrezioni e le rese dei conti tra i capi del centrosinistra. Qui, tra questi palazzi, nell'arco di venti metri, traslochi, transumanze, porte sbattute, palchi smontati e rimontati saranno lì a testimoniare la spinta propulsiva di quella notte. La quinta di un teatro in cui andranno in scena tragedie e commedie dell'Ulivo.

Al primo piano di Palazzo Colonna, sopra il museo delle cere, c'è nel 1996 il primo comitato elettorale dell'Ulivo, da cui partono i pullman di Prodi e Veltroni alla conquista dell'Italia, o almeno di un suo pezzetto. Al piano sopra il ristorante Le Lanterne che ha preso il posto delle antiche scuderie dei principi Colonna, tra un vecchio pianoforte e il pavimento di legno si riunisce nel 1998 il primo coordinamento dell'Ulivo: durerà pochissimo. Nell'edificio di fronte, il cinquecentesco Palazzo Guglielmi che accolse l'Imperatore Giuseppe II d'Austria, le scale polverose e gli ascensori a rischio, il parquet cigolante calpestato freneticamente durante i vertici più tempestosi, trova sede al secondo piano nel 1999 l'Asinello, il movimento fondato da Prodi e Parisi (e Rutelli, Di Pietro, Cacciari...) nel momento di massima divisione del centrosinistra. La piazza dell'unità diventa la piazza della discordia. Un pomeriggio di giugno Franco Marini sceglie il luogo simbolo dell'Ulivo per concludere la campagna per le elezioni europee del suo partito. Il leader sfodera tutta la sua oratoria da ex sindacalista ma non ce la fa a entusiasmare. Anche perché i presenti sono distratti: alla finestra c'è Prodi che fa capolino per gustarsi con un certo sadismo la scena del suo nemico che prova a convincere pochi affezionati.

Nel 2001, altro cambio di scena, al posto dei militanti arrivano i postulanti: gli aspiranti senatori e deputati a caccia di un collegio sicuro. Al partito dell'Ulivo si è sostituito l'Ulivo dei partiti, il comitato Rutelli ha preso posto nel palazzo di fronte alla sede dell'Asinello, le riunioni tra gli sherpa che devono fare le liste e assegnare i collegi uninominali previsti dalla legge Mattarellum si svolgono tra un palazzo e l'altro, più spesso in mezzo alla strada. Agli elettori in festa si sostituiscono i potenziali candidati, accompagnati da piccole folle di assistenti, portaborse, clienti. Un'esperienza così traumatica che uno dei compilatori delle liste, Pino Pisicchio, dedicherà a quelle trattative un istruttivo libretto, *La sera andavamo ai Santi Apostoli*.

Nel maggio 2005, nuova crisi, questa volta è la Margherita di Rutelli a strappare con l'Ulivo di Prodi, nel frattempo tornato dall'Europa, la piazza si riempie di livore, arrivano i manifestanti contro l'ex sindaco di Roma che per vantare il suo impegno si era inventato uno slogan da mercato rionale: «Abbiamo mangiato pane e cicoria!». E sia, dall'ulivo alla cicoria, quando Rutelli e Marini lasciano la riunione su di loro piovono ortaggi e fette di pane indurito, Marini addenta la pipa e affronta i contestatori. «Dov'è il popolo?», chiede, mentre gli piovono addosso foglie morte, perché è sempre la stessa storia, lo stesso fantasma, il popolo dell'Ulivo. Anche se piazza Santi Apostoli, scrive Filippo Ceccarelli, è sempre più la «piazza dei rivolgimenti del centrosinistra. O come soluzione estrema: piazza della Cicoria. Luogo del mito e della dannazione, "hortus conclusus", ma anche cortile e ballatoio dell'Ulivo, in ogni caso un luogo che si segnala per l'angustia delle prospettive e gli orizzonti di una lite condominiale»[1].

Il teatro di tutte le liti, le divisioni, gli addii e le ricomposizioni. Cronisti accampati al Bibo Bar, con il gelo o con il sole a picco, ad attendere per ore la conclusione dei vertici e una scena più volte replicata, Prodi che prende il cappotto e se ne torna a Bologna indignato dopo l'ennesimo litigio. Carmine, il portiere dello stabile, muto sorvegliante del circo mediatico, sentinella silenziosa di tutte le rotture che spesso si consumano tra l'androne e la pri-

[1] F. Ceccarelli, *Gli autoconvocati con la cicoria*, in "la Repubblica", 26 maggio 2005.

ma rampa di scale. Ospiti inaspettati: Buck, il bulldog francese di Rosi Greco e Alain Elkann, dirimpettai della sede dell'Ulivo, una mattina sbaglia porta ed entra saltellando nell'appartamento ulivista mentre i suoi inquilini stanno ferocemente litigando di fronte ai cronisti, a ruota dopo di lui, come in un cartone animato, spunta anche Elkann all'inseguimento: «Buck, torna qui, questa non è casa tua...».

Così, tra spartizioni e lacerazioni, lo spirito dell'Ulivo si allontana sempre di più. Torna a soffiare la notte del 16 ottobre 2005, l'esperimento delle primarie che fa saltare in aria gli schemi, il contatore sale fino a quasi quattro milioni e mezzo di votanti per il candidato premier Prodi, una massa ancora una volta inaspettata. E si spegne per sempre il 10 aprile 2006, l'ultima notte ai Santi Apostoli, il cuore in gola e i numeri che ballano fin quasi all'alba, nelle elezioni del quasi pareggio, della quasi sconfitta. All'una di notte sale sul palco Prodi, come dieci anni prima: ma questa volta è solo, i risultati definitivi ancora non ci sono, il Professore ringrazia i volontari, pallido in viso e improvvisamente stanco, ci sarà poi un'altra festa, ma sarà l'ultima. Anche se ci saranno ancora riunioni a Santi Apostoli: quella drammatica nel giugno 2007, in cui i 45 promotori del Partito democratico decidono di accelerare sulla nascita del nuovo partito spingendo Veltroni a candidarsi. E la sera del 25 ottobre 2009, quando dal portone del palazzo che fu il simbolo del prodismo escono Bersani, D'Alema, Alfredo Reichlin e Filippo Penati, il comitato che ha portato l'ex ministro alla conquista della segreteria del Pd: la Ditta rossa, nella piazza in cui D'Alema promise di voler superare una volta per tutte il glorioso partito. E quanto tempo è passato, e com'è lontana questa piazza Santi Apostoli dal 21 aprile 1996.

Eppure all'inizio l'Ulivo non è neppure l'Ulivo. Non è la coalizione di tutti, semmai un albero che si affianca alla Quercia. E nei piani il nome è un altro: Progetto democratico, Pd, scelto da un circolo nato in appoggio di Prodi nel comune bolognese di Baricella. «Mi piace, dentro c'è il futuro e la democrazia», commenta Massimo D'Alema intervistato da Telemontecarlo. Nel febbraio 1995 si chiama ancora così la futura La7, ancora di proprietà del gruppo Ferruzzi e in attesa di essere ceduta a Vittorio Cecchi Gori. I libri più venduti sono Va' dove ti porta il cuore *di Susanna Tamaro,* L'isola del giorno prima *di Umberto Eco e* Varcare la soglia della speranza *di papa Giovanni Paolo II, in testa agli incassi cinematografici c'è* Stargate, *secondo un sondaggio per il settimanale "Gioia" Antonio Di Pietro è il marito ideale delle italiane. La sera del 2 febbraio la trasmissione di Michele Santoro "Tempo Reale" manda in onda alcune immagini di Beppe Grillo che riceve il premio Airone per la difesa dell'ambiente, gli organizzatori però polemizzano con una motivazione sorprendente: «Grillo ha chiesto di non venire ripreso perché non desidera apparire su alcuna tv, in particolare sulle reti Rai». Una settimana dopo parte da Pordenone il nuovo tour del comico. «Grillo», scrive l'Ansa, «ha inneggiato al sistema di comunicazione "Internet", dove "si prende quello che si vuole e si paga ciò che si prende". "Internet", ha aggiunto, "non crea le notizie, le distribuisce, è il principio della vera democrazia, un futuro che voglio subito"». Nel 1995 Internet è un semplice sistema di comunicazione, si cita tra virgolette. E Grillo è ancora un comico.*

Il 2 febbraio è per Prodi il giorno della discesa in campo, a poco più di un anno di distanza da quella di Silvio Berlusconi con il videomessaggio del 26 gennaio 1994 («L'Italia è il Paese che amo...»). A differenza delle geometrica potenza di Arcore, immagini e parole studiate al millimetro, la calza davanti alla telecamera che farà epoca, l'ingresso prodiano in politica segue i codici dell'improvvisazione, della fuga di notizie, del balletto di conferme e smentite. «La mia candidatura nacque da un incidente...», sintetizza Prodi. L'ex presidente dell'Iri incontra negli uffici del Ppi della Camera tre ambasciatori popolari, il presidente del partito Giovanni Bianchi e i capigruppo di Senato e Camera. C'è Nicola Mancino, c'è soprattutto Beniamino Andreatta: ben informato dei fatti, è il cervello politico che sta elaborando la nuova creatura. Dovrebbe restare un incontro riservato, invece i popolari si affrettano a intonare l'*Habemus Papam*: Prodi sarà il candidato premier, «è pronto a gettarsi nella mischia come leader dello schieramento di centro-sinistra», annuncia Mancino. «Ha acquisito i consensi necessari, anche quello della moglie», scherza Bianchi. In realtà la notizia doveva rimanere riservata: «Tornai a Bologna e poi andai a Parma, dove avevo un incontro con l'unione industriali», racconta Prodi. «I giornalisti mi saltarono addosso chiedendomi la conferma. Io presi tempo, dissi che avrei fatto una dichiarazione».

Si poteva fare un anno prima, nell'aprile 1993, dopo la vittoria dei Sì ai referendum di Mario Segni e le dimissioni del governo Amato, l'ultimo con la formula del pentapartito che ha dominato per più di un decennio. Dopo quel voto il presidente della Repubblica Oscar Luigi Scalfaro aveva sondato i segretari della Dc e del Pds Mino Martinazzoli e Achille Occhetto e aveva individuato per Palazzo Chigi un nome di frontiera, un cattolico senza tessera, vicino al movimento referendario di Segni, intervenuto qualche mese prima alla convention dei Popolari per la Riforma, senza però condividere l'ansia demolitrice del suo leader: Romano Prodi. Il Professore fu convocato a Roma da Scalfaro, poi ripartì e chiamò Segni offrendogli di fare il vice-premier e ministro delle Riforme nel suo governo. Quando il treno di Prodi arrivò a Bologna Segni aveva già deciso di dire di no all'offerta. E la candidatura di Prodi saltò. A ricevere l'incarico fu il governatore della Banca d'Italia Carlo Azeglio Ciampi: il primo fuori dalla politica e dai partiti della storia repubblicana.

Neppure il Pds, in quel momento, era pronto a chiudere un patto di governo con la Dc. La primavera del 1993 era il momento più caldo di Mani Pulite, arresti, indagini sui vertici imprenditoriali, dalla Fiat alla Olivetti alla Ferruzzi di Raul Gardini, ministri dimissionari, elettorato in rivolta, il voto della Camera sulle inchieste di Milano su Bettino Craxi, l'avviso di garanzia per Giulio Andreotti per mafia. Gli ex comunisti ondeggiavano nell'indecisione, sfruttare il crollo del vecchio sistema per inserirsi fin da subito e in prima persona, con propri ministri per la prima volta dopo il 1947, nell'area del governo oppure tenersi fuori in attesa delle nuove elezioni per sfruttare l'effetto Tangentopoli, il vento del nuovo?

D'Alema era contrarissimo all'ingresso nel governo Ciampi («dopo i banchieri ci sono solo i generali», ripeteva), ma anche allo scivolamento della Quercia verso il modello maggioritario: «Non ci ridurremo a fare il partito degli attacchini di Mario Segni». «Occhetto pensava in quella crisi soprattutto a dare un colpo alla Dc», ricorda Iginio Ariemma, il suo ex portavoce. «Mandò Giglia Tedesco a parlare con Prodi, ma non voleva essere subalterno a Martinazzoli, usò Segni per aprire alla società civile. Era lungimirante sulla crisi dei partiti, aveva capito che un fatto nuovo non poteva crearsi soltanto da un incontro di vertice. D'Alema, invece, fin da allora voleva il semplice accordo con la Dc. Un mini-compromesso storico». Le due future anime dell'Ulivo e del Pd sono già presenti e si combattono nel 1993 al vertice del Pds, nei giorni del governo Ciampi.

Fino alle elezioni del 1994 l'alleanza del Pds con il centro democristiano di Martinazzoli, poi trasformato in Ppi, resta soltanto un'ipotesi. Né Occhetto né Martinazzoli immaginavano che, saltato il tappo democristiano, l'alternativa alla sinistra sarebbe arrivata dalla destra, già presente nella società e nel Paese, attenuata per decenni nelle lentezze e nelle mollezze, nelle tortuosità carsiche di mamma Dc e dei suoi alleati. E che ora invece, con Berlusconi e con la Lega di Bossi e con i post-fascisti di Gianfranco Fini, poteva esprimersi senza più freni nel suo tratto distintivo: l'anti-comunismo, inteso come limitazione dello Stato, svuotamento di tutto ciò che è pubblico, a vantaggio del privato. La piccola patria leghista, il culto dell'interesse particolare berlusconiano spacciato per rivoluzione liberale. Il Ppi, erede diretto della Democrazia cristiana, esce devastato dal voto del 27 marzo 1994, l'11 per cento e appena 29 seggi alla Camera più 4 conquistati nei collegi uninominali con il Patto Segni, il Pds di Achille Occhetto con la coalizione dei Progressisti, la «gioiosa macchina da guerra», si ferma al 32,8, un terzo dell'elettorato, il solito zoccolo duro della sinistra comunista e post dal 1948. La gioiosa macchina occhettiana si è schiantata al momento del voto contro il nuovo muro della politica italiana. Il muro di B.

Nella primavera del 1994 torna a farsi sentire dopo un silenzio durato decenni la voce del monaco Giuseppe Dossetti. Padre della Costituzione come deputato democristiano e protagonista del Concilio, negli anni Cinquanta abbandonò la politica. Dopo la vittoria di Berlusconi Dossetti riprende a parlare, il 18 maggio, per commemorare l'amico Giuseppe Lazzati. Come la sentinella biblica, scruta «nel mare buio e livido della società italiana», nella fine dell'unità politica dei cattolici, «la tanta dissipazione che ne è stata fatta per leggerezza e per disonestà diffusa», attacca il polo berlusconiano: «Più che di Seconda Repubblica si potrebbe parlare del profilarsi di una specie di triumvirato: il quale, verificandosi certe condizioni oggettive e attraverso una manipolazione mediatica dell'opinione, può evolversi in un principato più o meno illuminato, con coreografia medicea (trasformazione di una grande casa economico-finanziaria in signoria politica)». E spinge i cattolici a un nuovo impegno: «Non abbiamo ancora abbastanza considerato – e direi proprio che non ce ne vogliamo persuadere – quant'acqua sia passata dal 1989: in cinque anni è come se ne fosse passata tanta da sommergere non un'isola, ma un intero continente. Non ne siamo ancora persuasi, non solo noi cattolici ma anche i laici, e in particolare le sinistre: e persino queste nuove destre, che hanno vinto le elezioni sulla scommessa del nuovo, ma che per ora si mostrano ancora attaccate a metodi vecchi, a soluzioni archeologiche, e persino quando vorrebbero innovare (come fa la Lega) fanno proposte capaci di dare voce alla protesta degli interessi di oggi, e non capaci di interpretare il vero movimento della storia, italiana ed europea». No, non è un conservatore Giuseppe Dossetti, non lo è mai stato.

Il 31 maggio 1994 Prodi si dimette da presidente dell'Iri. «È una decisione che riguarda solo lui», commenta il capo del governo Silvio Berlusconi appena entrato in carica. Non sono in tanti a lasciare la poltrona in quella primavera di rivoluzioni annunciate: l'arrivo del centrodestra al potere dopo il voto del 27 marzo è stato preceduto da minacce di epurazioni, liste di proscrizione, promesse di piazza pulita. E seguito dai cambi di casacca, bandiere di Forza Italia sventolate nei corridoi della Rai a Saxa Rubra, conversioni improvvise.

Il 13 giugno, dopo le elezioni europee vinte da Berlusconi, Occhetto si dimette da segretario del Pds. Qualche settimana prima era stato il suo numero due D'Alema a chiedergli di abbandonare con una sentenza senza appello: «Sei tecnicamente obsoleto». Per la segreteria si candida D'Alema, com'è naturale, ma anche lo sfidante Walter Veltroni, 39 anni, moderno direttore dell'"Unità".

I due si confrontano e si scontrano, per la prima volta a viso aperto si contendono la guida del partito: nessuno può immaginare che sarà anche l'ultima. In un partito già sfibrato dal lungo travaglio del cambio del nome e dalla scissione di Rifondazione, ma abituato ancora a una leadership monocratica, assoluta, è un altro trauma. I notabili, i capi dell'apparato e perfino i due candidati si sforzano di rassicurare che non c'è nessuno scontro di potere e neppure una diversità di strategia, di linea, di visione politica, soltanto qualche nota diversa in uno spartito che è lo stesso. Sui giornali ostentano amicizia, Veltroni rivela che le figlie chiamano D'Alema «zio Massimo», il rivale ricambia: «Mia figlia ha sette anni, di politica ne sa poco. Eppure mi ha chiesto: quest'anno non facciamo le vacanze? Le ho risposto: tranquilla, forse ce le salva zio Walter». Con la conseguenza, però, di personalizzare ancora di più il duello: Walter l'amerikano, il kennedyano che ama il cinema e che allega l'album delle figurine Panini con il quotidiano fondato da Gramsci, contro Massimo, il figlio prediletto del partito, il *totus politicus* algido, freddo, il cinico calcolatore che da anni si prepara a conquistare il Bottegone.

In realtà, lo scontro è durissimo. Quando Veltroni decide di candidarsi, a modo suo, «credo possa essere utile al partito una discussione politica, se la mia disponibilità può servire a questo scopo ne terrò conto», la reazione pubblica di D'Alema è furente: «Io sono candidato, non capisco le ragioni, personali e politiche, per cui ne serva un altro». In privato è ancora più duro: «Io sarò sicuramente eletto», si mostra sicuro con Claudio Petruccioli. «Ma voi vi rendete conto di cosa succederebbe se venisse eletto Veltroni? Con la mia opposizione non durerebbe due mesi»[2].

È l'annuncio di una guerra che durerà almeno quindici anni, fino al 2009, alle dimissioni di Veltroni dalla segreteria del Pd. E non è solo un contrasto personale, nel 1994 ci sono già le linee politiche destinate a darsi battaglia nel decennio successivo, a partire dalla discussione sulle regole di elezione. Nella consultazione tra gli iscritti, una prima assoluta decisa per dare voce alla base, quasi l'anticipo delle primarie, vince a sorpresa Veltroni. Nel Consiglio nazionale, il parlamentino del partito che detiene il vero potere di scelta, D'Alema ribalta il risultato e viene eletto segretario. Sarà una costante degli anni successivi: più è stretta la platea, più è vicina a coincidere con il corpo del partito, più pesano i funzionari, l'apparato, i professionisti, D'Alema. Se diventa più larga, aperta all'esterno, ai non iscritti, agli elettori senza bandiera i giochi si fanno imprevedibili. Di qui il tormentone estenuante sulle regole, dal 1994 fino alle primarie di Renzi: far votare solo i dirigenti, solo gli iscritti, far votare tutti, gli uni ad allargare, gli altri a restringere...

[2] C. Petruccioli, *Rendi conto. Entusiasmi e intrighi, grandezza e viltà negli anni roventi dal Pci al Pds*, Il Saggiatore, Milano 2001, p. 219.

E poi c'è la linea politica, dichiarata nei discorsi di investitura. D'Alema chiede un partito «autonomo» dai gruppi editoriali, allude al gruppo Espresso di Carlo De Benedetti e al direttore di "Repubblica" Eugenio Scalfari, schierati con Veltroni. Spiega di voler «gettare le basi dell'incontro tra la sinistra e i moderati democratici», sarà l'asse portante di tutta la sua politica, l'ossessione dell'alleanza con il centro, che si chiami Rocco Buttiglione, Franco Marini, Francesco Cossiga o Pier Ferdinando Casini. Veltroni sogna «un partito a rete, che cerca i cittadini e non li aspetta in sezione». E per la nuova creatura da costruire parla di Coalizione dei Democratici.

I due presentano la loro piattaforma programmatica, così la definiscono, con un articolo – un'articolessa – sul quotidiano del partito, "l'Unità", un segnale di fedeltà alla tradizione. D'Alema pubblica il suo manifesto l'8 maggio sotto il titolo: «Sinistra e centro, ora ripartiamo dall'opposizione». «La prospettiva di un'alternativa di governo alla destra è legata alla ripresa di una iniziativa politica e culturale», scrive il numero due del Pds, «non all'aprirsi di un dibattito autodistruttivo attorno a partiti e leadership che non ci sono. Dubito molto che per conquistare il mitico centro si debba cominciare dallo scioglimento della sinistra, dalla distruzione e/o metamorfosi del Pds... Né la sinistra né il centro sono terre di nessuno. Non si può immaginare che possano svanire partiti, sindacati, associazioni, centri di ricerca, storie individuali e collettive mentre qualche mago estrae dal cilindro il coniglio bianco di un nuovo partito democratico tra gli applausi della platea estasiata. Non ci credo»[3].

Scioglimenti, distruzioni, metamorfosi: c'è già in queste parole l'opposizione di D'Alema a qualsiasi cambiamento che passi per la liquidazione degli ex comunisti. Assieme al disprezzo per la platea «estasiata» dell'opinione pubblica, pronta ad applaudire se fosse estratto «il coniglio bianco di un nuovo partito democratico». A lungo, in effetti, il coniglio resterà pigiato in fondo al cilindro, con il rischio però che l'estrazione avvenga di fronte a una platea ormai deserta.

Anche Veltroni affida la sua analisi all'"Unità" (da lui diretta), veltronianamente il suo manifesto esce l'11 luglio, dopo che la

[3] M. D'Alema, *«Sinistra e centro, ora ripartiamo dall'opposizione»*, in "l'Unità", 8 maggio 1994.

battaglia per la segreteria è andata persa. «L'alternativa a Berlusconi ha un nome, si chiama coalizione dei democratici», scrive il candidato sconfitto. «Una formula che corrisponde a un inedito centrosinistra. Qualcuno dice sinistra-centro. Ma non ho mai avuto grandi passioni per le discussioni sui trattini. Nascerà l'alternativa solo dall'incontro tra una sinistra moderna e di governo, quella dei progressisti, e un centro cattolico e laico davvero rinnovato». Tutto uguale a D'Alema? Una proposta fotocopia? No, perché Veltroni aggiunge: «Tutto questo non accadrà, non si realizzerà la coalizione dei democratici, se si pretenderà che altri si assoggettino o confluiscano nel Pds. O, ancora di più, se non si eviterà il rischio di immaginare una riedizione di alleanza a due tra Pds e Ppi»[4]. Quella, cioè, che immagina il segretario del Pds, pronto a farsi fotografare a pranzo a Gallipoli in compagnia del nuovo segretario del Ppi Buttiglione. Non è l'unico incontro di quell'estate, però.

La prima stretta di mano tra Prodi e D'Alema risale al 13 settembre 1994, a differenza di quella con il segretario del Ppi avviene in segreto e lontano dalle telecamere. C'è un depistaggio, ai cronisti viene indicato come luogo del faccia a faccia la zona dell'aeroporto di Bologna, ma in realtà i due si vedono nella casa bolognese del Professore, in via Gerusalemme. Prodi ha già cominciato la sua lenta marcia di avvicinamento verso la politica con una doppia intervista, alla "Gazzetta di Reggio" in occasione del suo compleanno, il 9 agosto, e alla "Voce" di Indro Montanelli: «Non è tempo di ritiri sotto la tenda, c'è un'emergenza, bisogna coagulare le forze in grado di affrontarla. Un impegno in politica serio diventa un dovere: se sia operativo o intellettuale dipenderà dalle circostanze», spiega l'ex presidente dell'Iri. Non c'è solo l'annuncio di una disponibilità a entrare in politica, ma anche un'idea che avrà fortuna: «Non so se si chiamerà Partito democratico, so solo che occorre riunire tutte le energie democratiche, senza distinzioni fra cattolici e laici, tutte le energie non assorbite nell'attuale destra ma rimaste nella grande area di centro, di cultura europea, da dove nascerà la riscossa del Paese».

[4] W. Veltroni, *Il nuovo che arranca e noi*, in "l'Unità", 11 luglio 1994.

Il Prodi che incontra D'Alema nell'estate 1994 si percepisce ancora come un uomo del centro. Un figlio del cattolicesimo bolognese, di un certo modo di essere cattolici, portato all'incontro con i comunisti e al tempo stesso concorrenziale. Un mondo descritto dall'italianista Marco Santagata (suo fratello Giulio diventerà il motore organizzativo del prodismo e poi ministro) nel romanzo *Papà non era comunista*: «Pepo era il capo dei democristiani di sinistra della regione. A vederlo, con i vestiti trasandati, e a sentirlo parlare, con la sua cantilena esasperante, chi l'avrebbe mai indovinato che Pepo trattava alla pari con Moro e con Fanfani?»[5]. Il ritratto di Ermanno Gorrieri, partigiano, anticomunista e riformatore dello Stato sociale che faceva apparire borghesi i compagni, ma anche di Luigi Pedrazzi che a metà anni Settanta si era indebitato per far nascere a Bologna un piccolo quotidiano di battaglia autogestito, alla sinistra del Pci: si chiamava "Il Foglio", fu lì che esordì Stefano Benni.

Prodi è il figlio prediletto di questo filone. Tendenza Dossetti, prima della scelta politica il monaco e il Professore si incontrano più volte a Oliveto e a Montesole, i conventi sulle colline bolognesi dove ci sono i religiosi dossettiani della piccola famiglia dell'Annunziata: «Bisogna fare qualcosa...», mormora Dossetti, mentre la moglie di Romano, Flavia, si siede sul suo letto perché nella minuscola cella non c'è spazio[6]. Tendenza Andreatta, come Beniamino, il suo maestro, il professore, il primo a farlo esordire su un palcoscenico nazionale nel 1972, a un convegno della Dc sull'economia a Perugia, ma anche il suo testimone di nozze, in ritardo, come sempre. Andreatta, il tecnico non tecnocratico, convinto che «il politico deve essere poeta, creativo». L'uomo che sa distinguere la «politica» dalle «politiche», ma che ha imparato ad amare la politica da consigliere economico di Aldo Moro e che predilige slogan anti-conformisti come quello che conserva sempre con sé: «La verità, nulla di più sovversivo».

Prodi è il suo amico e allievo. E dunque: «pragmatismo, ma anche ostinazione, orientamento empirico unito però alla cocciutaggine, bonomia non disgiunta da una efficace e selettiva cattive-

[5] M. Santagata, *Papà non era comunista*, Guanda, Parma 1996, p. 82.
[6] F. e R. Prodi, *Insieme*, San Paolo, Cinisello Balsamo 2005, p. 127.

ria (come fu detto con un'immagine icastica, Prodi gronda bontà da tutti gli artigli)», lo descrive Edmondo Berselli[7]. La cultura del Mulino, che a Bologna è nato e ha il suo cenacolo: l'incontro dei cattolici con la cultura laica, il sogno di modernizzare il Pci, un rarissimo progetto di egemonia alla rovescia. La cultura di Nomisma, il valore reale delle cose nel greco classico, il centro studi fondato da Prodi. Il nucleo duro del prodismo: il riformismo delle piccole cose. «Romano», scrive ancora Berselli, «ama i macchinari, gli strumenti tecnici, l'automazione, le gru, i carrelli elevatori, la verniciatura, il montaggio, l'assemblaggio, lo stoccaggio, l'imballaggio. Nelle sue parole, e nei suoi gesti, la piastrella di Sassuolo diventa un oggetto raggiunto da un soffio di vita che anima l'argilla. Ai politici, abituati ai giochi di corridoio per strappare un assessorato, offre la sensazione irresistibile del ritmo e del rumore della modernità»[8].

A D'Alema Prodi deve fare la stessa impressione in quei primi incontri. In quei mesi ce ne sono tanti, mai conosciuti. Uno a cena a casa del portavoce prodiano, Pier Vittorio Marvasi, a San Lazzaro. Un altro, addirittura, in un distributore di benzina alle porte di Bologna, come due amanti clandestini. In un faccia a faccia Prodi racconta a D'Alema di aver fatto visita in ospizio alla mamma di un amico: «Pensa, la vecchietta ha brandito il bastone e mi ha quasi minacciato: "Ma che fai, ti metti con i comunisti?"». Annusamenti reciproci tra l'economista cattolico e il professionista della politica orgoglioso delle sue radici, mondi distanti in avvicinamento. Non si discute ancora di una candidatura a premier per le elezioni politiche, in quel momento prospettiva ancora lontanissima. «Dopo le elezioni europee vinte da Berlusconi ci fu una fase di stordimento generalizzato. Fino al dicembre 1994 l'ipotesi era quella di mettere in campo un'iniziativa che cogliesse l'occasione delle elezioni regionali previste per la primavera del 1995 per reagire a quanto era avvenuto. Una coalizione che si presentasse in tutte le regioni per costruire una risposta federalista che sfidasse dal basso Berlusconi e la Lega. La candidatura di Prodi a presidente dell'Emilia Romagna poteva svolgere una funzione di locomotiva dell'operazione nazionale», ricorda

[7] E. Berselli, *Quel gran pezzo dell'Emilia*, Mondadori, Milano 2004, p. 8.
[8] Ivi, p. 118.

Arturo Parisi. E Prodi sarebbe diventato presidente della regione al posto dell'emergente del Pci-Pds emiliano Pier Luigi Bersani, che invece si è sempre vantato di aver anticipato l'Ulivo con il Progetto democratico partito da Bologna. «A questo fine ci fu poi una riunione a Nomisma nel dicembre 1994, con Prodi che era il padrone di casa, Vannino Chiti, presidente della Toscana, Edmondo Berselli, io e un ragazzetto con gli occhialini che incontrai per la prima volta, Dario Franceschini. E ragionammo ancora delle elezioni regionali».

Dopo quella riunione, però, si apre un altro scenario, imprevisto: cade Berlusconi, arriva il governo tecnico di Lamberto Dini, sostenuto anche dal Pds e dal Ppi, tutto accelera all'improvviso, le elezioni che sembravano lontane diventano vicinissime, è il momento di scegliere il candidato premier del nuovo centrosinistra. Prodi non è solo. In corsa c'è anche il segretario della Cisl Sergio D'Antoni, siciliano e grintoso, più defilato il ministro dell'Istruzione Giancarlo Lombardi, imprenditore e scout, imparentato con la storica famiglia di gesuiti. Entrambi corrispondono all'identikit: un cattolico in grado di dialogare con la sinistra, vicino al mondo del lavoro e dell'economia, lontano dalla politica di professione. Andreatta, però, spinge su Prodi. A suo favore ci sono anche i rapporti internazionali. Già nel novembre 1992 l'economista bolognese era in corsa per una poltrona da commissario europeo. «Martinazzoli chiese una disponibilità a Mario Monti, Andreatta fu incaricato di sondarlo ma il rettore della Bocconi disse di no. Allora pensammo a Prodi, andai io a proporglielo», racconta Pierluigi Castagnetti, il popolare emiliano più vicino ad Andreatta e a Prodi, in quel momento capo della segreteria della Dc. «Intanto Mino aveva sondato Helmut Kohl che garantì all'Italia il portafoglio più pesante, quello alla concorrenza, "ma solo se il vostro nome è Romano", precisò. Ragioni familiari spinsero Prodi a rinunciare, ma già in quel momento era un nome prestigioso in Europa».

Anche D'Alema fa la sua scelta. Ritorna a casa Prodi accompagnato dal genovese Claudio Burlando e da un suo referente bolognese, Aldo Bacchiocchi. C'è anche Parisi, testimone del momento decisivo: «Ricordo che D'Alema, ormai sulla porta per uscire, con quella sua forma riduttiva che segnala sempre il momento più pericoloso, disse: "Cosa dici? Poi potrebbe essere utile che tu fossi affiancato da uno di noi, che rappresenti la pluralità e dia forza all'iniziativa. Ne conosco uno che sbaverebbe dal desiderio di farlo...". Riflettendo successivamente attorno a quel verbo che mi aveva colpito per la sua asprezza e ostilità, maturò in me il sospetto che non fosse un regalo quello che D'Alema aveva in mente per Veltroni. Andai così convincendomi che il sostegno alla nostra iniziativa nasceva in lui dalla necessità di dotarsi di un ombrello per ripararsi dalle intemperie del maggioritario, non dalla prospettiva di una vittoria a portata di mano». Un Ulivo nato per perdere, non per vincere.

Sull'altro versante, quello dei popolari, si consuma un dramma in due atti. La scissione drammatica del partito, nel segno di Prodi. Il segretario Buttiglione il 31 gennaio incontra Berlusconi nella sua casa romana di via dell'Anima, «non capisco lo scandalo della Bindi, se uno incontra Berlusconi sembra che è andato a vendersi mamma e papà...». Ma Buttiglione è andato dal Cavaliere a cedere il simbolo dei popolari, ad annunciare l'ingresso del Ppi nel centrodestra. Ecco perché viene diffusa la notizia dell'incontro di Bianchi, Andreatta e Mancino con il Professore: le due anime dei cattolici vanno dove le porta il cuore, verso destra e verso sinistra. Con la differenza che a destra c'è già un *dominus* inattaccabile, un padrone, mentre a sinistra è tutto da costruire. Il Consiglio nazionale del Ppi si spacca, non è solo una battaglia politica, si trasforma in una guerra di religione. «Non possiamo lasciare il partito in mano ai clerico-fascisti», esplode Rosy Bindi. Seguono votazioni contestate, espulsioni, controespulsioni, serrature cambiate, occupazioni della sede di piazza del Gesù, le due fazioni si combattono pianerottolo per pianerottolo, stanza per stanza, telefono per telefono. Due segretari, due simboli, due carte intestate nello stesso glorioso edificio da cui la Dc guidò l'Italia. La scissione si compie il 16 marzo 1995, un giovedì come il 16 marzo di diciassette anni prima, il giorno del rapimento di Moro. I consiglieri nazionali ribelli invadono uno scantinato di cemento armato dell'hotel Ergife, teatro del dramma. Rosy Bindi e Leopoldo Elia, Rosa Russo Jervolino e Pierluigi Castagnetti scendono le scale di corsa, un boato accoglie la notizia che sono presenti 116 consiglieri su 212, la maggioranza. C'è anche Franco Marini: è stato lui a far eleggere segretario Buttiglione, è lui che fa pendere i numeri a favore dei popolari che sostengono la candidatura di Prodi, si ritaglia il ruolo chiave nel partito, anche se il nuovo segretario sarà l'irpino

Gerardo Bianco. Il mondo cattolico, intanto, si schiera. Con Buttiglione Comunione e Liberazione, dalla parte di Prodi l'Azione Cattolica, la più diffusa associazione ecclesiale. «Dal buon albero i buoni frutti», titola il settimanale dell'Ac "SegnoSette". In copertina c'è la foto di una raccolta delle olive. Perché, nel frattempo, è nato l'Ulivo. Che in quel momento si chiama ancora Olivo.

«Mi venne in mente all'uscita dalla messa domenicale a piazza Maggiore. Non perché fossi stato ispirato dall'omelia del Vangelo, piuttosto perché avevo approfittato del Vangelo per ragionare su qualcosa che avrei dovuto lasciare fuori». È il 12 febbraio, una domenica, dalla discesa in campo di Prodi sono passati dieci giorni, le elezioni politiche sembrano imminenti, Arturo Parisi pensa al simbolo della formazione prodiana. La sera ne parla con Prodi, «condivise il mio ragionamento e lo tradusse subito in scelta». Il giorno dopo, in una conferenza stampa a Bologna, il Professore lancia la sua bandiera: «Accanto alla Quercia è necessario che nel campo democratico sia piantato al più presto un albero di Ulivo». Accanto, perché in quel momento l'Ulivo non è il simbolo dell'intera coalizione di centrosinistra, ma solo di una sua parte, di tutti quelli che non si radunano sotto le insegne della Quercia: i popolari, il movimento di Mario Segni, i repubblicani di Giorgio La Malfa, i socialisti. I cespugli, saranno chiamati in seguito. Ma il problema non è botanico, è politico. «C'era l'esigenza di un altro albero. La Quercia chiedeva l'Ulivo. La scelta del Pds di un albero con frutti così particolari da apparire infecondo sottolineava alcuni valori: la forza, la compattezza, la continuità». L'Ulivo, invece, nell'idea di Prodi e di Parisi, «è una pianta millenaria con radici profonde, contorto non perché debole ma perché forte e resistente alle intemperie. Fa molti frutti, si trova a Sud ma anche a Nord: è il simbolo dell'Italia». In più, richiama senza sbandierarle le radici cattoliche del nuovo soggetto e il tenace, picassiano ramoscello della pace.

Un'intuizione, un colpo di genio, senza sondaggi, focus group e studi grafici. «Fu una cosa artigianale e scientifica. Negli anni Settanta c'erano parole d'ordine o slogan che diventavano nomi: Lotta Continua o Comunione e Liberazione. La Quercia non era il nome del Pds, l'Ulivo invece fu subito pensato come nome, il progetto e il soggetto erano la stessa cosa. Il punto su cui esitammo di più fu la dizione. Inizialmente eravamo indecisi se chiamarlo Olivo o Ulivo.

Dall'inglese sarebbe stato meglio Olivo: Olive Tree Coalition. Ma io dissi subito che per la pronuncia sarda, così stretta, era uguale...», ricorda Parisi. «Affidammo la scelta alla statistica. Il settanta per cento delle volte sui giornali si scriveva Ulivo e quello fu».

Un simbolo talmente semplice e forte da decollare subito nell'immaginario. E da sfuggire rapidamente di mano perfino ai suoi promotori. C'è l'ufficio di via Cairoli in cui arrivano le prime adesioni. E lunedì 13 marzo comincia il primo giro d'Italia di Prodi, in pullman: «Si partiva da zero, senza risorse e senza credibilità. L'idea di viaggiare per l'Italia in pullman l'avevo sempre avuta, era americana, l'aveva utilizzata anche Clinton, ma anche naïf, come tutte le cose di quel periodo. Chiesi a Gianni Pecci di trovare un vecchio pullman, lo portò da un carrozziere di Modena che lo rimise a posto. Anche la scelta del punto di partenza non fu molto meditata. Volevo partire dal Sud, presi una cartina del Touring e puntai il dito a occhi chiusi: Tricase. Non sapevamo neppure se ci fosse un teatro, a Tricase...».

Tricase, provincia di Lecce, nel tacco d'Italia, cinema Aurora: parte da lì il viaggio a bordo di un vecchio Fiat 370 carrozzeria Padane, immatricolato nel 1981, trasportava pellegrini per le strade di Assisi, revisionato, arredato con ufficio e camera da letto, bianco con la scritta azzurra «L'Italia che vogliamo», guidato da Franco Azzi, Fabrizio Cotti e da Umberto Bianchin detto il Nonno per le strade d'Italia, per piazze e teatri, con l'acqua che viene giù. Una trovata comunicativa, insieme a una fatica immane per il leader che gira la penisola senza rete. A guidare l'organizzazione viene arruolato il modenese Giulio Santagata che da quel momento non si separerà più dal Professore: «Eravamo abbandonati a noi stessi, giravamo da soli, Prodi ascoltava più che parlare, ripassava da Bologna, una doccia e ripartiva, ci chiedeva i dati economici dei territori visitati, voleva sapere tutto. Ad Abano doveva incontrare gli albergatori, mentre il pullman sta per arrivare sfoglia gli appunti che gli avevamo preparato e si mette a urlare come un matto. "Non ci sono i dati dei turisti divisi per nazionalità!". Intanto in ogni regione raddoppiano le piazze. Siamo partiti con Prodi al 18 per cento di notorietà e abbiamo finito il giro che era al 98».

Farà scuola, sarà imitato, in seguito, ma questo tour è la prima volta e ha un suo caotico fascino, anche se scatena ironie a non finire nei palazzi romani sul pullman che gira a vuoto e il Professore da riporre in garage. È l'alternativa allo strapotere mediatico di Berlusconi. La polvere dell'asfalto contro i cieli azzurri berlusconiani, il popolo in carne e ossa contro la gente, entità televisiva, la partecipazione contro il populismo. Una narrazione, come si dirà in seguito, straordinariamente competitiva. L'unica messa in campo dal centrosinistra nei venti anni della Seconda Repubblica.

I partiti si rendono conto che il fenomeno Ulivo sta rapidamente crescendo. E subito comincia la tensione tra i due mondi. Quello dei comitati prodiani per l'Italia che vogliamo, in formazione tappa dopo tappa. E quello dei partiti romani, con le loro tattiche e i loro organigrammi. Il 10 marzo è una data importante, per la prima volta Prodi incontra a Roma i gruppi parlamentari dei Progressisti che hanno annunciato di volerlo sostenere. Per l'occasione è stato affittato un piccolo teatro vicino alla Camera, la sala Umberto, l'appuntamento è fissato per metà mattinata e scorre senza storia, sul palco c'è la nomenclatura progressista al gran completo, Luigi Berlinguer, Diego Novelli, Gianni Mattioli, i dissidenti di Rifondazione Sergio Garavini e Rino Serri, qualche intellettuale, da Gillo Pontecorvo a Ettore Scola, c'è anche Rita Levi Montalcini che da senatrice, anni dopo, sarà chiamata a sorreggere il secondo governo Prodi nell'aula di Palazzo Madama. Sembra tutto scivolare via tranquillo, quando dalle prime file della platea si alza in piedi D'Alema. Non sale neppure sul palco, non c'è bisogno, il Capo è lui. Il segretario del Pds è venuto a suggellare l'investitura pubblica per il Candidato. Non un patto tra pari, perché deve essere chiaro da che parte stanno i rapporti di forza. «Caro professor Prodi, lei è una persona seria, sa ascoltare gli altri, non è di quelli con l'incarnato incipriato. Lei sarà il leader di questo movimento. Lei è il candidato premier. E noi», e qui c'è una scena indimenticabile, D'Alema leva in alto il braccio sinistro, come un re medievale, «noi le conferiamo la nostra forza. È fatta dei voti di un terzo degli italiani e di 700mila donne e uomini iscritti alla Quercia».

Prodi sorride, imbarazzato. Non se lo aspettava, «ero venuto per un dibattito, mi trovo di fronte a un'ufficializzazione solenne». Intuisce al volo, però, che quella spada di D'Alema posata sulla spalla, quella promessa di marciare uniti («Quercia e Ulivo andranno benissimo insieme. Nel mondo antico la Quercia rappresentava il valore in battaglia. L'Ulivo invece simbolizza la pace di cinque anni di governo serio che Prodi può offrire al Paese») rischiano di ingabbiarlo. E quando D'Alema ironizza su quello che già ripete la destra, «Prodi non è la maschera dietro cui ci nascondiamo», il Professore lo interrompe: «E poi non riuscirebbe mai a coprire tutto il mio faccione!».

Prima di D'Alema è intervenuto dalla platea un grande vecchio della sinistra, l'ottantaquattrenne Vittorio Foa. E il suo consiglio per Prodi va nella direzione opposta a quella del segretario del Pds: «Caro Romano, resta fuori e al di sopra delle appartenenze di partito. Solo in questo modo puoi parlare ai cittadini. La linea delle vecchie sigle, politicamente esauste, è rovinosa». Come dire che la forza conferita da D'Alema potrebbe rivelarsi una debolezza.

«È alla primavera del '95 che bisogna andare per capire da dentro quello che l'Ulivo voleva e poteva essere», spiega Parisi. Tutti o quasi fuori dai circuiti di partito sono i messaggi che arrivano ai comitati Prodi. Nel racconto di Parisi «era l'epoca dei fax e i fax già dalle prime ore cominciarono letteralmente a vomitare nella sede di via Cairoli adesioni, richieste, offerte di aiuto, chili di carta. Fu così che ci trovammo a dover definire la nostra risposta a partire dalle domande che arrivavano. Se ci fossero arrivate soltanto lettere da parte del mondo cattolico o degli scout, che comunque c'erano, ci saremmo chiesti cosa mettere al posto della Dc in luogo del vuoto che si era aperto. Ma la domanda era molto più complessa, non governabile dentro un recinto prestabilito. In quel periodo il tempo si misurava in giorni, poi diventeranno mesi e anni. Il vuoto era un concetto ambiguo. Alle iniziative venivano tutti, non solo una parte. La domanda che bussava imperiosa alla nostra porta era di novità e di unità e l'Ulivo l'aveva intercettata, noi ci limitammo ad ascoltarla, raccoglierla e interpretarla».

«Un passaggio cruciale fu una riunione che facemmo dopo le elezioni regionali dell'aprile 1995. Una delle riunioni dedicate a verificare la strategia che all'inizio della settimana facevamo in via Drapperie dove c'era la prima sede dei comitati. Come al solito, tra gli altri, erano con noi Gianclaudio Bressa, allora giovane ex sindaco democristiano di Belluno che svolgeva la funzione di coordinatore dei comitati, e Giulio Santagata, unico tra noi di origine comunista, che era l'uomo di punta della macchina organizzativa del viaggio in pullman attraverso l'Italia. Ricordo che nell'analisi con la quale in genere introducevo le riunioni isolai tra le proposte tre ipotesi dominanti, che per semplicità trascrissi alla lavagna per favorire la discussione. L'Ulivo come soggetto unico e unito attorno alla leadership di Prodi, una coalizione articolata su più gambe, tra le quali una lista costruita su una federazione tra i comitati, il Ppi ed eventualmente altri partiti diversi tuttavia dal Pds, e infine una coalizione egualmente articolata al cui interno dar vita accanto alle liste del Pds e del Ppi ad una lista in senso proprio ulivista che si facesse carico della novità della nostra proposta. Accanto ad ognuna delle tre ipotesi misi i tre nomi di chi sosteneva le varie soluzioni: Santagata, Bressa, e per la terza, Parisi. Ricordo che a quel punto, forzando il mio approccio analitico da professore, Romano chiese: "sì, ma tu quale preferisci?". E io, seppure a malincuore, risposi: Santagata. Si era andati infatti troppo avanti, ormai Prodi era diventato il punto di riferimento di tutti, incapace di rappresentare allo stesso tempo la parte e il tutto. Fu così che l'Ulivo che nell'ipotesi Bressa sarebbe dovuta essere la gamba di centro, e, nella mia, la gamba nuova, l'ala marciante della coalizione, finì per diventare il nome del tutto anche se purtroppo non il nome di tutti. Accanto all'Ulivo liscio degli ulivisti privo di aggiunte e di coloranti, continuarono infatti a sopravvivere l'Ulivo-Pds e l'Ulivo-Ppi, cioè a dire il Pds e il Ppi esattamente come prima. Tutto il resto ne conseguì a cominciare dalla concessione anche se solo ai fini elettorali del simbolo dell'Ulivo alla coalizione assecondando la richiesta di D'Alema che ne aveva immediatamente intuito la potenza simbolica».

Dopo le elezioni regionali Prodi va a Roma e concede il nome dell'Ulivo al tutto. E Veltroni viene designato come numero due dell'Ulivo, in rappresentanza della Quercia.

Dovrebbe essere tutto deciso, le regionali sono andate bene, l'alleanza tra Pds e Ppi ha tenuto, la coalizione ha trovato finalmente un leader, un nome, andrà in cerca di un programma da far votare agli aderenti. Il primo raduno nazionale dei comitati per l'Italia che vogliamo a Napoli a metà giugno è un trionfo per Prodi e per Veltroni (e per il padrone di casa, il sindaco Antonio Bassolino). Diecimila persone affollano lo stadio San Paolo, il professore di economia ha ormai abbandonato le aule, «Romano ha fatto un bel gol, come Maradona», si complimenta Veltroni. Anche se i segretari di partito disertano l'appuntamento, D'Alema ha la gara di off-shore a Gallipoli, anche se tra i cori della curva il candidato premier avvisa: «Guai a chi pensa che l'Ulivo sia un treno in cui si sale e si scende dopo aver usufruito del servizio. In Parlamento andrà chi rappresenta il Paese, non qualche quota o sigla».

I tempi si sono allungati, le elezioni che sembravano vicine si allontanano, «misuravano il tempo in settimane se non in giorni, poi improvvisamente sono cominciati a passare i mesi, e poi gli anni», spiega Parisi quello stato d'animo oscurato. Prodi sospetta quando va al congresso straordinario del Pds alla Fiera di Roma a metà luglio e scopre che D'Alema ha costruito l'evento attorno all'esordio in terra infedele del suo avversario Silvio Berlusconi. Lo va ad accogliere all'arrivo, lo ascolta in prima fila quando il Cavaliere attacca Prodi: «La leadership si conquista sul campo e ad essa deve corrispondere un'autonoma forza politica e elettorale. Per ora non mi sembra che Prodi ce l'abbia». Per questo, il giorno dopo, il Professore picchia duro su Berlusconi e non solo: «Non mi sono mai posto il problema della leadership, ma di costruire una grande coalizione. Non ho bisogno di ulteriori riconoscimenti, di essere unto da qualcuno. Tantomeno da chi ha della democrazia un concetto che prescinde dal ruolo dei cittadini». Parla di Berlusconi? O anche di D'Alema? Chissà: di certo il messaggio è arrivato, la stagione della fiducia reciproca tra Prodi e il segretario del Pds è durata pochissimo, il candidato sa che deve giocarsi la partita da solo, il leader post-comunista cerca una legittimazione personale e politica che non passa necessariamente dalla vittoria dell'Ulivo.

D'Alema è attratto dal premier tecnico Dini con cui ha stabilito un ottimo rapporto, fiuta la possibilità di un dialogo con Berlusconi, nel giro di pochi mesi è diventato centrale nella politica italiana, perché dovrebbe accontentarsi di fare il portatore d'acqua in campagna elettorale del pullman dell'Ulivo? Propone a Prodi il collegio sicuro di Ravenna al posto dello scomparso Davide Visani, offerta rifiutata sdegnosamente. E gli screzi, le incomprensioni, le punzecchiature si moltiplicano. Non piace a Prodi il dialogo di D'Alema con la destra sulle riforme: «Io a quel tavolo di poker non gioco». O peggio, l'idea di una grande coalizione con il centrodestra: «Cos'è, hanno rapito Moro un'altra volta?». Non piace a D'Alema quel battere e ribattere prodiano sulla necessità di andare oltre i partiti, «c'è una fortissima e quasi esasperata domanda di rinnovamento della classe dirigente», che fa infuriare anche un dirigente di partito come Giorgio Napolitano: «Non credo che quella dei volti nuovi sia una questione fondamentale». E non piace, soprattutto, il violento attacco di Prodi ai poteri forti e la sede scelta: la festa dell'Unità di Reggio Emilia.

È il 9 settembre, c'è una platea di militanti e di cinquecento sindaci di centrosinistra ad ascoltarlo quando il candidato premier apre il fronte polemico più inaspettato. «L'"Herald Tribune" ha scritto che in Italia il prossimo presidente del Consiglio avrà un solo compito: lucidare la maniglia della porta dell'avvocato Agnelli. Allora sappiate che non sto facendo questa fatica per lucidare una maniglia», sbotta Prodi. Ce l'ha con l'operazione Super Gemina, la fusione tra la Gemina (che possiede Rcs, egemonizzata dalla Fiat) e Ferruzzi: «Due anni fa scrivevo in un articolo che in Italia esistono solo quattro strutture di potere economico. Oggi scriverei che ce n'è una sola». Ma non c'è solo la Fiat nel mirino: «E il governo cosa fa? L'Anti-trust cosa fa? La Consob cosa fa? E il Pds? Il Pds cosa fa?». Il Pds, cioè D'Alema. Il capo della Quercia e il capo dell'Ulivo sono sempre più separati da due concezioni diverse della politica, dei rapporti di forza, delle alleanze con gli altri poteri. E la resa dei conti non tarderà ad arrivare.

No. Una sillaba non priva di nobiltà, «il vostro parlare sia sì-sì no-no, il di più viene dal maligno», si legge nel Vangelo di Matteo. No, negazione poco frequentata dalla politica italiana dove semmai dominano i chiaroscuri, le mezze misure, le zone grigie. «Preferirei di no...», dice Bartleby lo scrivano di Herman Melville. A dire no al giuramento di fedeltà al fascismo, in fondo, furono dodici docenti universitari su milleduecentocinquanta. Imprevedibile che l'uomo del No divenga nell'Italia degli anni Novanta-Duemila un professore ex democristiano abituato a frequentare le stanze del potere.

Si avvicina il momento della rottura, nel gennaio 1996 c'è aria di grande trattativa tra la sinistra e Berlusconi, di accordone, di inciucio, anzi, di Inciucione, termine di incerto significato tratto dal dialetto napoletano, introdotto nel dibattito politico proprio da D'Alema che ne sarà la principale vittima con un'intervista a Mino Fuccillo per "Repubblica" il 28 ottobre 1995. I giornali titolano: «Altolà di Prodi alle larghe intese». Il segretario del Pds, «la volpe di Gallipoli», lo scolpisce in quei giorni con sarcasmo Luigi Pintor, va a vedere le carte e azzarda, già allora, un governo con Berlusconi e con Fini, «un gigantesco e multiforme Caf, nel cui seno la concorrenza di potere prende il posto di ogni idea di alternativa o perfino di alternanza significativa», scrive Pintor[9]*. D'Alema mette nel conto l'opposizione di Prodi, la sua rivolta per una decisione che lo mette fuori gioco, che riporta il pullman in garage e l'ulivo alle coltivazioni, ma non la sua testardaggine, non l'orgoglio. Tutto è stato calcolato, ma non il suo No. Che rimanga lui, Prodi il mortadella, Romano il flaccido, a resistere, che sia lui lo scrivano ostinato che si mette di traverso, non ci crede nessuno, di certo non ci crede D'Alema. Il primo No prodiano, altri ne verranno.*

«No. Non si dovrebbe mai avviare un discorso con una negazione, ma non esiste altra parola, per esprimere in chiara sintesi il ragionato rifiuto per gli ultimi sviluppi della situazione politica», scrive Prodi dalla sede dell'Ulivo di largo di Brazzà, emozionato. È il 1° febbraio, un anno prima con la riunione alla Camera nell'ufficio dei popolari è partita la sua impresa, il Professore lo sottolinea: «c'è sempre un pizzico di ironia nella sorte. Ricorre domani un anno da quando, in modo avventuroso, fu resa palese la mia volontà di partecipare alla vita politica del Paese». «Nacque da lì», aggiunge, un progetto fondato sulla «necessità di lavorare per una reale alternanza, per sbloccare il Paese» e sulla «creazione di una solida coalizione di centro sinistra». «Si trattava di proporre ai cittadini di scegliere tra due diverse opzioni di governo. Niente di più, ma, come si dice, scusate se è poco. E tale confronto si doveva tenere sui contenuti, sulle cose da fare, sui provvedimenti da prendere per risollevare il Paese da una crisi che non è solo economica, ma anche morale».

È l'una e mezzo del pomeriggio, appena un'ora prima Antonio Maccanico ha ricevuto al Quirinale l'incarico di formare il nuovo governo per riformare la Costituzione, un ministero aperto a una maggioranza Pds-Forza Italia-An con il via libera di D'Alema. E Prodi comunica il suo No con un comunicato. In quelle poche righe c'è molto più di un dissenso su una scelta che pure lo penalizza, vanifica il lavoro di un anno, «i miei viaggi in pullman, la definizione

[9] *Il Messaggio*, in "il manifesto", 4 febbraio 1996.

del programma». C'è tra Prodi e D'Alema la distanza che passa tra «la voglia più che di "fare politica" di "essere politica" su cui si è aggregata una moltitudine di persone». Tutto passato, tutto finito, tutto superato dalla irresistibile voglia di accordo, scrive il Professore nel passaggio più duro del suo comunicato: «Mi accorgo ora che le reciproche paure e le comuni convenienze di D'Alema e Berlusconi hanno fermato questa grande e necessaria evoluzione del Paese e mi accorgo che il desiderio di legittimazione del vertice del Pds è prevalso sul disegno storico di creare una Coalizione comune per cambiare davvero l'Italia». In due righe micidiali non c'è solo la rottura tra Prodi e D'Alema, accusato di «convenienze comuni» con Berlusconi, il professionista della politica e l'imprenditore televisivo che, denuncia il Professore, sono molto più simili di quello che sembra. Da ora in poi l'Ulivo sarà l'opposto delle larghe intese.

Il segretario del Pds si precipita senza avvisare a largo di Brazzà, furibondo. Prodi non c'è, viene accolto dal collaboratore del Professore Andrea Papini sul pianerottolo, pretende di parlare subito con il sempre più probabile ex candidato. Ricorda Parisi: «Fu uno scontro durissimo, di una violenza incredibile. D'Alema chiese di venire a Brazzà per chiarire, ma Prodi era a un convegno delle Acli, e con Papini minacciò di cambiare cavallo: "Ora andremo alle elezioni ma poi noi faremo eleggere premier Dini". Io ero rimasto sotto, in mezzo alla folla e alle guardie del corpo che commentavano: "Questa volta finisce a botte". Quel comunicato fu una dichiarazione di guerra, all'origine di tutto quello che successe dopo».

Con il fallimento di Maccanico (grazie al no di Gianfranco Fini), viene sciolto il Parlamento e comincia, finalmente, la campagna elettorale. Il centrodestra corre senza la Lega, data per spacciata da Berlusconi, il centrosinistra si schiera con tre contenitori: l'Ulivo nei collegi uninominali, formato da Pds, Ppi, Verdi, socialisti, repubblicani; Rifondazione con cui si stipula un patto di desistenza nei collegi (per cui dove c'è il candidato bertinottiano l'Ulivo rinuncia al suo nome e viceversa); la lista del presidente del Consiglio Dini, messa in campo all'ultimo momento, fortemente voluta da D'Alema, in concorrenza con Prodi. I popolari riescono a convincere il Professore a candidarsi anche sotto il simbolo del Ppi, oltre che nel collegio uninominale della Camera Bologna

12. Una decisione che spacca il gruppo prodiano, nel frattempo decimato al tavolo delle candidature. Parisi resta fuori dal Parlamento, per il rifiuto di finire in una quota di partito, Santagata minaccia di mollare tutto. Se il Professore fosse stato candidato solo sotto il simbolo dell'Ulivo, ragionano gli ulivisti, sarebbe stato più facile lanciare i gruppi parlamentari unici dopo il voto. Con Prodi candidato anche del Ppi è sicuro che il giorno dopo le elezioni i parlamentari eletti con l'Ulivo torneranno a dividersi.

Il cammino inverso a quello che sta avvenendo nell'elettorato: tra il 2 e il 9 marzo in tutta Italia ci sono le assemblee di programma, la tessera di adesione all'Ulivo costa diecimila lire e si ottiene il diritto di votare per il programma preparato dagli esperti di Prodi (tra loro, inizialmente, Valerio Onida. E poi Luigi Spaventa, Giovanni Maria Flick, Laura Marchetti, Gianni Bonvicini, Adriano Bompiani): il libretto verde dell'Ulivo, le 88 tesi, stampate in un quaderno con lo spazio per le note a margine perché è un lavoro aperto, le assemblee intervengono, emendano, votano. Su scuola, Europa, libero mercato, concorrenza, privatizzazioni, riforme. La tesi n. 1 recita: «Il nostro paese ha bisogno di completare la transizione aperta dalla stagione referendaria senza indugiare oltre in una terra di nessuno dove rischiano di cumularsi i difetti del vecchio e quelli del nuovo...» (si prevede una Commissione Bicamerale per riscrivere la Costituzione e, per la prima volta in un programma del centrosinistra, si ipotizza l'elezione diretta del presidente della Repubblica). Su Berlusconi neppure una parola. Non è un programma contro, è la prova mai vista nella politica italiana di una struttura a rete, partecipazione e decisione, e non si ripeterà più.

Ma intanto bisogna vincerle, le elezioni, mica facile. La campagna elettorale comincia nel peggiore dei modi, Berlusconi trionfa nel primo confronto con Prodi organizzato a Milano dalla Confcommercio sul fisco: ovazioni per il leader del Polo, urla e fischi per il professore del centrosinistra. Per Santagata è stato un momento decisivo: «L'agguato del tax-day convinse Romano che bisognava cambiare passo, essere più aggressivi, serviva più cattiveria, più durezza. Dovevamo batterci perché gli altri giocavano sporco. Prodi, fino a quel momento raffigurato come una mortadella, si incazzò e tirò fuori una grinta inaspettata».

I duri si ritrovano in un salone nel romano Palazzo Colonna di piazza Santi Apostoli. Moquette blu, qualche specchio esagerato, un grande open space in cui i volontari e gli staff dei leader lavorano uno accanto all'altro, senza troppo preoccuparsi di che partito sei e da dove vieni. A coordinare c'è il giornalista Rai Roberto Morrione, una vita nel Tg1 e poi nel Tg3, militante dichiarato del Pci e del Pds ma ulivista *ante litteram*, "cattocomunista" secondo i nemici, grande esperienza, umanità generosa, grinta e creatività: «Siamo come i quattro dell'Oca selvaggia che riuscirono nell'impresa impossibile. La nostra è far vincere l'Ulivo». I quattro sono, con Morrione, Santagata per il Professore, per Veltroni il giovane Andrea Salerno e l'umbro Walter Verini. E ancora: il manager culturale con cravattino a farfalla Maurizio D'Amore, arrivato da Parigi, Paolo Fedeli (futuro portavoce di Fabio Mussi e di Nichi Vendola), il giornalista Rai napoletano Enzo Celsi... Attorno a loro una truppa di ragazzi senza esperienza politica, uno sferragliare di motorini che vanno e vengono dal parcheggio davanti al museo delle cere, la partita che all'improvviso sale di livello quando si intuisce che forse, incredibilmente, l'Ulivo può vincere, «anche se nessuno scommetteva una lira su di noi», testimonia Santagata.

Sembra all'americana, con i pullman che vanno su e giù, ma in realtà è una campagna artigianale. Il simbolo, la scritta dell'Ulivo è blu, il rosso si concentra nell'apostrofo, viene presentato da Parisi nella sede di largo di Brazzà. I programmi dei due leader vengono pianificati dallo staff a gomma e matita su un foglio bianco che via via si infittisce di date, secondo poche scarne indicazioni («Prodi e Veltroni dovranno essere accompagnati dai candidati dei collegi di Camera e Senato. Visite e incontri a realtà significative. In serata eventi con folla»). Diventa un format di successo, ripetuto con altri mezzi, dal treno di Rutelli nel 2001 al pullman superaccessoriato di Veltroni nel 2008. Quel mix, però, non si crea più. I rapporti, in assenza di mail, vengono tenuti via fax: l'Ulifax che ogni sera parte da piazza Santi Apostoli verso i comitati locali, con interviste, dichiarazioni, battute, vignette, argomenti su cui puntare. E c'è l'inno: nel '94 Berlusconi aveva sbaragliato tutti con il jingle di Forza Italia, nell'Ulivo cercano qualcosa che possa trasmettere una scossa, una fiducia nel futuro. *Penso positivo* di Jovanotti viene scartata, anche se la frase ecumenica sull'unica

Chiesa che va da Che Guevara a Madre Teresa è un manifesto del veltronismo, piace da pazzi a Walter e rappresenta bene la confusione di anime dell'Ulivo. È il triestino Gianni Cuperlo, ex capo dei giovani comunisti dalle letture raffinate, collaboratore di D'Alema, a suggerire un pezzo del cantautore genovese Ivano Fossati: la *Canzone popolare* con le sue cornamuse e l'attacco corale («Alzati che si sta alzando...»). Alla Bindi piace tantissimo perché contiene la parola popolare. E anche questa farà scuola.

D'Alema fa una campagna per conto suo, senza mai incontrare i due candidati, tutta o quasi concentrata sul collegio di Gallipoli. «Ricordatevi: due voti dati con pacatezza sono sempre più di uno dato con passione», predica in un comizio alla Fiera di Roma, in mezzo alle bandiere rosse, perché ai suoi incontri di Ulivo se ne vede poco. Si concede un grande evento mediatico, un'intervista con Maurizio Costanzo rimbalzata via satellite sugli schermi di seicento piazze, va in visita a Cologno Monzese, accolto da Giorgio Gori si fa fotografare accanto al Gabibbo per la prima volta con gli occhiali («ecco, è una notizia») e assicura che «Mediaset è una risorsa per il Paese». Sfortunatamente proprio quel giorno il settimanale cattolico "Famiglia Cristiana" diffonde un'intervista di Prodi in cui il Professore attacca Berlusconi «che si è arricchito con le sue televisioni facendo largo uso di violenza, sesso e modelli di comportamento agli antipodi dai principi cristiani».

In questa campagna elettorale, e non sarà mai più così, i cattolici sono un elettorato amico per il centrosinistra. Con il cardinale Ruini, antico confidente di Romano e Flavia di cui ha celebrato il matrimonio, c'è invece una rottura. Castagnetti non riesce a spiegarla: «Speravamo che la candidatura di Prodi potesse almeno garantire una sua neutralità politica, invece la prese come uno sgarbo personale e gli tolse il saluto. Il resto della gerarchia ecclesiastica però ci era vicina. Prodi aveva motivato molto i giovani e i parroci. Il conflitto con Berlusconi li spingeva a venire allo scoperto in modo esplicito». E c'è la reazione del cattolicesimo di destra: dopo l'intervista al settimanale dei paolini parte il boicottaggio di "Famiglia Cristiana", ribattezzata "Famiglia prodiana" o addirittura "Famiglia pagana". È il bipolarismo che spacca il mondo cattolico, mai stato monolitico neppure ai tempi della Dc. Perfino la domenica delle Palme, che cade a tre settimane dal voto, diventa un motivo di scontro. Don Sante Gatti, parroco di Pescorocchiano in provincia di Rieti, annuncia che non distribuirà i ramoscelli di ulivo per non turbare la par condicio elettorale. A Lecco il vescovo invita a non utilizzare gli ulivi: si scopre poi che è uno scherzo del 1° aprile. Ma il popolo dei fedeli è con Romano, ribattezzato da Giampaolo Pansa il Parroco.

Berlusconi sembra avere già vinto. Ma c'è un momento, tra la fine di marzo e l'inizio di aprile, in cui i quattro dell'Oca di piazza Santi Apostoli vanno all'attacco. Nel 1994 la gioiosa macchina da guerra di Occhetto non era neppure riuscita a organizzare un comizio comune di tutta la coalizione, due anni dopo l'Ulivo prova addirittura l'impresa di sfidare il berlusconismo in casa, a Milano. Nel tempio del Palatrussardi, introdotti da Carmen Lasorella e Lamberto Sposini (lei Rai, lui Mediaset, i primi di una lunga serie di coppie giornalistiche prestate alle convention), i capi dell'Ulivo e i rappresentanti della società civile sono tutti lì, in mezzo a diecimila persone. L'ex ragazzo del '68 Daniel Cohn-Bendit («Cari amici dell'Olifo, io sperare voi fince...») e Umberto Eco («chi vuole combattere il comunismo deve votare contro Berlusconi: Giuliano Ferrara, Lucio Colletti, i comunisti sono tutti lì, in Forza Italia»), Bassolino che esalta il valore della patria e Veltroni che cita il cardinale Martini, don Vinicio Albanesi della comunità di Capodarco, con una sciarpa rossa al collo che sembra una stola, invita tutti ad alzarsi in piedi e a fare un minuto di silenzio per chiedere perdono di mancanze e tradimenti. Smorfia di D'Alema, tipo «che ci tocca fare», ma si alza anche lui. «Arrivano i buoni», titola il giorno dopo "il manifesto", abbastanza schifato. Ma l'apoteosi è quando i pullman dei candidati entrano fin dentro il Palatrussardi, c'è il Tg1 delle 13.30 che sta per iniziare, Morrione conosce la macchina di Saxa Rubra alla perfezione, prende di peso Gillo Pontecorvo che si sta dilungando e scaraventa Prodi sul palco, la *Canzone popolare* va a tutto volume, le bandiere verdi sventolano, quando parte il collegamento nel pranzo domenicale degli italiani arrivano le immagini di un trionfo.

In televisione, incredibilmente, c'è la prima vittoria dell'Ulivo, nel faccia a faccia organizzato da Lucia Annunziata su Raitre: si gioca a squadre, Prodi e Berlusconi sono i capitani, da un lato ci sono Giulio Tremonti, Antonio Martino, Gianfranco Fini, Filippo Mancuso, dall'altro D'Alema e la mossa a sorpresa, la giovane deputata del Pds Giovanna Melandri. Prima della trasmissione Berlusconi si complimenta: «Onorevole Melandri, lei è molto brava oltre che molto bella...», purtroppo per lui si tratta di una volontaria ulivista, bruna, per di più. La vera Melandri arriva poco dopo vestita di bianco come una fatina, dà una carezza a Prodi tutto tirato a lucido e pettinato: «Prof, ti vedo emozionato!». La mossa funziona, la Melandri estrae una copia del programma del Polo in cui si annuncia lo smantellamento del Welfare State, i capi della destra vanno in confusione davanti alle telecamere. «Abbiamo vinto ai punti, vecchio», si risolleva alla fine Morrione al telefono con Veltroni. E anche il secondo faccia a faccia Berlusconi-Prodi con Mentana va bene, lo certifica il direttore del Tg5: «Tutti e due sono stati sopra la soglia della sufficienza. Uno più sorprendentemente dell'altro».

Mancano due giorni al voto, senza mai parlare di Berlusconi l'Ulivo ha ormai strappato l'agenda della campagna elettorale dalle mani del grande comunicatore: la scuola (la parola d'ordine, ripetuta ovunque), la cultura (il convegno del teatro Eliseo con Benigni che si avventa sul tavolo della presidenza: «A me piace Veltroni, mettiamoci pure Prodi, mi piace l'Ulivo, ho per voi amore, affetto, erotismo». E bacia in bocca Walter), l'Europa (che vuol dire la modernizzazione dell'Italia), il lavoro (il Labour Day), il comizio finale in piazza del Popolo con le bandiere verdi... E in piazza Santi Apostoli cominciano ad affacciarsi gli altri: quelli dell'ultima ora, i professionisti del salto sul carro, i giornalisti Rai ex Dc ed ex Psi. Morrione li osserva sornione, conosce la sensibilità politica dell'ambiente, è un pellegrinaggio che vale più di mille sondaggi, il termometro sicuro che la vittoria è a un passo.

Si perde, invece. Nella notte del 21 aprile l'Ulivo prende meno consensi del Polo, il 38,5 per cento e 14 milioni e mezzo di voti contro il 40 per cento e 15 milioni di voti della coalizione berlusconiana. In più c'è la Lega che da sola vola al 10,7 per cento. Ma con i voti di Rifondazione conquista la maggioranza, 325 seggi alla Camera, 167 al Senato. Solo Parisi, quella sera, si dispera: «Abbiamo perso, abbiamo perso...». «Una volta tanto, anche se solo nell'analisi, ero più vicino a D'Alema, ricordo l'irritazione di Prodi quando gli ripetevo che erano gli altri ad aver perso, non noi ad aver vinto», sorride oggi.

Per tutti gli altri la festa può cominciare. Prodi e Veltroni aspettano i risultati a casa dell'amica romana del Professore Marisa Garito, poi si spostano. E nella memoria di Andrea Salerno resta impresso l'istante in cui si capisce che le vite di tutti saranno destinate a cambiare: «Al Palazzo delle Esposizioni vennero a prendere Prodi per portarlo in piazza Santi Apostoli. Agenti con l'auricolare, la scorta della polizia di Stato. Un minuto prima era a consultare i foglietti con i risultati insieme a noi, subito dopo si creò una distanza fisica, era già diventato il presidente del Consiglio. Fino a quel momento avevamo giocato, ora arrivava il governo».

Il vero segreto di quella campagna elettorale, però, è contenuto in una domenica di sole sulla spiaggia sul litorale laziale, a due sole settimane dal voto. È il giorno di Pasqua, manca poco al voto, ma Veltroni e i bolognesi di Santagata si godono la tranquillità di una giornata in cui non ci sono comizi, interviste, spostamenti trafelati. Sono l'immagine di quella sinistra di metà anni Novanta: entusiasta, allegra, leggera. Sì, alcuni di loro conoscono a memoria le lezioni americane di Calvino, il capitolo sulla leggerezza, il brano in cui Guido Cavalcanti scavalca una brigata che lo infastidisce con un salto: «Se volessi scegliere un simbolo augurale per l'affacciarsi al nuovo millennio, sceglierei questo: l'agile salto improvviso del poeta-filosofo che si solleva sulla pesantezza del mondo, dimostrando che la sua gravità contiene il segreto della leggerezza...». Invecchieranno, ingrigiranno, saranno cattivi l'uno con l'altro, i capi dell'Ulivo. Lottizzeranno, occuperanno la Rai e gli istituti culturali, l'Enel e i ministeri, le terrazze e i casali. Diventeranno lividi, boriosi, rancorosi, cupi. Ma in quella primavera del 1996 sono ancora giovani e felici, perfino incoscienti, ansiosi di costruire la loro Camelot, potere e bellezza. Quello che sta per arrivare sarà il loro giro.E non tornerà più.

«Venti anni di menzogna»

«Non è mai stato un anno né un decennio la misura del nostro tempo politico, ma il passo di una generazione. L'Ulivo che negli anni Novanta ha preso la parola è stato innanzitutto una generazione, quella dei successori. La generazione dei nati dopo la guerra, tra il 1945 e il 1965, che ha interpretato l'ottimismo della ripresa e che attraverso la stagione dei movimenti si è manifestata compiutamente per la prima volta nel terremoto elettorale del 1975...». Fino al 1995 Arturo Parisi era stato un professore universitario di sociologia politica, direttore del "Mulino" e dell'Istituto Cattaneo, dopo una giovinezza in Azione Cattolica come vice di Vittorio Bachelet. Senza lo sconquasso seguito alla fine della Prima Repubblica e la possibilità di realizzare il suo sogno di studioso, esportare il modello del bipolarismo in Italia, sarebbe rimasto un politologo astratto. Invece il piccolo professore di Sassari è andato a combattere sul fronte la guerra dei vent'anni a sinistra, prima come stratega, poi in prima linea. Ha inventato l'Ulivo, le primarie, il Partito democratico, l'operazione Prodi, è stato il tenace difensore di una «certa idea della politica», contrapposta a quella dei partiti, spesso in totale solitudine. E per questo detestato per la sua radicalità, sbeffeggiato per le sue astruserie, considerato un matto dai professionisti della politica, che hanno sempre visto in lui, l'antagonista, e dunque il protagonista, di questa storia.

«Non fu certo la paura di Berlusconi la nostra prima ispirazione, ma le speranze della nostra giovinezza. Dopo i flussi e i riflussi del ventennio precedente, gli anni successivi all'89 hanno rappresentato per la mia generazione l'approdo alla maturità: la scelta della partecipazione politica attraverso le istituzioni, lo spostamento dell'interesse politico dalla libertà espressiva all'efficacia del governo. Questa è stata la nostra scommessa politica di questi venti anni: l'incontro tra la domanda di partecipazione dei dilettanti di politica, che nel ventennio precedente era cresciuta a dismisura fino all'impazzimento, e l'offerta che arrivava dai professionisti dei partiti. Questo fu il sentimento che animava il libro verde dell'Ulivo del 1996, il nostro primo programma elettorale. Un progetto per il Paese, appassionato e allo stesso tempo realistico. L'idea di una democrazia governante che non si limita a chiedere ai cittadini una delega, ma offre la possibilità di contare direttamente nelle scelte, in quella per il governo nazionale come era già avvenuto con l'elezione diretta del sindaco per quello locale».

«Dobbiamo riconoscere che in tutta la vicenda di Prodi e dell'Ulivo il gruppo dirigente del centrosinistra non ha mai accettato il cambio di passo imposto dal referendum sul maggioritario del 1993, il passaggio dalla democrazia consociativa alla democrazia competitiva: scelta dell'esecutivo affidata ai cittadini, il superamento della politica come funzione delegata ai partiti.

Nessuno riuscirà mai a trovare parole più adatte di quelle con cui D'Alema espresse nel 1997 nel seminario di Gargonza tutta la sua ostilità, e prima ancora incomprensione, verso la nostra idea di politica. "Io non conosco questa cosa, questa politica che viene fatta dai cittadini e non dalla politica". L'uragano del 1993 è stato vissuto in tutta la nostra vicenda come una tempesta da cui ripararsi per poi ricostruire l'assetto politico precedente, come la corrente di piena alla quale è meglio che il giunco si pieghi se vuole rialzarsi dopo il suo passaggio. Di questa scelta la coppia D'Alema-Marini è certamente la più espressiva, rappresentando lungo tutto il periodo il punto di incontro tra gli ex comunisti e gli ex democristiani. Il ritorno appunto a uno schema consociativo e a una democrazia delegata ai partiti, al posto della democrazia dei cittadini.

Dopo aver resistito in tutti i modi prima contro l'Ulivo come patto a tempo indeterminato tra le formazioni del centrosinistra, il fronte anti-ulivista capì che il miglior modo per neutralizzare e sconfiggere la linea ulivista era quella di far proprio nell'apparenza il progetto rinnovatore piegandolo nella realtà al loro disegno restauratore. Da qui l'accordo che è stato all'origine della decisione di dar vita al Pd come figlio degli ex Pci e degli ex Dc, guidato da un patto di sindacato che consentisse alle residue nomenclature dei due vecchi partiti di svolgere in una fase nuova l'antico disegno. Non come partito nuovo, ma come somma dei vecchi partiti, non a partire dal compimento dell'Ulivo, ma dal suo fallimento.

Un passaggio che chiudeva comunque l'esistenza distinta dei due partiti precedenti, ma non per questo apriva una fase nuova facendo del Pd il riferimento nuovo del sempre più vasto elettorato che non si riconosceva da tempo in nessuno dei due fondatori e meno che mai era disposto a riconoscere la loro guida congiunta.

È per questo che nell'ultima elezione per il Quirinale, passare da Marini a Prodi, e farlo in poche ore, si è rivelata una impresa impossibile. La scelta di Marini, concordata a quel che si dice con Berlusconi nel mitico incontro di casa Letta, non rappresentava infatti una soluzione congiunturale, ma il lascito del ventennio precedente. Era il ritorno a uno schema consociativo: l'esito della consociazione interna al Pd e la premessa della consociazione esterna con il Pdl».

«Lungo tutta questa vicenda, Walter Veltroni ha condiviso certamente con gli ulivisti la stessa idea di democrazia competitiva, e con gli ulivisti ha in genere cooperato e gareggiato in ulivismo. Ma la linea competitiva che ha interpretato nel confronto col centrodestra non sempre aveva alle sue spalle nella dinamica interna al partito una linea coerente con quella esterna. Potrei definire la linea veltroniana all'esterno come programmaticamente competitiva e all'interno come sostanzialmente consociativa. Nonostante il profilo della leadership che lo ha rappresentato nel tempo contrapposto a D'Alema, fino al limite della caricatura, lo stesso non si può dire per le sue scelte interne nei passaggi cruciali. L'accordo con D'Alema per avvicendarlo alla guida dei Ds, a sostegno nel 1998 del governo con Cossiga condizionato nella sua nascita alla dissoluzione del patto stretto davanti agli elettori dai partiti dell'Ulivo, per sostituirlo con una maggioranza fondata su un tradizionale accordo parlamentare. E poi la sua candidatura nel 2007 alla guida del Pd, fondata anch'essa su un accordo interno con la coppia D'Alema-Marini che con la designazione di Dario Franceschini a suo vice in un improbabile ticket volle rendere evidente il segno del patto di sindacato tra ex Pci ed ex Dc all'origine del nascente Pd. Quello che il lunedì era stato in un incontro mattiniero tra me e Veltroni il candidato più vicino ad interpretare il progetto ulivista di un partito nuovo, si era così trasformato nel candidato più lontano. Sarebbe tuttavia sbagliato ridurre questa differenza di registro a un dato caratteriale. Sbagliato, ingeneroso e ingiustificato. La difficoltà a riconoscere all'interno del partito il confronto trasparente e la competizione non come una patologia da evitare e occultare, ma come un corollario ineliminabile, anzi un valore, un tratto fisiologico della democrazia, non è infatti un limite di Veltroni ma un aspetto costitutivo che la cultura comunista ha trasferito nel Pd come uno dei lasciti più negativi della sua storia. Se anche il più ulivista dei Ds come certamente è stato Veltroni non è riuscito a superarlo è solo a causa della profonda solidarietà politica e culturale che, nonostante tutto, ha continuato a legarlo al partito di provenienza».

«Il dramma irrisolto, anche nella vicenda per il Quirinale, è sempre stato che il Pd afferma di aderire a un modello e invece ne pratica un altro. E questo deriva dal fatto che non solo all'origine del Pd, ma prima ancora nella stagione dell'Ulivo alla adesione formale al modello della democrazia competitiva non ha corrisposto nella realtà una condivisione sostanziale. È da venti anni che il centrosinistra si trova perciò a vivere nella menzogna: costretto a subire la rivoluzione introdotta nel 1993 dal maggioritario, e talvolta addirittura ad alimentare quelle che la dirigenza definisce pulsioni populiste e demagogiche, ma impegnato ad aggirare, attenuare, neutralizzare nei fatti le promesse affidate alle proprie parole. Dare in pubblico ragione ai propri avversari, e nel segreto operare secondo le proprie convinzioni. Sta qui l'origine del segreto del voto che i 101 hanno potuto esprimere solo nel segreto. Mentre chi dice di no a Marini non ha difficoltà a chiarire in pubblico i motivi, chi dice di no a Prodi può votare contro solo nell'ombra, contro la linea che chiamammo ulivista che ha certo vinto sulla carta – un Pd alla fine è nato – ma non altrettanto nella realtà».

«Lungo tutta la vicenda dell'ulivismo va riconosciuta a D'Alema una coerenza di condotta. Se si escludono alcune parentesi nelle quali anche lui è sembrato assecondare il progetto o, almeno, farsi carico delle domande alle quali volevamo dare risposta, si potrebbe dire che D'Alema ha tenuto il punto, svolgendo nei nostri riguardi una azione di interdizione, guidato da un disegno di conservazione degli equilibri precedenti, se non addirittura di restaurazione di quelli che all'inizio degli anni Novanta erano stati rotti dal movimento referendario per le riforme istituzionali. A noi che abbiamo cercato di svolgere una linea D'Alema ha risposto tenendo il punto. *Controcorrente*, il titolo del libro intervista con Peppino Caldarola, sintetizza correttamente la sua posizione. Sì. Esattamente come il giunco ha scommesso sul fatto che la corrente rappresentata a suo dire da quello che lui ritiene il populismo, la domanda di democrazia fondata sulla espansione degli spazi della partecipazione civica si sarebbe placata. Tenere il punto è tuttavia di certo una posizione. Legato come sono alla idea di politica come azione di cambiamento ho difficoltà a definirla una strategia. Se il suo obiettivo era far sopravvivere nel presente la sua storia passata, riconosco che lo ha conseguito. Quanto poi tutto questo sia costato al Paese è un'altra cosa. Lo scontro tra chi voleva portare a compimento la transizione raggiungendo finalmente l'altra riva, e la sua determinazione a riportare il nostro sistema politico sulla riva dalla quale eravamo partiti, ha lasciato il Paese a metà del guado, proprio mentre arrivava l'onda di piena».

«Non abbiamo mai sbagliato, noi ulivisti? Certo che sì. Il nostro primo peccato fu nel 1995, quando abbiamo ceduto sul nome dell'Ulivo come simbolo di tutta la coalizione. Ancora una volta un peccato di realismo. Assieme al nome aveva infatti cominciato a cedere la cosa. Tanto più perché ci doveva essere chiaro che a D'Alema interessava il nome, il nome dell'Ulivo e quello di Prodi, ma sulla cosa non era disposto a cedere nulla. Se da questo punto di vista l'accusa a Prodi di essere nient'altro che la maschera di D'Alema era soltanto una provocazione, non lo era dal punto di vista del Pds. Esattamente come è andato ripetendo con orgoglio e convinzione Bersani anche in riferimento a se stesso, i nomi passano, la cosa resta, soprattutto se la cosa è "il" partito, anzi il partito con la P maiuscola, esattamente come il Principe di Machiavelli e il nuovo Principe di Gramsci. Quello era l'oggetto d'amore dei ds. D'altra parte l'allora segretario del Pds, cioè a dire di nuovo D'Alema, aveva avuto occasione di dirlo: "Qual è il desiderio di un cavallo? Correre. Qual è il desiderio di un segretario di partito? Far grande il proprio partito". Che in quel momento significava innanzitutto sopravvivenza prima ancora che vittoria, perché nella possibilità della vittoria c'è anche il rischio della sconfitta».

«Il partito viveva nella menzogna, dopo i 101 la menzogna si trasforma in vergogna. L'incontro tra piccoli calcoli e grandi rifiuti. Non escludo che ci possa essere stato qualcuno che in quel voto ha visto la possibilità di eliminare sia Prodi che Bersani. E che umori vecchi e umori nuovi possano essersi incrociati, accomunati, nel migliore dei casi, dalla indifferenza verso quella che è la ragione sociale del Pd: cambiare la politica. Accade infatti che troppo spesso gli umori nuovi si accontentino di cambiare i politici ma non la politica, anche se gli umori vecchi non vogliono cambiare né i politici né la politica...».

«Quella che il Pd vive è una crisi di fede. Non crediamo più nelle nostre virtù, anche se ci siamo purtroppo arresi ai nostri vizi. Da qui la contraddizione nel rapporto con Prodi. Al di là dei suoi inevitabili limiti personali Prodi si è infatti trovato ad incorporare nella sua persona quella che è per eccellenza la virtù, l'istanza del cambiamento. È capitato perché fin dall'inizio della sua entrata in politica, ha rifiutato il profilo al quale la sua storia personale l'avrebbe pure chiamato, quello del tecnico di area che offre la sua competenza e la sua esperienza, come è accaduto ad Amato, ma si è reso disponibile a svolgere una funzione politica senza la quale l'Ulivo sarebbe stato poco più che una immagine propagandistica, un aggregato provvisorio privo di senso politico. Invece l'Ulivo corrispondeva a una domanda reale, a una necessità. Non solo il maggioritario, e non certo l'esigenza di combattere Berlusconi, ma l'urgenza di risolvere la questione irrisolta del passaggio tra il 1989 e il 1993, il rifiuto dei comunisti di morire e di rinascere. Una domanda maiuscola di cui Prodi si è fatto carico: nonostante qualche esitazione a questa vocazione non è mai venuto meno nei passaggi cruciali».

«Il punto cruciale è sempre stato lo stesso. In che modo la politica può essere progetto e dunque confronto, competizione, e scelta tra progetti alternativi? Scelta tra diversi progetti di alternativa all'esistente? Chi intende la politica come pura conservazione dell'esistente, permanenza al potere e al governo, di questa idea non può che sorridere. Per loro stare fuori dal potere e dal governo equivale alla morte, Prodi ha dimostrato che si può fare politica senza stare al governo, meglio, che si può governare solo se non si ha paura di perdere il potere. Nel '98, quando cadde il primo governo Prodi, dissi che era meglio perdere che perdersi. Oggi l'unico modo per non perdersi è il riconoscimento della sconfitta. Ma nel frattempo un sentimento di resa si è impadronito del Paese. La resa della Repubblica e la resa del Pd si sono alimentati reciprocamente».

Capitolo 3

Gargonze

È un segreto ben custodito dentro un floppy disk all'interno di un cassetto al secondo piano di via delle Botteghe Oscure, dove c'è la segreteria del Pds. Grafici, numeri, tabelle, diagrammi. Un monitoraggio periodico sotto il titolo «D'Alema alla Presidenza del Consiglio-grado di favore espresso». Simpatia, capacità di governo, preparazione, consenso: partito al 50 per cento, precipita al 40, risale verso il 60, si attesta intorno al 55 per cento. Il rapporto resta nascosto ai piani alti del partito fino al trasloco della Quercia nella nuova sede di via Nazionale, alla fine degli anni Novanta. Perché più che i risultati del sondaggio sul gradimento di D'Alema premier contano le date in cui è stato effettuato: dal 1° giugno 1996 al 19 maggio 1998. Il problema è che in quel periodo l'inquilino di Palazzo Chigi è un altro: Romano Prodi. La rilevazione copre quasi l'intero arco temporale del governo del Professore, dal giuramento all'ingresso nell'euro. E quei diagrammi della Swg commissionati dal leader non sono solo un semplice ascolto dell'opinione pubblica. Sono la fotografia di un'ambizione. La linea altalenante degli umori di D'Alema. Il tracciato della sua lunga marcia per arrivare alla guida del governo. Il ritratto di un leader che ha appena vinto elezioni storiche e che già prepara il suo futuro. Anche a costo di considerare Prodi non come il presidente del Consiglio del suo governo, ma come un potenziale avversario, forse un usurpatore. Da scalzare al più presto.

Il governo Prodi nasce alle ore 13 del 17 maggio 1996, un venerdì, diciassette ore dopo aver ricevuto l'incarico, annota qualcuno, al diavolo la scaramanzia. Il nuovo vice-premier Walter Veltroni a quell'ora è davanti alla televisione nella stanza del segretario al secondo piano di Botteghe Oscure, ascolta la lettura della lista dei ministri seduto accanto a D'Alema, a condividere il momento storico, la sinistra post-comunista per la prima volta dal 1947 entra al governo dopo aver vinto le elezioni, con i suoi uomini di punta: Giorgio Napolitano agli Interni, negli anni Settanta un ex iscritto al Pci al Viminale sarebbe apparsa un'eresia e avrebbe provocato un colpo di Stato, Vincenzo Visco alle Finanze, l'emiliano Pier Luigi Bersani all'Industria, Luigi Berlinguer all'Istruzione, Veltroni alla Cultura, Claudio Burlando, Franco Bassanini, Livia Turco, Anna Finocchiaro... Sono nove gli ex ragazzi del Bottegone che giureranno il giorno dopo davanti al presidente Scalfaro. D'Alema ascolta Prodi, commenta con il solito sarcasmo («non dovevamo abbeverare i cavalli?»), poi scrive al nuovo premier: «Caro Romano, ti faccio i miei più sentiti complimenti [...] sono certo di parlare a nome di tanti uomini e donne che hanno votato per la sinistra e che oggi vedono per la prima volta rappresentate al governo le loro ragioni e le loro aspirazioni».

La prima volta dei post-comunisti, la prima giornata nei palazzi ministeriali, comincia così. Veltroni esce, saluta, va a prendere possesso delle sue nuove stanze. D'Alema resta lì, al suo posto di segretario del Pds, disoccupato. Il vero messaggio per Prodi e per Veltroni il leader della Quercia lo recapita con un'intervista all'"Unità" il giorno dopo, mentre il governo sta giurando al Quirinale. Il quotidiano pubblica il pensiero dalemiano sotto un titolo che dice tutto: «Ma ora la sinistra non si annulla nell'Ulivo». Il governo Prodi, spiega D'Alema, è solo uno dei tre campi d'azione su cui la politica deve agire: ci sono le riforme istituzionali e la transizione politica da chiudere con la fondazione di un nuovo partito di sinistra socialista. E avverte: «La sinistra non rinuncerà alla propria identità e continuerà l'alleanza con il centro. L'Ulivo non è e non sarà il contenitore al cui interno la sinistra si annulla».

Neppure ventiquattr'ore e la coalizione che ha portato alla storica conquista del governo è stata liquidata. Com'era successo al momento di costituire i gruppi parlamentari: l'ipotesi di gruppi unici degli eletti dell'Ulivo alla Camera e al Senato non era stata neanche presa in considerazione. Di imprevisto c'è che nelle prime settimane di governo, tenuto in piedi alla Camera dalla presenza in maggioranza di Rifondazione, il segretario del Pds non risparmia critiche, si dedica a una quotidiana opera di denuncia di ritardi, lentezze, passività del duo Prodi-Veltroni. Fino a una cena con la delegazione dei ministri del Pds l'11 luglio, quando il governo è in carica da soli due mesi e D'Alema già si dichiara deluso: «È assente una linea forte». La sua.

«La mia opinione è netta: gli anni che vanno dal 1994 al 1997 sono stati i migliori della sinistra italiana». Claudio Velardi, classe 1954, napoletano, in quegli anni è stato il principale collaboratore di Massimo D'Alema, il capo staff, il Lothar del segretario Mandrake (definizione di Maria Laura Rodotà) accanto agli altri del gruppo, il portavoce Fabrizio Rondolino, l'assistente Nicola Latorre, il coordinatore della segreteria Marco Minniti, tutti quasi morbosamente attratti dalla stampa e dai giornalisti e con il cranio interamente rasato, a differenza del loro leader, cui si aggiungono Gianni Cuperlo, Claudio Caprara, Pasquale Cascella (futuro portavoce di Giorgio Napolitano al Quirinale), Antonio Napoli, Massimo Micucci.

Anni ruggenti, in cui la sinistra italiana conquista tutte le principali posizioni di potere. E in cui si sperimenta un nuovo modo di comunicare, sulla base di altre esperienze internazionali: in Inghilterra si è diffuso il mito di Peter Mandelson, il capo della propaganda del Labour Party, il "Principe delle tenebre" che sta ricostruendo l'immagine del partito attorno alla figura del nuovo leader, Tony Blair, e di Alastair Campbell, il giornalista capo della comunicazione blairiana che alla conferenza di Blackpool nel 1994 ha inventato lo slogan «New Labour New Britain». Al Bottegone seguono con attenzione le mosse degli spin laburisti, alle prese con un partito dalla storia simile a quella del Pci-Pds: smarrimento ideologico dopo anni di estremismo leftista, classe dirigente invecchiata, sconfitte a ripetizione, esigenza di darsi una leadership che salti le faticose mediazioni interne (comitati centrali, direzioni, segreterie...) per rivolgersi direttamente al Paese. E dunque: sondaggi sulle preferenze degli italiani e sul gradimento del leader, campagne elettorali e congressi usati per testare i messaggi, personalizzazione del segretario, centralità del suo staff. La modernità che sbarca in via delle Botteghe Oscure, in maniera convulsa e a volte un po' cialtrona. Perché il Pds non è il Labour, l'Italia non è l'Inghilterra. E D'Alema non è Blair.

Il blitz più riuscito avviene una mattina sulle scale del Bottegone, quando su ordine di Velardi spuntano alcune pesanti fioriere su uno degli accessi che separa la segreteria dagli altri uffici. Non tutti apprezzano: «Ci ritrovammo serrati noi dello staff, attorno a D'Alema. Era la logica della sacralità e della distanza dal leader che trovava la sua sanzione», ha raccontato Roberto Cuillo che in seguito sarà portavoce del segretario Piero Fassino. Ma Velardi ancora oggi la vede diversamente: «Riunivamo un gruppo di persone. Avevamo una stanzetta al secondo piano di Botteghe Oscure, tra l'ufficio di D'Alema e la segreteria, ci vedevamo lì. D'Alema terminava qualche estenuante riunione con Gloria Buffo e altri compagni, poi finalmente si poteva cominciare. C'erano Nicola Rossi, allora giovane economista di Tor Vergata, Pier Carlo Padoan, non ancora all'Ocse, Roberto Weber della Swg. Con loro Carlo Freccero, nominato direttore di Raidue, e Giorgio Gori, direttore di Canale 5, due profondi conoscitori del mondo berlusconiano. C'era un'effervescenza vera, reale. Di cosa parlavamo? Di Berlusconi e di noi. Discutevamo dei punti di confluenza e di congruenza tra il Pds e Forza Italia. Ma non nella chiave dell'inciucio, semmai in quella della competizione. Le ricerche ci davano un risultato sorprendente: c'era una fascia importante dell'elettorato, una terra di mezzo, che sovrapponeva per valori e priorità noi e Forza Italia. Chi fosse riuscito a conquistarla stabilmente al suo campo, chi si fosse preso quegli elettori avrebbe modernizzato l'Italia e vinto per anni. Questa era la nostra convinzione...».

Un'operazione che comporta a sinistra l'abbandono delle categorie tradizionalmente rappresentate, gli operai delle grandi fabbriche del Nord, che troveranno rifugio a destra e nella Lega, il pubblico impiego sindacalizzato, e l'inseguimento di parole d'ordine sconosciute come quella della «rivoluzione liberale», evocata da D'Alema nel 1995, durante la sua prima visita alla City di Londra: «Il mondo finanziario internazionale ci chiede più stabilità e più apertura e trasparenza nei nostri mercati, ci considerano interlocutori seri. Io ho ripetuto che in Italia è la sinistra la vera garanzia di modernizzazione, in grado di fare la rivoluzione liberale e le privatizzazioni e di scrivere un nuovo patto sociale fondato su meno garanzie ma più opportunità...».

Un progetto che in Italia si traduce nella costruzione di un nuovo partito, fondato sul primato del Capo, di un nuovo sistema istituzionale tendenzialmente presidenziale e di una sinistra anti-statalista. Tre fattori che inevitabilmente portano in rotta di collisione con l'Ulivo e con il governo Prodi e con l'Ulivo spinto da Veltroni. «I due flaccidi imbroglioni», famoso appellativo consegnato da D'Alema a Claudio Rinaldi e Giampaolo Pansa, direttore e condirettore dell'"Espresso".

«Nel '96 c'era l'Ulivo, ma il capo incontrastato era D'Alema», spiega Velardi. «Teneva lui tutte le cose in mano. Ricordo ancora il comizio conclusivo della campagna elettorale di quell'anno a Napoli, la sua forza. Fino al 1997 D'Alema non aveva avvertito seriamente la concorrenza di Prodi e dell'Ulivo. Una delle sue principali caratteristiche è che seleziona i nemici e le culture politiche secondo i rapporti di forza. O li abbraccia o si scaglia contro per distruggerli. È il suo modus operandi, anche con Matteo Renzi ha fatto così. Quando cominciò a vedere che Prodi e l'Ulivo diventavano un pericolo cominciò a contrastarli sempre più duramente».

Fino al gennaio 1997 sembra però un equilibrio miracoloso. C'è il governo dell'Ulivo e c'è l'Ulivo dei partiti, una separazione virtuosa dei ruoli. Nel Consiglio dei ministri le delegazioni dei partiti, tipiche dei governi di coalizione stile Prima Repubblica, sono neutralizzate, ci sono ma non appaiono. I senza partito all'interno del governo occupano le posizioni-chiave. Senza partito è il premier Prodi, che si è candidato nella lista dei popolari ma non ha la tessera del Ppi e si tiene fuori dallo scontro pre-congressuale. Senza partito è il ministro più influente, Carlo Azeglio Ciampi, che dal dicastero di via XX Settembre ha il compito di pilotare l'avvicinamento dell'Italia verso l'eurozona. «Misi alcune condizioni formali per me molto importanti, direi discriminanti. Non mi occupavo e non volevo essere coinvolto nelle dinamiche politiche della maggioranza, nella sua composizione, nei difficili distinguo tra gruppi e partiti. Assumevo l'incarico per un compito preciso, che si chiamava euro», ha scritto Ciampi sul suo ingresso nel governo ulivista. «Mi piaceva molto l'idea di avere un rapporto diretto e chiaro con il presidente Prodi. Funzionò benissimo, sia a livello personale, sia nella qualità del lavoro quotidiano che riuscivamo a produrre»[1]. Senza partito sono due ex controparti di Tangentopoli: il ministro dei Lavori pubblici, l'ex pm Antonio

[1] U. Gentiloni Silveri, *Contro scettici e disfattisti. Gli anni di Ciampi 1992-2006*, Laterza, Roma-Bari 2013, p. 70.

Di Pietro, e il ministro della Giustizia, l'avvocato Giovanni Maria Flick. E i sottosegretari Arturo Parisi e Enrico Micheli.

Il governo dei senza partito va avanti nonostante la fragilità numerica (dipende dal voto favorevole di Fausto Bertinotti), affronta la sfida più importante, l'entrata nell'euro fin dal gruppo di testa deciso nel settembre '96 dopo un drammatico vertice con il governo spagnolo, ma in realtà già previsto in una riga del Documento di programmazione economica approvato dal Parlamento in estate («l'esecutivo [...] si impegna a verificare in autunno la possibilità di accelerare i tempi del rispetto dei criteri di convergenza»). E nell'Ulivo dei partiti cresce il sospetto che la coalizione possa trasformarsi in qualcosa di più ampio, in un super-partito, nell'embrione di un futuribile Partito democratico. Che sia quello l'obiettivo Prodi l'ha rivelato fin dall'inizio, quando il giro dell'Italia in pullman era ancora all'inizio: «E alla fine ci dovremo chiamare Partito democratico...», aveva sospirato durante un incontro all'hotel Hilton il 21 marzo 1995. Ma è un approdo inaccettabile per i due azionisti di maggioranza Massimo D'Alema e Franco Marini. «Al congresso non discuteremo di partito democratico perché nessuno lo propone. Discuteremo del futuro della sinistra europea in questa fine di millennio», annuncia con la consueta umiltà D'Alema dopo la direzione che ha indetto il congresso del Pds (e nominato Fabrizio Rondolino capo ufficio stampa del partito). «Il partito democratico è un falso problema, la scelta è già stata compiuta». Lo stesso ripete, sul versante popolare, l'ex leader della Cisl Marini, candidato a diventare segretario del Ppi nel congresso: «Finora l'ispirazione dei comitati Prodi è stata quella di costruire il partito dell'Ulivo, ma io punto su una strategia comune di Prodi e dei Popolari. Il centro della coalizione deve essere più presente, più evidente, più numeroso», spiega Marini a Ritanna Armeni sull'"Unità"[2]. E con D'Alema? I rapporti sono ottimi, Massimo e Franco si fanno vedere insieme nei primi giorni del governo Prodi sul palco di un comizio a Caserta: «Non ci siamo uniti nell'Ulivo sulla base di parametri astratti», spiegano. E il quotidiano del Pds, correttamente, quel giorno (20 giugno 1996) titola: «D'Alema con Marini: ecco cos'è l'Ulivo».

[2] *Marini: saremo il centro dell'Ulivo*, in "l'Unità", 1° giugno 1996.

L'Ulivo è l'alleanza tra Pds e Ppi, tu fai il centro e io la sinistra. L'Ulivo sono soprattutto loro, Massimo e Franco. I veri capi dei loro partiti, gli unici che potranno vantarsi per più di quindici anni di non aver mai perso un congresso, di non essere mai stati messi in minoranza. Anche perché, ogni volta che se ne presenterà l'occasione, avranno l'astuzia di condizionare il segretario di turno: così farà D'Alema con Veltroni e Marini con Castagnetti e tutti e due insieme con Veltroni nel 2007 quando nasce il Partito democratico. Sono i garanti presso le loro organizzazioni che svolte, cambiamenti, mutazioni di nome e di simbolo saranno presto assorbiti, digeriti, neutralizzati.

Marini e D'Alema sono impegnati in una doppia partita congressuale. Il leader sindacale deve costringere il mite Gerardo Bianco, Jerry White, a sloggiare dalla segreteria del Ppi e lasciargli finalmente il posto: ha preparato per mesi una tela di rapporti dentro il partito. Ha chiuso un'antica ruggine con Ciriaco De Mita, ritornato in Parlamento, ha saldato i rapporti con i capi dell'ex sinistra democristiana più vicini a Prodi. Quando Castagnetti va da Bindi e Mattarella per spingerli alla candidatura, «uno di voi deve correre, non possiamo lasciare il partito a Marini», si sente rispondere che tutto il gruppo dirigente sta con l'ex sindacalista. Allora Castagnetti si candida in prima persona, anche se nei congressi locali raccoglie appena il venti per cento dei delegati.

Per D'Alema il congresso non presenta problemi di rielezione. Lo scontro del 1994 è lontano, Veltroni è il vice del governo dell'Ulivo, non ci sono rivali, il segretario del Pds è il candidato unico. Nessun motivo di preoccupazione, se non per il fantasma dell'Ulivo e del Partito democratico che nel dibattito pre-congressuale appare e scompare e che sembra tormentare le giornate dalemiane.

Il segretario sceglie un'occasione in apparenza minore, la presentazione nella sala sotterranea di un albergone romano a due passi da via Veneto di un libro di Giuseppe Vacca, intellettuale organico per definizione, dedicato alla sinistra «tra mutamenti e revisioni», per parlare senza tante prudenze di ciò che lo angoscia. L'attacco dell'intervento è rituale: «È in crisi il riformismo europeo legato al modello socialdemocratico che il Pci non ha mai incontrato nella sua storia: ma la risposta alla crisi non può essere una fuoriuscita dal riformismo che in Italia avrebbe come unica conseguenza la liquidazione della sinistra». Ma il pensiero dominante è un altro, il tentativo di far sparire i partiti, quasi un'ossessione per D'Alema che ripensa ai limiti della svolta di Occhetto: «In quel momento bisognava osare e Occhetto osò: cosa sarebbe rimasto di noi se non si fosse osato? Ma ci fu un limite di fondo: bisognava ricostruire su basi nuove una democrazia dei partiti e invece la rivoluzione si è nutrita di anti-politica, dell'illusione che dalla crisi dei partiti nascessero complesse formazioni multi-cefale. La rivoluzione italiana si è nutrita di un pensiero debole». Anche l'Ulivo, attacca D'Alema, è a un bivio, in bilico tra due prospettive opposte: «L'Ulivo per cui sono impegnato è il centro-sinistra, un'alleanza culturale e sociale. Se invece l'Ulivo si trasforma in un soggetto sostitutivo dei partiti, si fa un passo indietro, non uno avanti. È stato un errore culturale scambiare la partitocrazia per il governo dei partiti: se i partiti faranno un passo indietro rispetto al governo ne faranno uno avanti nel sottogoverno. Le società non si governano annullando i partiti in una massa gelatinosa».

Il super-partito dell'Ulivo, per il segretario del Pds, è un orrendo Blob, che inghiotte tutto e azzera ogni differenza. Passeranno anni e anni, resterà quell'espressione dalemiana, gonfia di disprezzo: massa gelatinosa.

«Caro Romano, ti abbiamo visto sugli sci, temiamo che tu possa cadere...». Il benvenuto del segretario uscente Gerardo Bianco al presidente del Consiglio il 9 gennaio non è dei più calorosi. Ritorno al Palazzo dei Congressi dell'Eur, come negli anni Settanta, l'assemblea dei popolari è un appuntamento all'antica, candidature contrapposte, riunioni notturne dei delegati nei ristoranti o negli istituti religiosi, manovre, colpi di scena, i superstiti della tradizione cattolico-democratica ce la mettono tutta per restare fedeli al rituale dei grandi congressi democristiani. Anche se da lì passavano il destino dei governi e, almeno in parte, dell'Italia, mentre i popolari si contendono vice-segreterie, uffici politici, posti in direzione dal valore sempre più incerto.

C'è l'applausometro che premia lo sfidante Castagnetti, reggiano come Prodi, già collaboratore di Dossetti, amico di Andreatta, sostenitore di un partito aperto, «perché siamo entrati nell'era dell'opinione pubblica e la comunicazione conterà sempre di più», entra nel Palazzo dei Congressi con il 20 per cento dei delegati e conquisterà il 42 per cento con un discorso tutto in difesa del governo Prodi: «Non sono un ambasciatore dell'Ulivo nel Ppi. Amo il mio partito, ma anche il mio Paese». E dal palco chiede un partito schierato con il governo nella difficilissima operazione euro: «È la scelta di Prodi che cambia tutto, una decisione strategica che avrà ripercussioni enormi sulla maggioranza».

Marini riempie la platea con la claque arrivata dal Sud, dal palco carezza Prodi, «vorrei che alcune cose le dicesse con più forza», prende a riferimento il pupillo Sergio D'Antoni, suo successore alla guida della Cisl, che vede l'Ulivo troppo sbilanciato a sinistra: «C'è una competizione tra noi e il Pds, loro fanno il loro lavoro, noi dobbiamo fare il nostro. Il centro è il luogo dello scontro: l'Ulivo si rafforza se c'è un centro forte in grado di recuperare i consensi andati a Forza Italia», spiega Marini. La federazione di tutti gli ex dc, da Casini a Mastella, è il progetto che Marini ha in mente per aiutare l'Ulivo: la scissione pilotata da Cossiga arriverà un anno più tardi, ma l'ex sindacalista già si candida a guidare il nuovo-vecchio Grande Centro. Per aiutare l'amico Romano, ovviamente. «Discettatori di centrismo», li definisce il grande sponsor di Castagnetti (e di Prodi) Andreatta, ostile a Marini: «Il futuro del Ppi non passa dalle nostalgie e dagli scavalchi di qualche sirena centrista, ma nel suo rappresentare le tendenze dinamiche del Paese. La nostra storia si intreccia a Prodi e all'Ulivo, su questo tra cinque anni andremo a raccogliere la maggioranza degli elettori».

Il congresso si conclude con la vittoria di Marini e con la nomina di due vice-segretari. Il primo è Dario Franceschini, un avvocato di Ferrara di 39 anni, nel movimento giovanile della Dc era così a sinistra che lo chiamavano il piccolo Trotsky, nel congresso però occupa la posizione da cui si governa il partito, il centro, e il ruolo che più gli si addice, il numero due del capo, il vice. Lo conserverà a lungo, di partito in partito, dal Ppi alla Margherita al Pd, restando sempre nello stesso ruolo (tranne una breve parentesi da numero uno del Pd nel 2009, per conto del caminetto dei capicorrente). Il secondo è il pupillo di Andreatta Enrico Letta, ha appena 31 anni, maglione rosso e pesanti occhiali da secchione. Si fa notare alla riunione notturna dei delegati pro-Castagnetti in un istituto religioso alle spalle di piazza Navona, rappresenterà la minoranza filo-prodiana nella segreteria. I due, Letta e Franceschini, si ritroveranno insieme nel 2013, al governo.

«Massimo D'Alema», scrive in quei giorni il "Financial Times", «si è distanziato con successo dal suo passato comunista, ha già portato gradualmente il Pds verso posizioni che nell'approccio all'economia assomigliano in modo notevole a quelle di Tony Blair, ma ha ancora molta strada da percorrere per convincere l'elettorato che il Pds è qualcosa di più di una metamorfosi del Pci. Se ce la fa, il Pds ha la possibilità di competere per quell'area di centro dove la maggior parte dell'elettorato è concentrato. Se il Pds rimane troppo legato al suo passato comunista, è improbabile che migliori il suo 21 per cento di voti nel futuro».

Centro è una parola che risuona anche al pianterreno di via delle Botteghe Oscure, nella conferenza stampa di presentazione del congresso del Pds del febbraio 1997. «Siamo una forza determinante, abbiamo una caratteristica di centralità...», spiega il coordinatore della segreteria dalemiana Marco Minniti, chiamato a illustrare i numeri dell'evento. Ecco il partito, come piace a D'Alema: «Gli iscritti sono 711mila, 6262 in più rispetto all'anno precedente. Hanno partecipato al dibattito pre-congressuale 157mila iscritti, il 24 per cento degli aventi diritto, si sono svolti 116 congressi di sezione, 20 congressi regionali, 1130 delegati parteciperanno alla fase finale. Si è riscontrato un ampio consenso per la proposta del segretario D'Alema: il 98 per cento. Non è un congresso bulgaro, ma europeo!». Dopo Minniti interviene la giovane responsabile della comunicazione, la deputata Giovanna Melandri: «Abbiamo fatto una scelta di sobrietà, il congresso non sarà una kermesse. L'architetto Riccardo Bocchini ha trasformato il Palaeur in un'Agorà, la sede della democrazia diretta, non gerarchica, pronta a farsi attraversare dal cambiamento, per sottolineare la possibilità di una contaminazione. Ci sarà un concerto di Ennio Morricone al teatro Olimpico per i delegati e sarà possibile seguire i lavori su internet. Unica civetteria, la frase di Rilke tratta dalle lettere a un giovane poeta: il futuro entra in noi molto prima che accada».

Il sobrio congresso costerà un miliardo e mezzo di lire.

La frase circonda il grande palco del Palaeur, teatro di epiche scazzottate democristiane. A estrarla dai suoi libri è stato il triestino

Cuperlo, animo mitteleuropeo (farà scoprire a D'Alema il capolavoro di Sándor Márai, Le braci*). E peccato che non si possa scrivere il resto dello scritto del poeta, datato 12 agosto 1904. Perché lo stato d'animo di Rilke assomiglia moltissimo a quello dei militanti del più grande partito di sinistra che ha appena raggiunto il potere: «Noi siamo soli con la cosa straniera che è entrata in noi; perché quanto ci era confidente e abituale per un momento ci è tolto; perché noi siamo in un passaggio dove non possiamo fermarci. Ci si potrebbe facilmente persuadere che nulla sia accaduto, e pure noi ci siamo trasformati, come si trasforma una casa, in cui sia entrato un ospite...». L'ospite che ti trasforma dall'interno è il nuovo che non conosci, una trasformazione, un impercettibile scostamento dalla vita. Qualcosa di vicino alla morte.*

Altro che agorà, sembra un recinto, i giornalisti sono rinchiusi in tribuna stampa e non possono uscire da lì, i fotografi al buio protestano e se ne vanno mentre comincia a parlare Walter Veltroni. È un giovedì mattina, il vice-presidente del Consiglio, il numero due dell'Ulivo, prova a riportare nella sala gelida come un convegno della Lega cooperative l'emozione del 21 aprile, «la gioia speciale di quella notte a Roma, l'incontro di storie e di culture diverse che hanno creduto in un luogo politico di tutti i democratici del Paese». E attacca: «La sinistra ha vinto ma non da sola. Abbiamo valori antichi nel cuore, ma guardiamo al futuro: alle bandiere della fratellanza devono affiancarsi quelle delle pari opportunità e della modernizzazione [...] Al governo dell'Ulivo manca l'Ulivo. La sinistra è qualcosa di più grande e di più diffuso di quanto era sotto le nostre bandiere». D'Alema abbraccia Prodi, abbraccia Veltroni, abbraccia perfino Occhetto, replica con una mozione degli affetti che suona come un avvertimento: «Walter a Palazzo Chigi non devi sentirti solo [...] Siamo tutti cresciuti nella Fgci di Berlinguer». Ecco le radici. I compagni di scuola, li chiamerà Andrea Romano. La solidarietà generazionale e di partito che viene prima di tutto. Salvo che poi, in realtà, il congresso è costruito come una macchina perfetta per far apparire l'Ulivo di Prodi e di Veltroni come una meteora. Una transizione destinata a durare poco per lasciare il posto al vero progetto forte e al suo leader indubbio, l'unico che ha una proposta di cambiamento per il Paese e la forza politica di trasformarla in realtà, Massimo D'Alema.

Lo staff del Leader, diabolico, ha pensato a tutto: dopo Veltroni parla Minniti, una contro-relazione tutta rivolta a contestare «il mito della funzione salvifica della società civile, l'idea che i partiti siano come l'intendenza. Pensare di fare a meno dei partiti è una concezione anti-democratica: quando scompaiono i partiti scompare la democrazia». Nella seconda giornata parla il segretario della Cgil Sergio Cofferati: in piedi, dritto sulla tribuna, scatena la platea quando attacca il governo Prodi sulle politiche del lavoro: «Nelle politiche del governo il lavoro è una Cenerentola. Nulla è stato fatto in dieci mesi». Anzi, peggio che nulla: il governo dell'Ulivo sta per approvare il pacchetto Treu, l'introduzione dei primi meccanismi di flessibilità nel mercato del lavoro, ma il leader sindacale non ci sta: «La flessibilità per noi non è un tabù se è parte di politiche che abbiano come centro lo sviluppo e se si comprende bene la distinzione tra una flessibilità che rispetta i diritti e quella che li nega. Ma è davvero avvilente discutere a sinistra con chi ti accusa di voler conservare e ti indica come modelli luminosi l'Irlanda e la Corea!». E per essere più chiaro, con il cambio di marcia aggressivo tipico della sua oratoria, si rivolge direttamente a Veltroni, che lo ha accusato di scarso coraggio: «Caro Walter, il coraggio a volte è la decisione banale di non partecipare al coro dei falsi innovatori».

L'unica smagliatura nella rete dalemiana è l'intervento di una ragazza di sedici anni con la camicia fuori dalla felpa iscritta alla Sinistra giovanile. Si chiama Francesca Borri, studentessa di Bari, scatena addosso alla dirigenza un intervento-rap, un diluvio di parole senza mai rifiatare, una che veste largo, che cita le canzoni di De André o di De Gregori come se fossero parole sue («con questa sinistra, mi sono vista di spalle, che alla fine non partivo...»): «Siamo una sinistra che ha vinto e che ha smesso di pensare, una sinistra cortigiana tra giullari e saltimbanchi ed improbabili acrobati di storie e di memorie. Dovremmo avere paura di quel novantottovirgolaquattro per cento della mozione D'Alema perché fa quasi novantanove e novantanove fa unanimità, malinconia e grigiore. Quel grandioso carro armato di certezze da novantottovirgolaquattro per cento chissà cosa ha capito...». Fa irruzione nella sala stampa con le bretelle abbassate e lo zainetto giallo fosforescente, assediata dai giornalisti finché un funzionario la trascina via. È una prima volta anche questa, il fuori programma, l'outsider che bombarda il quartier generale, la giovane delegata semplice che mostra la nudità politica dell'unanimismo dei dirigenti: comincia Francesca, toccherà a Debora Serracchiani, la giovane segretaria di Udine che nel 2009 dà voce alla rabbia dei militanti, diventerà europarlamentare e presidente della Regione Friuli.

(Dieci anni dopo Mariagrazia Gerina sull'"Unità" andrà a vedere che fine ha fatto Francesca. Si è laureata in Scienze politiche, ha studiato alla scuola Sant'Anna, è stata volontaria in Kosovo e in Palestina. Passano altri anni ed eccola nel 2013, ha preso una seconda laurea in Filosofia del diritto, ha lavorato con Nichi Vendola, è giornalista sui fronti caldi, in Siria, ma anche in Italia, il reportage di cui è più orgogliosa, racconta, è il primo, sull'Ilva di Taranto: «Il viaggio vero sono le persone». E la sinistra? «Dopo la caduta del governo Prodi e la guerra in Kosovo non ho più rinnovato la tessera».)

Alle 15 di sabato 22 febbraio è finalmente l'ora di D'Alema. Il Palaeur si riempie, dalla curva si scavalca verso la tribuna, nel recinto della stampa ci sono Giampaolo Pansa con il binocolo, il gesuita di "Civiltà cattolica" padre Michele Simone che sembra Maurizio Costanzo, Bruno Vespa resta in piedi. Quando D'Alema comincia a parlare sono le 18.10, terminerà alle 19.50: «Questo non è il partito di un capo...», comincia. Il vestito grigio, la camicia azzurra con i bottoncini, i capelli neri e folti, parla guardando appena gli appunti, spalanca le braccia, agita le mani come un direttore d'orchestra, è un uomo di 48 anni nel pieno della sua forza e della sua ambizione. La rivendicazione orgogliosa del ruolo del Pds dopo la crisi del 1992-93, l'impegno del governo sull'euro («siamo con Prodi e con Veltroni per farcela, non molleremo»), poi il leader passa ai temi che gli stanno più a cuore. Le riforme, il dialogo con Berlusconi: «A chi si preoccupa che i dialoghi siano il preludio delle larghe intese rispondo: sostenete il governo. È ora di finirla con la cultura del sospetto. Non facciamo né pasticci né accordi sottobanco, è assurdo sospettare di noi stessi: se qualcuno pensa che stiamo facendo male è invitato a cambiarci». Il rapporto tra la Quercia e l'Ulivo: «Non possiamo immaginare un soggetto sovrapartito. Io difendo l'Ulivo che ha vinto, non l'Ulivo teorico e ideologico che finirebbe per creare difficoltà all'Ulivo che c'è». Infine, lo scontro diretto che più interessa al segretario del Pds, la sfida con la Cgil di Cofferati: «Ho trovato Cofferati più chiuso e più sordo del passato», premette D'Alema. «La flessibilità è il modo con cui i giovani guardano al mondo del lavoro. Dobbiamo costruire nuove e più flessibili reti di rappresentanza. Altrimenti noi finiremo per rappresentare solo quelli che stanno in mezzo: quelli che non sono sufficientemente bravi per negoziare da soli o quelli che vivono nel mondo del lavoro nero e precario. E c'è un problema: sono sempre di meno». E qui arriva per Cofferati l'attacco più duro: «Il lavoro nero al Sud non è solo un problema di polizia, di ispettorati del lavoro. Due milioni di lavoratori in nero sono una vergogna, ma non sono sicuro che se li scopriamo avremo settemila miliardi di entrate fiscali. Molte aziende chiuderanno e avremo un milione di disoccupati in più. Meglio stare dentro e negoziare che stare fuori a sventolare una copia del contratto nazionale di lavoro». In platea c'è un istante di stupore, mai un segretario del più grande partito di sinistra ha messo in discussione il dogma del contratto nazionale unico, una voce grida: «Iscriviti alla Cisl!». Ma è isolata, ricoperta dagli applausi.

D'Alema l'inglese ha trovato i suoi nemici: il sindacato rosso, gli iper-ulivisti, il fronte degli anti-Bicamerale. Si ritaglia il ruolo centrale, il baricentro della politica italiana, l'asse che regge il governo dell'Ulivo, anzi, l'intera politica italiana, il padre della nuova Costituzione, il ricostruttore di una sinistra moderna: «La svolta di Occhetto è alle nostre spalle», conclude, «adesso dobbiamo portarla a compimento con un processo costituente. E alla fine vinceremo...». Quella sera D'Alema sembra avere già vinto. E il governo Prodi-Veltroni appare una semplice parentesi, da chiudere al più presto. Come dimostra la colonna sonora scelta per il finale: non la *Canzone popolare* ulivista, e chi la conosce qui dentro?, ma una musica antica: l'Internazionale, l'inno del movimento socialista. La cantano tutti, in piedi, D'Alema, Veltroni, Violante, Mussi, la ritmano con le mani. Mentre ancora c'è la musica Francesco Cossiga chiama l'amico Arturo Parisi: «Stai sentendo? I compagni cantano l'Internazionale socialista, il tuo ulivetto non esiste...».

«Fu l'apice, ma anche la fine», ci ripensa Claudio Velardi. «L'Italia era ai piedi di D'Alema, fu il miglior discorso politico ascoltato in un congresso di un partito di sinistra, ma quando il segretario scese dal palco successe qualcosa di imprevisto: invece di una platea entusiasta si ritrovò di fronte a un gruppo di delegati della Cgil furibondi. Lo tennero bloccato lì, a discutere per oltre due ore. E alla fine ebbero la meglio: D'Alema capì che non si poteva fare nulla, si arrese. La Bicamerale fu per lui un ripiegamento. D'Alema era a Botteghe Oscure a non fare nulla, giocava a Tetris nell'ufficio della sua segretaria Ornella. Fu Violante che era presidente della Camera a convincerlo: "A cambiare l'Italia non ce la fai da capo della sinistra, non può arrivare dal basso il cambiamento, devi condurlo dall'alto. Fai il presidente della Bicamerale". E D'Alema accettò: ma fu un arretramento rispetto al progetto originario».

D'Alema, in realtà, è stato eletto presidente della Commissione Bicamerale prima dell'inizio del congresso, il 5 febbraio, con 52 voti su 70 e 12 schede bianche, con i voti di Forza Italia e di Berlusconi: «Si è posto come il presidente di tutti, non solo di una parte». Ha cominciato a lavorare al suo futuro di statista. E troverà il modo per dire, una volta per tutte, cosa pensa di quel maledetto Ulivo.

«Voi mi scuserete se, diciamo, io ho optato per fare un discorso molto di merito e non un saluto formale, anche se questo discorso potrà contenere qualche risposta un po' spigolosa. Consideratelo un segno di rispetto e di attenzione...». Quando D'Alema prende la parola nel castello di Gargonza l'8 marzo l'atmosfera è a dir poco rilassata: quasi goliardica. I cronisti appuntano una gara di canti, cori alpini contro canti gregoriani (intonati da Prodi e da Giancarlo Lombardi), camini accesi, una zuppa di ceci per pranzo, il Gabibbo di "Striscia la Notizia" che prova a entrare, don Antonio Mazzi che fa una corsetta fuori e spiffera ai cronisti il suo intervento («ho detto: ragazzi...»), il padrone di casa conte Guicciardini Corsi Salviati... Non c'è straccio di notizia, il seminario organizzato dal semiologo Omar Calabrese e dal Movimento per l'Ulivo affidato all'avvocato Marina Magistrelli procede nella calma piatta, nella noia. Non succede niente, come testimonia il blocco di appunti di Umberto Eco, l'invitato d'onore, chiamato a parlare del potere, pagina bianca: «L'Ulivo è come i quattro moschettieri». E Michele Serra ci scherza su: «Nel silenzio di Gargonza c'è chi ponza e chi riponza al pensiero positivo da pensare nell'Ulivo. Sul castello di Gargonza batte un sole che t'abbronza ma è nel buio del maniero che s'illumina il pensiero... Ci si bacia, ci si abbraccia, si improvvisano dei cori e la notte si sfilaccia tra risate e nuovi amori».

Eppure c'è il governo al gran completo, con Prodi e Veltroni, e i segretari del centrosinistra, rinchiusi nel castello di Monte San Savino del 1150 dove Dante trascorse i primi giorni di esilio nel 1303, conteso tra guelfi e ghibellini e governato per qualche secolo dagli statuti di una comunità agricola. Una Todo Modo democratica e ulivista, in cui lo spirito dell'Ulivo è come quello della Chiesa indagato da Leonardo Sciascia, «una forza senza forza, un potere senza potere, una realtà senza realtà». Lo spirito prende corpo quando parla Veltroni: definisce l'Ulivo «un meticcio», senza il quale i partiti che lo compongono avrebbero perso le elezioni. Il partito dell'Ulivo non è all'ordine del giorno, «dipenderà dall'evoluzione del sistema politico e istituzionale», ma quando il processo sarà compiuto «nasceranno un partito dell'Ulivo e un partito del Polo». Lo spirito prende forma, è il sogno del Partito democratico.

L'altra anima, quella dei partiti esistenti, reagisce, colpisce. Il segretario del Ppi Marini ce l'ha con gli intellettuali: «Sento dire qui dentro: "Siete fermi al passato". Ma noi veniamo dal passato, abbiamo un'identità da difendere». E poi, vagamente minaccioso: «È che molti di voi non sanno niente di cultura contadina: l'ulivo è una pianta che cresce piano piano, a volte servono decenni. Altrimenti arriva la gelata e muore».

Il segretario del Pds è irritato, furioso. Da ore sente relazioni che esaltano la società civile contro i partiti. L'intervento di Paolo Flores d'Arcais, il combattivo direttore di "Micromega" futuro animatore dei Girotondi, lo ha convinto che bisogna finalmente eliminare ogni malinteso. «Io partirei dal tentativo di dare la risposta a un interrogativo. E cioè, che cosa è l'Ulivo?», attacca subito. Primo equivoco: l'Ulivo ha vinto le elezioni. Macché, replica D'Alema, «noi non abbiamo vinto le elezioni. Questo è un gravissimo errore di valutazione, e se si parte da un'analisi sbagliata della realtà se ne traggono conseguenze gravissime. Noi abbiamo perduto le elezioni. Le abbiamo perdute anche numericamente. Tra il '94 e il '96 le forze politiche che si sono poi raccolte nell'Ulivo hanno preso due milioni di voti in meno della destra. Questi sono i numeri che ho la cattiva abitudine di andare a leggere ogni tanto. Soltanto che sono stati combinati meglio in una grande operazione politica», la sua, quella che ha portato all'alleanza con Dini nel centrosinistra e alla separazione della Lega da Berlusconi. Secondo equivoco: l'esigenza di aprire i partiti alla società civile. «Noi non siamo la società civile contro i partiti. Noi siamo i partiti. È una verità indiscutibile», sferza D'Alema di fronte a una platea ammutolita, con Prodi e Veltroni in prima fila. «Non possiamo raccontarci queste storie tardo-sessantottesche. Abbiamo fatto un comitato... no. Siamo in una sede seria... se c'è qualcosa che somiglia ai partiti in ciò che di nobile sono stati nella crisi attuale, siamo noi, non sono gli altri. Io non conosco questa cosa, questa politica che viene fatta dai cittadini e non dalla politica. La politica è un ramo specialistico delle professioni intellettuali, con ciò abbiamo risolto il problema che ci angoscia da questa mattina... l'idea che si possa eliminare la politica come ramo specialistico per restituirla *tout court* ai cittadini è un mito estremista che ha prodotto o dittature sanguinarie o Berlusconi».

Terzo equivoco, l'Ulivo in sostituzione dei partiti: «Io non lo so se domani l'Ulivo non possa diventare il luogo culturale in cui si organizza una nuova grande formazione politica. Ma allora, vorrei dire, una nuova grande formazione politica per essere una cosa vera postula il superamento di quelle esistenti. Perché tutto sommato continuo a pensare che un soggetto politico debba organizzare un milione, un milione e mezzo di cittadini in un Paese che ha cinquanta milioni di abitanti, altrimenti non è un soggetto di nulla... Non mi si venga a dire che si fa una nuova formazione politica mantenendo i partiti che ci sono, siamo seri... Ché poi nasce il problema su chi è sovrano, c'è poco da fare». Il problema, insomma, è chi conquista l'egemonia, chi comanda: e su questo, c'è poco da fare, ha ragione D'Alema.

Le parole del segretario del Pds sono quasi uno shock: nessuno si aspettava un attacco così. D'Alema conclude e se ne va: da quel momento in poi non parteciperà più a nessuna iniziativa dell'Ulivo. Ancora nel 2002, in un convegno qualsiasi e quasi distrattamente, troverà il modo di dire: «Quello di Gargonza è stato uno dei discorsi più lucidi che mi sia capitato di fare». Prodi, in conclusione, prova a mediare: «Quello che importa è che siamo uniti sul programma del 21 aprile».

Oggi il giudizio del Professore è radicalmente diverso: «Gargonza nel 1997 è stato un momento importante perché nessuno si aspettava quello che successe. Doveva essere un confronto pacifico, costruttivo. Erroneamente pensavo che l'impasto fosse già fatto.

Quando D'Alema cominciò a parlare annunciando che sarebbe stato sincero pensai a un gioco retorico che si sarebbe concluso in un altro modo. Invece diede battaglia in modo esplicito, fu un discorso che aveva l'obiettivo di spaccare. La cosa più straordinaria fu che lasciò stupefatti anche i suoi. Ricordo molti deputati del Pds che vennero da me alla fine a chiedermi allibiti: "come te lo spieghi?". C'era una sola spiegazione, aveva paura che il governo dell'Ulivo potesse trasformarsi in un partito dell'Ulivo. Avrebbe perso il controllo di governo e partito e gli sarebbe sfuggito il suo costante disegno che il governo avrebbe dovuto essere necessariamente guidato da un ex comunista. Venimmo via da Gargonza sfilacciati, con un segno di desolazione. Io sono un ottimista esagerato, avevo ancora la speranza che fosse solo un momento tattico, non strategico. Mentre in seguito si è dimostrata una strategia precisa. Gargonza è uno spartiacque: la prima minaccia ufficiale al governo».

Ma le minacce non arrivano solo da D'Alema. Il paradosso di tutto il 1997 e dei primi mesi del 1998 è lo spettacolo di un governo impegnato a trascinare l'Italia nell'eurozona provando, come dice Prodi, a portarci «un Paese vivo, non un Paese morto». Il premier, Veltroni e Ciampi vanno avanti con ostinazione, nonostante i progetti contrapposti nel cuore dell'Ulivo. «Ma Prodi, chi è Prodi?», si chiede Eugenio Scalfari su "Repubblica" il 13 aprile 1997. «Un vanitoso, un testardo, un furbo, un dilettante, un politico fine, un politico stolto? Risposta: Prodi è esattamente il frutto dei nostri tempi, il frutto di una Seconda Repubblica che si prefigura ma non è ancora nata».

Un pezzo importante dell'establishment, quello che ama presentarsi come europeo, civile, modernizzante, non ci sta. Guarda con ostilità il percorso del governo, l'operazione euro, la debolezza e insieme la cocciutaggine del premier. Il partito No-euro, No-Ulivo, No-Prodi, è guidato da un quadrilatero composto dal governatore della Banca d'Italia Antonio Fazio, dal presidente della Fiat Cesare Romiti, dal presidente di Confindustria Giorgio Fossa, dal numero uno della Pirelli Marco Tronchetti Provera. Uniti nella richiesta di maggiori risorse per la crescita, ma in realtà dallo scetticismo sulla moneta unica. Il numero uno di via Nazionale, Fazio, non perde occasione di manifestarlo: «L'euro non sarà un paradiso, al massimo per l'Italia sarà un purgatorio», attacca.

«Non mi convince l'aria di questi giorni, la carta da giocare non è l'ottimismo della volontà ma i risultati», dice il 7 marzo 1998, quando ormai il traguardo è vicino. Tocca a Ciampi ribattere al suo successore: «Non mi sento un ottimista di maniera. Tutti i paesi andranno in Purgatorio, non solo l'Italia».

Il presidente della Fiat Romiti sceglie il 23 agosto 1996 la platea del Meeting di Comunione e Liberazione di Rimini, di certo non simpatizzante con il centrosinistra, per sferrare l'attacco all'Europa di Maastricht. Si traveste da uomo di sinistra: «La priorità è la disoccupazione, se ci fosse qualche vero beneficio dovremmo accettare un ritardo nell'ingresso nell'euro». Il 21 giugno 1997, di fronte ai ciellini della Compagnia delle Opere, attacca di nuovo: «La politica di questo governo rappresenta un grandissimo rischio per il Paese». Con il premier è un duello quasi quotidiano. Prodi dice che il capitalismo italiano è «a stanze chiuse»? E il presidente della Fiat sbotta: «Un'uscita poco felice!». Per fortuna, dice Romiti, c'è chi nel centrosinistra è più sensibile del premier: «Quando parlo si pensa a interessi di bottega, a chissà quali progetti politici [...] Meno male che c'è chi accoglie le mie parole in modo meno aprioristico: per esempio D'Alema». Gli attacchi finiranno, almeno per un po', quando il governo darà il via libera agli incentivi per la rottamazione delle auto.

Il presidente di Confindustria Fossa non è da meno: «Prodi cambi rotta o sarà spazzato via dal Paese», attacca il 7 dicembre 1996. «Prodi è partito con il piede sbagliato, si sta perdendo nelle mediazioni al ribasso che forse lo rafforzano nel breve periodo ma hanno un costo per il Paese», ribadisce il 13 marzo 1997. E il 10 aprile: «Non gli credo più, noi imprenditori sappiamo bene da dove viene: era il presidente dell'Iri...».

L'assedio culmina il 12 aprile, quando Mario Pirani su "Repubblica" interpella l'amministratore delegato della Pirelli Marco Tronchetti Provera, l'uomo che sogna di occupare il ruolo di portavoce della grande imprenditoria del Nord che fu di Gianni Agnelli (e che invece negli anni successivi sarà uno dei volti del declino italiano). «Questo governo ha una maggioranza che non è in grado di esprimere nessun progetto. È una maggioranza in logoramento che può portarci incontro a gravi choc», spiega Tronchetti. «Ci vuole un atto di responsabilità da parte delle forze politiche [...] Apprezzo e condivido buona parte delle dichiarazioni fatte da D'Alema [...] In una situazione come questa, il partito di maggioranza relativa deve assumersi la responsabilità di guidare il governo». «Questo governo è logoro, ora la guida tocca al Pds», titola il quotidiano diretto da Ezio Mauro. Un clamoroso avviso di sfratto, raccolto subito dai tifosi del segretario Pds nel centrodestra: «D'Alema sarà premier entro il 30 giugno», esulta Rocco Buttiglione. Ma anche da un pezzo importante del Pds, il capogruppo al Senato Cesare Salvi: «Condivido l'analisi di Tronchetti: c'è un rischio logoramento della maggioranza. E Prodi crede di essere stato eletto presidente degli Usa».

Nella scacchiera dei poteri ostili c'è un ultimo pezzo mancante. Il presidente della Cei cardinale Camillo Ruini che in quel periodo sta completando la sua presa di possesso della Chiesa italiana. E che tratta il premier cattolico di cui ha celebrato trent'anni prima il matrimonio, suo ex amico personale, come un avversario, un nemico da isolare. «L'Italia avrebbe poca strada da fare se non ci fossero credenti motivati che mettono la loro intelligenza e creatività al servizio della fede», spiega il cardinale al Meeting del '96 con il presidente della Fiat Romiti seduto in prima fila. Nelle sue prolusioni davanti ai vescovi nel '97 Ruini attacca la riforma scolastica del ministro Luigi Berlinguer, accusa il governo di «perdurante assenza di una politica familiare», segnala pensoso che «l'incertezza politica perdura, purtroppo, e non contribuisce certo a dare fiducia alla popolazione», e se proprio deve dire una parola buona è per la Bicamerale di D'Alema, «speriamo possa favorire la capacità di governo del Paese», in quel momento del tutto assente, evidentemente.

Il quotidiano della Cei "Avvenire" diretto da Dino Boffo amplifica e rilancia. Quando Prodi chiede di intervenire sulla scuola («il nostro disegno di legge chiude un'eredità dell'Ottocento, la fine di una lunga e ingiustificata contrapposizione. Non è un provvedimento di parte, neppure quella cui mi lega una comune ispirazione ideale e religiosa») è costretto a farlo con una lettera freddamente presentata ai lettori con la scritta «riceviamo e volentieri pubblichiamo». In un'altra occasione il premier scrive al giornale dei vescovi, un articolo che sembra giustificare l'evasione fiscale lo ha fatto infuriare: «Non è certo difficile spiegare ai lettori che conviene evadere le imposte piuttosto che operare in regola e usufruire delle facilitazioni [...] ma è un'affermazione che mi ha lasciato di sasso». E il mensile "Liberal" diretto dall'ex deputato Ferdinando Adornato in via di passaggio da sinistra verso destra diventa settimanale: nel primo numero scriverà Romiti, la Cei di Ruini assicurerà benedizioni e sostegno.

In primavera il governo sembra logorato, rischia la crisi sul dramma albanese, quando un'azione di respingimento della Marina italiana nel canale di Otranto si trasforma in una strage, con una motovedetta affondata, 57 morti e 24 dispersi. Nessun ministro, nessun dirigente di sinistra si fa vedere al porto di Brindisi («è un'assenza politica, umana», si dispera uno sconsolato Nanni Moretti in *Aprile*). «Il punto più basso dell'Ulivo», lo definisce Goffredo Fofi. Il governo recupera in autunno quando Prodi e i ministri vanno in missione al Nord per contrastare le spinte secessioniste della Lega: una strategia d'attacco modello pullman, uscire dai palazzi romani, tornare a parlare con gli imprenditori più che con i vertici di Confindustria. Alla fine la crisi tanto evocata per mesi arriva, ma si risolve in un boomerang per chi l'ha provocata. Nell'ottobre 1997 Rifondazione chiede una legge sulle 35 ore, lascia la maggioranza, apre la crisi. Ma la reazione popolare è inaspettata: «Bertinotti, mortacci tua!», gridano davanti a Palazzo Chigi sventolando le bandiere verdi dell'Ulivo. In 40mila si ritrovano in piazza Maggiore a Bologna, cori pro-elezioni anticipate, cartelli con mix fino a poco tempo prima impensabili («Avanti Ulivo alla riscossa!»), Veltroni festeggiato («Walter, è la prima volta che manifestiamo per un governo!»): «Bertinotti ha fatto la crisi per interesse di partito, aveva paura che l'Ulivo si rafforzasse troppo. Ma oggi l'Ulivo è ancora più forte!». E quando arriva Prodi è l'apoteosi: «Una piazza così piena di gente, ora che non c'è nessuna campagna elettorale mi commuove... No, non tutto è perso». Per la prima volta manifesta il popolo di internet, il fax è superato. I primi gruppi di discussione politica on line sono invasi da messaggi di protesta: «Fausto, è meglio che ti chiami Silvio». «Consegnate l'Italia alle destre». «Spero che Cossiga diventi premier e vi massacri alle prossime finanziarie».

Bertinotti è costretto a rientrare, l'Ulivo ha pagato un prezzo carissimo alla crisi di ottobre, ma ha sperimentato ancora una volta l'esistenza di un suo popolo. E che il marchio dell'Ulivo ormai sia diventato il più forte a sinistra lo dimostra il documento riservato intitolato «D'Alema99. Che facciamo nei prossimi due anni?», scritto da Claudio Velardi e Fabrizio Rondolino[3]. Già nel luglio 1997 lo staff di D'Alema ritiene che la partita sia persa: «Il Pds non diventerà mai il "grande partito della sinistra" di stampo europeo, la Cosa due non funziona [...] Viceversa un contenitore possibile c'è già: è l'Ulivo. Dobbiamo concepire l'Ulivo come il grande Pds, la Dc degli anni Duemila, e il comitato elettorale permanente di D'Alema. Dobbiamo comportarci con l'Ulivo esattamente come ci comporteremmo con il Pds: relazioni privilegiate, rapporti personali, struttura reticolare, attivazione di funzioni dove servono ecc. Con qualche disinvoltura, dovremo alternare l'uso del marchio Pds e del marchio Ulivo fino a creare, nella percezione dell'opinione pubblica, una sostanziale indistinguibilità dei due soggetti...». L'obiettivo è cambiato: con la Bicamerale D'Alema prova a proporre un modello semi-presidenziale e i suoi collaboratori intendono portarlo al Quirinale, «forte anche del successo di tre anni di governo dell'Ulivo (incassando i successi di Prodi, senza scontarne i difetti e le antipatie)». Perché una sola cosa è certa: «Lo stato del Pds è desolante. Il Pds, inteso come ceto politico, è un cane morto».

Farneticazioni? Così le liquiderà anni dopo D'Alema: «Io quei due li ho buttati fuori». Ma tutto quello che succede in quei mesi è coerente con il piano Velardi-Rondolino: la candidatura di Di Pietro nel collegio senatoriale del Mugello, fortemente voluta da D'Alema e decisa nella casa di Testaccio del suo assistente Nicola Latorre, l'operazione immagine giocata sulla figura del leader con la progressiva scomparsa del partito, culminata con il filmino di D'Alema che cucina il risotto (sempre a casa di Latorre) trasmesso da Bruno Vespa in una puntata indimenticabile di "Porta a porta". Infine, il segretario che aveva difeso la sacralità del partito contro la società civile, che gridava alla scomparsa della democrazia se fossero spariti i partiti accetta di cancellare il simbolo del partito da lui guidato dal manifesto che più dovrebbe stargli a cuore: il suo.

[3] In A. Sardoni, *Il fantasma del leader. D'Alema e gli altri capi mancati del centrosinistra*, Marsilio, Venezia 2009, pp. 303-323.

«La nuova Italia per la nuova Roma», strilla la scritta sopra una foto di D'Alema sorridente: il simbolo di partito, per la prima volta nella storia elettorale, non c'è. Le comunali di Roma del novembre 1997 sono la prova generale del partito del Leader. Il segretario si candida capolista del Pds in sostegno di Rutelli, il suo staff si mobilita. «Sezioni, militanti, roba vetero. Servono eventi, stampa, tv! Il leader ha un rapporto diretto, non mediato con il Paese», teorizza Rondolino secondo la testimonianza di Roberto Cuillo[4]. Finisce male, però: Fini capolista di An raccoglie oltre 62mila preferenze, D'Alema poco più di 36mila (e Rutelli, come sindaco di tutta la coalizione, 985mila voti). Magro risultato, la nuova Italia dalemiana dovrà attendere. O tornare a metodi, per così dire, più tradizionali.

In un ristorante dalle parti dell'Aquila sta per terminare un'allegra cena natalizia. Scambi di auguri, molti bicchieri di buon vino, barzellette, risate. Si cazzeggia per tutta la sera, c'è il presidente del Senato Nicola Mancino accanto all'ex premier Ciriaco De Mita, il ministro della Difesa Andreatta è arrivato con Pierluigi Castagnetti, tutto lo stato maggiore del Ppi, il secondo partito di governo, si ritrova alle feste attorno al suo leader Franco Marini. Di politica si parla solo alla fine, quando tutti sono un po' ubriachi ed esausti. È a quel punto che si è più vulnerabili, Marini che per una vita ha condotto interminabili trattative ai tavoli sindacali sa bene quando arriva il momento di calare la carta vincente. Le voci si abbassano quando parla il segretario. «Berlusconi incombe, D'Alema non sta fermo», dice Marini. «Noi stiamo con il governo e con Prodi, sia chiaro. Ma dovremo prepararci a un'evoluzione perché i comunisti vorranno contare di più». «Disse proprio così: prepariamoci a un'evoluzione», ricorda Castagnetti. «Era surreale: avevamo mangiato e bevuto, era quasi notte e Marini ci annunciava che Prodi andava bene, però che se D'Alema avesse chiesto un ruolo più importante noi del Ppi avremmo dovuto cedere. Io intervenni per dire che era un'ipocrisia, Andreatta parlò dopo di me e fu molto più duro ed efficace. Ma la cena era ormai finita e tornammo a casa». E il 1998 sta per iniziare.

[4] L. Telese, *Da fedelissimo del Capo a pentito: vi racconto D'Alema e il suo staff*, in "Il Giornale", 3 giugno 2001.

Capitolo 4

Ottobre

Prodi ha conservato per cinque anni sulla sua scrivania di presidente della Commissione europea a Bruxelles quel bigliettino di Giulio Santagata, cacciatore per passione: «Tra quindici giorni entriamo in Europa, il 2 maggio si apre la stagione della caccia: ricorda, tu non sarai il cacciatore». Il Professore si diverte moltissimo, ripete la battuta a Walter Veltroni: «Domani si apre la caccia alla volpe». Il 3 maggio c'è la festa dello storico obiettivo raggiunto, in piazza del Campidoglio, c'è l'Ulivo, stretto attorno al suo governo e ai suoi leader. C'è anche Ciampi, con Napolitano, Prodi arriva con D'Alema, chiusi dalla folla in un solo abbraccio: «Romano-Romano Massimo-Massimo». In piazza bandiere dell'Ulivo e dell'Europa, cantano Annalisa Minetti, Ivana Spagna e Alex Baroni. Sarà l'ultima festa, l'ultima foto di gruppo, l'ultimo momento di unità. «Due giorni dopo andai in visita ufficiale a Washington dal presidente Clinton, nelle stesse ore ci fu la tragedia della frana di Sarno e qualcuno scrisse che mentre si spalava nel fango io stavo a divertirmi in America», ricorda Prodi. Il 6 maggio è anche il giorno in cui D'Alema conclude un convegno dei Ds sulle ferrovie. E sceglie l'occasione per spedire il suo messaggio: «Ora dobbiamo darci nuovi obiettivi, tutti devono capire che non è l'ora della ricreazione. Raggiunto il traguardo dell'euro dobbiamo immediatamente far partire la fase due del governo». Commenta Prodi: «Capii che Santagata aveva ragione: la caccia era cominciata».

L'Italia entra ufficialmente nell'euro il 2 maggio, il via libera in realtà era arrivato all'inizio dell'anno: «Ce l'abbiamo fatta!», si entusiasma il ministro Ciampi sul suo diario il 2 gennaio. «Telefono a Prodi (che è sulla neve). Quando lo rivedo per la prima volta nel nuovo anno, mi abbraccia (dopo essersi scherzosamente inchinato)»[1]. Nel 1998, al momento dell'ammissione nell'eurozona, il Pil è a più 1,4, il rapporto deficit/Pil è al 2,7 per cento, il rapporto debito/Pil è sceso nei due anni del governo Prodi dal 120,6 al 114,9 per cento dopo l'ultima manovra finanziaria da 62.500 miliardi, il tasso di disoccupazione all'11,3.

Risultati che si aggiungono a qualcosa che non è mai successo, il mantenimento della promessa di restituire l'eurotassa che è stata indispensabile per entrare nella moneta unica. Non c'è solo l'euro: la riforma della scuola del ministro Berlinguer, la riforma della sanità di Rosy Bindi, la Turco-Napolitano sull'immigrazione, il contestatissimo pacchetto Treu sul mercato del lavoro, la commissione Onofri sulla riforma del welfare... E c'è un altro segno positivo, tutto politico: in quel momento, nonostante il silenzio del centrosinistra sul conflitto di interessi, Berlusconi come avversario non esiste più. È indebolito da una malattia ed è irrilevante politicamente: ogni giorno qualche esponente del suo schieramento invoca l'avvento di un Prodi del centrodestra. Per quella figura c'è un personaggio più corteggiato di altri: il commissario europeo Mario Monti. Ma il governo è debolissimo sul piano istituzionale e politico. Per la politica italiana l'Ulivo continua a non esistere, non c'è. È come l'Europa, un'entità astratta, senza telefono, sede, leadership. E infatti già qualche giorno dopo l'ingresso nell'euro il governo comincia a vacillare. Al punto che già a metà maggio Ciampi minaccia le dimissioni: «Palazzo Chigi. Preannuncio a Prodi mia lettera con la quale metto a disposizione la titolarità del Tesoro. Prodi preoccupato» (14 maggio). Qualche giorno dopo Ciampi mostra la lettera al presidente Scalfaro in una cena a Castelporziano insieme a Giorgio Napolitano e mogli. Ed è qui che a Palazzo Chigi si comincia a immaginare un cambio di passo: il governo dell'Ulivo non basta più, serve un partito dell'Ulivo che lo affianchi e lo sostenga con più forza. Sintetizza Parisi: «Nel momento in cui si ipotizza una soggettività nuova inizia una guerra che viene tenuta sospesa perché c'è l'obiettivo dell'euro. Quando la corsa verso la moneta unica arriva al termine finisce la guerra fredda e comincia il combattimento».

[1] Gentiloni Silveri, *Contro scettici e disfattisti* cit., p. 96.

I primi spostamenti di truppe, le prime scaramucce alla frontiera risalgono all'inizio dell'anno. Un segnale sono le dimissioni dalla presidenza della Rai del critico Enzo Siciliano, nominato da Veltroni nei primi mesi di governo dell'Ulivo. Al suo posto arriva un cda più vicino ai partiti e un nuovo direttore generale, Pier Luigi Celli, scelto dalla segreteria D'Alema: come sempre la Rai anticipa di qualche mese le svolte della politica. A febbraio si riuniscono a Firenze gli Stati generali della sinistra, il passaggio che darà il via libera ufficiale alla Cosa due: via dalle radici della Quercia il simbolo del Pci, sostituito dalla rosa del Partito socialista europeo. E ritocchino al nome: sparisce la parola "partito", correzione non da poco per chi ha sempre proclamato la necessità di difendere i soggetti tradizionali.

È passato un anno dal Palaeur, il progetto dalemiano di diventare il Blair italiano e il gran riformatore della carta costituzionale si è infranto. Sulla Bicamerale sta per abbattersi l'anatema del magistrato di Mani Pulite Gherardo Colombo, intervistato da Giuseppe D'Avanzo sul "Corriere": «È fondata sul ricatto». A D'Alema non resta altro che costruire la Cosa due, il mito del paese normale in cui il segretario del maggiore partito è anche capo del governo. E torna con sempre più durezza ad attaccare l'Ulivo: «Non sono un ulivista, sono un ovicultore. L'Ulivo è una realtà complessa, dobbiamo preservarlo da un disegno astratto, giacobino». Veltroni, seduto alle sue spalle, si agita, muove i piedi, chiacchiera con la Finocchiaro. E dal palco va in scena l'ennesimo scontro, sempre più crudo, tra D'Alema da un lato, Prodi e Veltroni dall'altro.

Il vice-premier va all'attacco come mai prima: «Io vedo una grande sinistra in un grande Ulivo. Ma non si può dimenticare che nel 1996 l'Ulivo ha preso più voti che la somma dei partiti che lo compongono e che a Roma alle ultime amministrative la coalizione ha preso 250mila voti in più, quanti quelli del Pds: elettori che non votano per nessun partito, semplicemente di centrosinistra». Macché, replica velenoso D'Alema, «l'Ulivo ha vinto grazie ai partiti, senza i nostri sedici milioni di voti la forza elettorale dell'Ulivo sarebbe pari a Alleanza democratica», il movimento che nel 1993 fu sponsorizzato a Botteghe Oscure proprio da Veltroni. E c'è l'incomodo che sale nel gradimento dei militanti, il segretario della Cgil Sergio Cofferati detto il Cinese: «Una sinistra moderna non teme la globalizzazione, la utilizza per difendere le persone più deboli, non teme il mercato, introduce regole».

L'Ulivo comincia a gelare davvero il 25 febbraio. Quel giorno si costituiscono i gruppi di Camera e Senato dell'Udr, il movimento di centro fondato dall'ex presidente Francesco Cossiga, in cui trovano riparo ex Cdu di Buttiglione, ex Ccd di Casini, i mastelliani (di Mastella), ex Forza Italia e perfino ex An. Una transumanza dal centrodestra verso il centro e il centrosinistra che dovrebbe sulla carta rafforzare il governo, ora c'è un'alternativa a Rifondazione, «per Prodi si è aperto il secondo forno», ironizza Marco Follini, esperto di astuzie democristiane. Per Cossiga è il ritorno in grande stile sul palcoscenico della politica dopo gli anni del Quirinale e le picconate di fine mandato: conosce la politica, usa la comunicazione, sa valutare gli uomini in campo. «I quattro gatti», «gli straccioni di Walmy», sono la piccola truppa trasformista con cui l'ex presidente intende determinare le scelte di Prodi e di Berlusconi. Si tolgono parlamentari a Forza Italia, ma il vero obiettivo è condizionare la sinistra. Cossiga entra a Palazzo Chigi, va a cena con Prodi, Enrico Micheli e Arturo Parisi, li rassicura, li blandisce. E invece è un altro passo che si fa verso l'addio all'Ulivo: il nuovo partitino centrista punta a scardinare il bipolarismo, teorizza l'alleanza con i Ds di D'Alema senza passare dall'Ulivo, vuole far saltare in aria la coalizione che ha vinto le elezioni. Già in occasione dei voti sul Dpef e sull'allargamento della Nato ai Paesi dell'Est aggiunge i suoi voti a quelli della maggioranza. A sottolineare che quelli di Rifondazione, ormai, sono superflui. Nella speranza di scatenare la reazione di Bertinotti. Non tarderà.

In quell'inizio estate 1998, come alla vigilia dello sparo di Sarajevo, ogni esercito comincia a mettersi in posizione di attacco. Solo l'Ulivo non si organizza, o meglio non ha il tempo di farlo. Il Movimento per l'Ulivo, affidato a Marina Magistrelli, prova a darsi una struttura: la prima tessera va a Prodi, la seconda a Veltroni. Tra mille tensioni, nasce il coordinamento dell'Ulivo in cui sono presenti tutti i segretari, si riunisce per la prima volta nella sala sopra il ristorante Le Lanterne, sul retro di Palazzo Colonna che affaccia in piazza Santi Apostoli. Sul podietto c'è solo la coppia che guida il governo, Romano e Walter, i segretari sono tutti seduti di fronte, non molto entusiasti di essere stati ricacciati in platea.

A luglio Cossiga convoca il congresso fondativo dell'Udr, «se l'amico Prodi vuole entrare tra i socialisti, essere il nostro Alain

Delors, lo rispetteremo» (così infatti Cossiga chiama per sfotterlo l'ex presidente della Commissione europea, il cattolico e socialista Jacques), ma l'interlocutore è sempre più D'Alema. Il segretario dei Ds, non più presidente della Bicamerale, prova a dialogare con il Polo che chiede una commissione di inchiesta su Tangentopoli ma viene bloccato dagli ulivisti e si infuria. Se ne parla anche nel Consiglio dei ministri, interviene Ciampi in una delle rare uscite fuori dalle materie di sua competenza: «La Commissione suscita sconcerto profondo e crescente della pubblica opinione. Il governo non può venir meno al dovere di essere un punto di riferimento. "Questione morale" è lo spirito di questo governo»[2]. E nei Ds il fronte pro-Ulivo si allarga. Oltre a Veltroni e a Mussi c'è il sindaco di Napoli Antonio Bassolino, punto di riferimento della sinistra interna, che chiede la convocazione di una «costituente dell'Ulivo». Un appello che fa infuriare D'Alema: «Una costituente del nulla!», attacca alla direzione del partito. «A destra provano a costruire nuovi partiti mentre noi ci stiamo impegnando a dissolvere quelli che abbiamo».

«Questa regola non contiene la totalità di ciò che è giusto», recita la regola benedettina. Lo spirito che accoglie il visitatore del convento di Camaldoli, fondato da san Romualdo nel 1025, essenziale per chi è in ricerca di cieli nuovi e terre nuove. I camaldolesi arrivarono negli eremi della foresta del Casentino al passaggio del millennio, nel 1943 i professorini della Cattolica e della Fuci futuri protagonisti della ricostruzione, da Pasquale Saraceno a Ezio Vanoni, scrissero il Codice di Camaldoli, il programma della nascente Democrazia cristiana. Da allora chi sale fin qui ha la stessa ambizione: ricostruire il pensiero politico dei cattolici in un'età di transizione. Camaldoli diventa un luogo simbolo dei prodiani e dell'Ulivo nell'estate '98, alla vigilia della Grande Guerra nel centrosinistra. Niente scorte, le macchine blu restano alle porte del minuscolo paesino. Niente comunicati stampa, i pochi giornalisti si accomodano sotto una pinetina, al fresco. Niente giacca e cravatta, il maglione blu sulle spalle è quasi una divisa d'ordinanza per gli uomini che governano l'Italia e che sono saliti fino a Camaldoli per discutere tra di loro.

[2] Ivi, p. 99.

Nel 1943 l'incontro dei giovani intellettuali cattolici fu interrotto dalla guerra, nel 1998 i lavori si bloccano per vedere insieme davanti all'unica televisione disponibile il quarto di finale dei mondiali di calcio Italia-Francia. Grande delusione quando il romanista Gigi Di Biagio sbaglia il rigore decisivo, poi si riprende.

A organizzare l'incontro è stata la rivista dei padri dehoniani di Bologna "Il Regno", il tema è «responsabilità e scelte dei cristiani nell'Italia bipolare», quasi a creare un fronte alternativo a quello che va da Ruini a Cossiga e che vuole affossare il bipolarismo. «Nella transizione i cattolici non sono stati scavalcati dal cambiamento, né hanno assolto a un ruolo di retroguardia. I referendum sul maggioritario sono stati guidati dai cattolici», spiega il caporedattore del "Regno" Gianfranco Brunelli, motore del convegno. Intervengono intellettuali (Pietro Scoppola, Achille Ardigò), teologi (Edoardo Benvenuto), ministri (Andreatta, Bindi, Flick), preti (don Vinicio Albanesi), l'incontro è a porte chiuse e si può discutere a ruota libera. «Siamo una minoranza intensa, un manipolo di cristiani circondati dalla diffidenza delle gerarchie ecclesiastiche che hanno contribuito a sviluppare la democrazia con i referendum, a difenderla da Berlusconi con Dossetti e a favorire l'ingresso in Europa con l'Ulivo. Ora vedo tornare sentimenti di revanchismo cattolico», descrive il gruppo ulivista il deputato Franco Monaco.

Prodi parla a braccio, in maniche di camicia, si sfoga, quello di Camaldoli è forse l'intervento più politico dei due anni e mezzo a Palazzo Chigi, sull'Ulivo tutto da fare, «perché quello che c'è ora l'abbiamo messo insieme a freddo». E sulla fatica di governare:

C'è una parte della società italiana che non accetta l'autorità dello Stato, non accetta l'Europa e favorisce la frammentazione politica. Sono l'ultimo keynesiano esistente sulla faccia della terra, quando vedo imprenditori che predicavano il rigore e volevano vedere impiccati tutti e ora improvvisamente ci accusano di non fare niente sull'occupazione, come se io avessi ereditato un bilancio in attivo, mi viene da chiedermi che paese è mai questo.

Il bipolarismo per me è un riformismo moderno, smontare e rimontare il Paese pezzo per pezzo. Se in questa macchina vengono inserite dosi di esplosivo il nostro lavoro si complica. Ho fatto politica per abbattere la barriera laici-cattolici. L'Ulivo è nato da un'emergenza democratica, la sentivo forte ieri e la sento anche oggi, la commistione affari-media di Forza Italia non ha uguali al mondo. Ma l'Ulivo non è un'alleanza strumentale, è un'alleanza per il governo ma è anche il grande fatto di una società che passa da un modello ideologico a una sua auto-organizzazione. Come governo non ho più il sensore della società, non ho più nessuno che mi viene a dire cosa si muove di nuovo. Come faccio a saperlo? L'Ulivo è l'unico strumento possibile. Non ho mai avuto un sondaggio a favore, solo il giorno delle elezioni, non so se ho bruciato le speranze e se sono riuscito a tenere fede alle promesse, so che questa è la nostra missione.

È il momento più delicato per gli uomini di Palazzo Chigi, quello in cui o si rilancia o si molla tutto, o si passa alla fase due dell'Ulivo, la costruzione del partito di Prodi e di Veltroni, o si torna a vivacchiare, a tirare a campare aspettando la fine. Ottimismo e pessimismo si mescolano, come dimostra la trascrizione di un lungo intervento dello stratega prodiano Parisi durante una riunione ristretta e riservata del Movimento per l'Ulivo in una sala di Palazzo Rospigliosi, a due passi dal Quirinale. È l'11 luglio, alla caduta del governo mancano appena tre mesi, in questi appunti del sottosegretario di Prodi e reale motore dell'Ulivo c'è la fotografia di tutti gli umori di Palazzo Chigi: speranze, paure, prospettive. In un momento in cui tutti i giochi sono ancora aperti. È possibile, a metà del 1998, che il governo Prodi riesca a superare il terzo anno di vita e avviarsi a fine legislatura, che riesca a eleggere un presidente della Repubblica del centrosinistra e che vinca unito le elezioni europee. A quel punto, con Berlusconi politicamente sconfitto, l'Ulivo potrebbe finalmente sostituire i partiti esistenti:

In politica c'è il tempo della guerra e quello della navigazione. Noi siamo in quello della navigazione, ma quanto può durare? Lo strumento più banale della politica resta il calendario. Se noi fossimo in un paese normale la nostra data di riferimento sarebbe il 21 aprile 2001, la scadenza della legislatura. Invece dobbiamo fare i conti con altre due date: il 2 maggio 1998, il giorno dell'ingresso in Europa, e il 2 giugno 1998, la fine della Bicamerale. Oggi un equilibrio si è consumato. Le due date, al di là dei significati diversi e opposti, hanno cooperato a concludere il processo. La Bicamerale, dal procedimento incerto e dall'esito disastroso, ha mantenuto una collaborazione tra le forze politiche. Sull'euro credo che difficilmente si ripeterà una storia di successo di queste dimensioni: un governo e una maggioranza hanno scelto un obiettivo, uno e uno solo, condiviso interamente dal Paese, infine certificato da un arbitro imparziale, la comunità internazionale. È stata una stagione eccezionale da cui dobbiamo prendere commiato: anche l'amore ha le sue stagioni, dopo il primo bacio ci sono altre emozioni.

Cosa sarebbe successo se avessimo mancato l'obiettivo? Ce lo dobbiamo chiedere, anche perché tra poco la rosa dell'ingresso nell'euro farà sentire le sue spine. Dobbiamo prepararci in futuro a sentirci rinfacciare questa scelta.

Dobbiamo dar conto della realizzazione del progetto e del soggetto. Il primo obiettivo, raggiunto in condizioni eccezionali, ha condizionato il secondo: la costruzione in Italia di un bipolarismo competitivo.

Siamo in ritardo. Siamo all'interno di un processo di transizione cominciato il 18 aprile 1993. Siamo in una fase in cui c'è il dis-apprendimento delle vecchie regole e dei vecchi comportamenti e l'apprendimento delle nuove istituzioni. Non dobbiamo sorprenderci né per quelli che vogliono rifare la Dc, né per quelli che vogliono comprare il biglietto per Craxi, né per D'Alema e per le sue tentazioni frontiste o consociative, né per la gerarchia ecclesiastica sotto influsso dell'esperienza polacca o meglio che ragiona da ex dc.

Tutto può tornare in causa. Abbiamo davanti le elezioni del nuovo presidente della Repubblica e le elezioni europee. Il decorrere del tempo è un valore in sé, la gente intanto si abituerà alle nuove regole del gioco. Ma proprio per questo nei mesi dopo l'estate saremo a rischio di comportamenti irresponsabili, perché le forze in campo potrebbero essere tentate di rompere. Per irresponsabilità, nel caso di Rifondazione. O per calcolo, nel caso di altri.

Questo è l'Ulivo nell'estate 1998: in bilico tra il successo definitivo e l'eliminazione.

La mattina del 4 settembre, dopo la pausa estiva, per la quarta e ultima volta, si riunisce il coordinamento nazionale dell'Ulivo. Ci sono tutti i segretari, nella solita sala sopra il ristorante di palazzo Colonna, è stato predisposto un buffet, «allontanate Cesare Salvi dai panini...», scherza Veltroni accanto a Prodi in camicia, il clima però è tutt'altro che allegro. Si schierano nella sala come giocatori di squadre diverse, Prodi e Veltroni da una parte, con i sindaci Rutelli e Bassolino, D'Alema e Marini dall'altra, quasi tutti i rappresentanti degli altri partiti sono con la coppia dei segretari. È il momento in cui gli ulivisti spingono per dare forza politica al governo, Prodi invoca «una casa comune» per tutti i partiti dell'Ulivo alle elezioni europee ormai imminenti, l'annuncio di una lista unitaria, si dice disposto a riprendere «il cammino delle riforme», come dire che dove ha fallito D'Alema può riuscire il governo. Ma i rapporti sono deteriorati, l'incontro del coordinamento, una specie di superdirezione dell'Ulivo, dovrebbe servire a rilanciare la coalizione e invece si trasforma in uno scontro sotterraneo di linee, strategie, uomini. Con D'Alema che apre all'ingresso di «forze moderate» nella maggioranza, l'Udr di Cossiga. E Marini che attacca: «Il governo vive alla giornata». Alla crisi, a questo punto, manca appena un mese.

Prodi: «È l'inizio di un nuovo anno politico. L'alleanza si è ampliata e rafforzata. Guardo con rispetto all'intenso dibattito interno a Rifondazione, mi auguro che ritrovi la sua unità nell'appoggio al governo. L'Ulivo non è stabile per durare, ma per governare. C'è stata la restituzione dell'eurotassa, la riforma della scuola, la liberalizzazione del commercio, la riforma dell'agricoltura, la legge sull'immigrazione, è cominciata a diminuire l'evasione, faremo una Finanziaria meno gravosa del previsto... Ora dobbiamo far riprendere il cammino delle riforme costituzionali da dove la commissione D'Alema l'ha lasciato, ha fatto un lavoro straordinario interrotto da Berlusconi. Questa maggioranza ha il dovere di prepararsi alla prossima legislatura e di prepararsi a vincere. Le elezioni europee del 1999 avranno un'importanza enorme per come ci presenteremo. Dobbiamo dare un messaggio di coerenza, forme nuove, una casa comune per le forze dell'Ulivo e per i cittadini che si riconoscono nell'Ulivo e non in uno solo dei partiti. Dobbiamo trovare il modo di presentare in Europa l'Italia dell'Ulivo. Se non lo faremo ci sarà la sconfitta».

Antonio Maccanico (ministro delle Poste): «Nel mio campo il 90 per cento del programma è stato attuato. Il fallimento della Bicamerale però colpisce anche noi. Il modo con cui l'Ulivo ha condotto la questione non è stato esaltante. Se la legislatura si chiuderà senza risultati non potremo fare la campagna elettorale dando la colpa a Berlusconi».

Francesco Rutelli (sindaco di Roma): «Vedo un atteggiamento rinunciatario, se il Polo cambia cavallo rischiamo la frana elettorale.

Bisogna allargare il recinto, i sindaci hanno fatto esattamente questo. Vinciamo se siamo innovativi».

Franco Marini (Ppi): «Adesso siamo tutti distesi per le ferie ma un mese fa eravamo in difficoltà, l'avversario dopo un periodo di crisi si è risvegliato. Che cos'è questa riunione? L'Ulivo appare diviso su tante cose. Mi auguro che Rifondazione non arrivi alla rottura, ma resta il fatto che abbiamo vissuto alla giornata».

Massimo D'Alema (Ds): «Sono completamente d'accordo con Marini. Facciamo funzionare la coalizione dove si discute, si analizza, si decide. La vera verifica è quella sociale, riscrivere un patto in cui si abbia il coraggio di rimettere in discussione corporazioni, privilegi. Il governo non deve aprire trattative con Rifondazione, noi li dobbiamo incalzare come Ulivo. Non è giusto programmare a tavolino maggioranze variabili, ma non demonizzo affatto l'ingresso nel centrosinistra di altre forze moderate, l'Udr di Cossiga».

Antonio Bassolino (sindaco di Napoli): «Rifondazione deve spiegare il paradosso per cui è stata con noi quando c'era da approvare la Finanziaria di Maastricht e si sfila quando diamo vita a un nuovo patto sociale. Può non piacere quando io parlo di costituente dell'Ulivo, resta il fatto che l'Ulivo deve essere un'alleanza politica e strategica di lungo periodo di tutti i riformisti italiani. Servono nuove forme di legittimazione sul territorio, per evitare verticismi, fughe in avanti, terzi poli e altri errori».

Alberta De Simone (Ds): «L'Ulivo appariva come una novità, dal 2 maggio la novità si è appannata. La coesione ha lasciato il posto alla conflittualità sul territorio tra i partiti sul terreno del potere. Per amor di verità, diciamocele queste cose!».

Giorgio La Malfa (Partito repubblicano): «Qui sono più i problemi evitati di quelli affrontati. I partiti dell'Ulivo scompariranno? Chi pensa di dare vita a un partito dell'Ulivo si troverà di fronte chi – come me – il suo partito vuole tenerlo in vita».

Walter Veltroni (vice-premier): «La discussione di oggi ha messo in evidenza che è l'Ulivo il luogo in cui si discutono i problemi. In vista delle europee dobbiamo valorizzare i risultati: abbiamo annunciato la restituzione dell'eurotassa, non è cosa da poco. La comunicazione non sono gli spot, è la coincidenza dei messaggi. La maggioranza deve restare quella scelta degli elettori, aggregazioni sono possibili ma senza operazioni trasformistiche».

«Camera respinge fiducia governo». Il primo flash dell'Ansa è delle 13.07 di venerdì 9 ottobre 1998, seguito dal secondo a distanza di pochi secondi: «I voti contrari al governo Prodi sono stati 313, i sì sono stati 312». E poi: «Prodi sorride nonostante il voto sfavorevole mentre stringe le mani ai deputati della maggioranza. Amareggiato? "No", risponde, "la coerenza è stata grande da parte di tutti"».

Esiste un prima e un dopo il 9 ottobre 1998 nella storia del centrosinistra, ma anche della Seconda Repubblica. L'attentatore in apparenza solitario che cambia il corso delle cose, il Gavrilo Princip che si alza dal nulla e uccide il governo Prodi, il Lee Oswald dell'Ulivo è un oscuro deputato siciliano, Silvio Liotta di Partinico, nel 1994 deputato di Forza Italia e presidente della Commissione Bilancio, rieletto nel '96 con il partito berlusconiano e transitato durante la legislatura nella lista Dini e dunque nel centrosinistra. Quel 9 ottobre compie 63 anni, si alza dal suo banco alla Camera alle 11.50 e chiede al presidente Violante di parlare «in dissenso dal gruppo». La sua è una dichiarazione brevissima: «Voterò contro la fiducia al governo. Si è fatto appello a una maggioranza che oggi non esiste più». Quando si risiede dai banchi del centrodestra non smettono di applaudire. Per un premier che cade, Prodi, c'è un leader che risorge, si chiama Berlusconi. «Ho telefonato a Liotta e agli altri fuorisciti del Polo, ma non sapevo come avrebbero votato», si esalta il capo di Forza Italia. Ma quello di Liotta non è uno sparo isolato. Da molti mesi si preparava la rivoluzione d'ottobre: non ci sono tumulti, non ci sono prese del Palazzo di Inverno, la conquista di Palazzo Chigi da parte del primo (e ultimo) iscritto al Pci avviene nel silenzio. La sinistra post-comunista che porta il suo leader alla guida di governo grazie a un accordo di palazzo e alla sponsorizzazione di Francesco Cossiga, si conferma, all'apice del suo successo, figlia di un dio minore. Nessuna bandiera rossa si alzerà per festeggiare l'evento. Non è una rivoluzione, semmai una controrivoluzione. La Restaurazione di Ottobre.

Fiamme a Roma e in Sicilia. Come in tutti i grandi gialli politici della storia, anche la vigilia della caduta del governo Prodi è densa di premonizioni. C'è perfino un misterioso doppio incendio che precede la giornata decisiva, la famosa notte in cui secondo una delle leggende più dure a morire su quella vicenda Arturo Parisi avrebbe sbagliato i conti sul voto di fiducia. Racconta Parisi: «Eravamo a cena al ristorante, c'era anche Di Pietro. Fummo chiamati perché c'era un incendio a Palazzo Theodoli, adiacente a Palazzo Chigi». Ricorda Prodi: «Era un grosso incendio. Eravamo nel cortile a seguire lo spegnimento e intanto facevamo i conti, si era capito che andavamo sotto. I numeri non c'erano».

Bisogna immaginare la scena: una nuvola di fumo nero, quindici mezzi dei vigili del fuoco all'opera fino all'alba per spegnere il fuoco provocato da un cortocircuito e in mezzo alle sirene, i pompieri, l'acqua, due uomini in piedi, il presidente del Consiglio e il suo sottosegretario, che ripassano il numero di incerti e indecisi. C'è la telefonata a Irene Pivetti, ex leghista ora deputata con Dini, a Milano perché appena diventata mamma di Ludovica. «Il mio voto è indispensabile?», chiede. «Potrebbe esserlo», risponde il premier. «Insomma: lei sta dentro o fuori?». La risposta arriverà il giorno dopo: la Pivetti non tornerà. Parisi: «Ci arrivò la notizia che Berlusconi aveva messo a disposizione un aereo per far tornare quattro deputati dagli Stati Uniti: erano già dati per persi ma dimostrava l'impegno che stavano mettendo sul voto. Liotta non fu una sorpresa, sapevamo che si stava spostando ma ci avevano detto che non sarebbe venuto. Più tardi abbiamo saputo, è stato raccontato da Violante, che c'era stato un incendio in Sicilia e che Liotta l'aveva interpretato come un'intimidazione per farlo venire a votare contro il governo. Ma allora questo nessuno lo disse. Non penso peraltro che avrebbe modificato più di tanto la nostra linea di condotta. Pensavamo che al massimo non avrebbe partecipato al voto. Vedendolo la mattina in Parlamento pensavamo fosse venuto per sostenere il governo. Invece era venuto per votare contro». Caso strano, tra gli uffici coinvolti nell'incendio di Roma, c'è anche quello di Liotta.

È il delitto politico perfetto: quello in cui, in genere, i mandanti sono di destra e gli esecutori sono di sinistra. Ma anche, ha scritto Fabio Martini, «una leggenda nera»[3] insolitamente diffusa dai vinti (i prodiani) e subita dai vincitori (D'Alema). Il leader di Rifondazione Bertinotti non resiste a se stesso, procede a costo di

[3] F. Martini, *La vera storia della caduta di Prodi*, in "La Stampa", 8 ottobre 2003.

spaccare il suo partito (i fedeli di Armando Cossutta si scindono) e di buttare via il governo più a sinistra della storia repubblicana, a detta di tutti i suoi nemici. Fa la crisi su una legge Finanziaria, sui ticket sanitari e sull'aumento dei testi scolastici. «Questa maggioranza è di impianto moderato!», sentenzia nel discorso nell'aula di Montecitorio. Stando attento ad arrotare la erre, in un tripudio di narcisismo, conclude: «Noi vorremmo essere gli eredi di Marx, siamo sicuramente eredi di quello che ci ha lasciato Gandhi: volevate piegarci ma non ci avete piegato!». L'ultima a votare, il no numero 313, è della deputata veneta Tiziana Valpiana. È stata incerta fino all'ultimo tra Bertinotti e Cossutta, tra il suo partito e l'Ulivo. Passa tra i banchi del governo, soffia il verdetto. Quando sul tabellone appare la scritta: «Valpiana ha votato No», la destra esulta. Il governo cade, il delitto è compiuto.

Mentre il capo di Rifondazione si lancia nella sua personalissima marcia del sale in Transatlantico, sul versante opposto Cossiga spedisce da Prodi i suoi ambasciatori. A tenere i contatti con l'ex presidente c'è Parisi, amico di vecchia data, cresciuto negli stessi ambienti di Sassari, la parrocchia di San Giuseppe di monsignor Giovanni Masia, l'ex presidente si vanta di averlo conosciuto con i calzoni corti, lo chiama "Artullo". «Cossiga lavorava alla scomposizione dell'Ulivo. La mattina del 9 ottobre lo chiamai per l'ultima volta. "Ti segnalo che i voti non ci sono, vedi tu". Lui mi rispose soltanto: "È arrivato il momento di distruggervi". Doveva finire l'equivoco che esisteva una soggettività diversa e superiore ai partiti formata nella primavera del '95. Un obiettivo che D'Alema condivideva».

Tra i più attivi a cercare un accordo c'è il segretario dei Ds. «Cossiga aveva votato in estate per l'allargamento della Nato. D'Alema ci ripeteva: qual è la differenza con oggi? Che nel primo caso era l'Ulivo che si allargava, nel secondo eravamo ad uscire dall'Ulivo a mani alzate, un partito alla volta, per mescolarci a Cossiga, dentro quello che i popolari chiamavano un centro trattino sinistra europeo, con i partiti del Ppe da una parte e gli altri dall'altra», spiega Parisi. Per anni, successivamente, il leader della Quercia ha ripetuto, a ragione, che quella mattina provò a convincere Prodi ad alzarsi e fare una breve dichiarazione in aula prima del voto: «Cossiga e i suoi ci fecero sapere che sarebbe stato sufficiente che Prodi chiedesse il voto delle forze parlamentari che avevano votato il Dpef»[4], Udr compreso. E infatti prima di cominciare la chiama dei deputati per il voto di fiducia il presidente Violante chiede al presidente del Consiglio se ha qualche dichiarazione da fare. Ma il premier resta seduto.

«Ma stiamo scherzando? È la stessa logica con cui ho chiesto la fiducia nel 2008: se non lo avessi fatto mi avrebbero fatto morire lo stesso quattro giorni dopo, ma con vergogna», rivendica oggi Prodi. «Nel Consiglio dei ministri era stato votata molto prima la richiesta di un voto di fiducia, con tutti i ministri d'accordo», racconta Parisi. «A stare ai partitisti non saremmo dovuti andare invece in Parlamento. Nella concezione dei cosiddetti difensori del Parlamento, il Parlamento è infatti null'altro che il luogo nel quale sancire accordi stretti fuori di esso. Noi volevamo invece introdurre una innovazione nel sistema svolgendo nei fatti il cambiamento introdotto dalla legge maggioritaria col referendum del '93: così come è nato grazie dal voto popolare, un governo non può che aver fine mettendo capo a un nuovo voto popolare. A riprova di questa concezione sta il modo con cui si è concluso il secondo governo Prodi. Di nuovo come nel 1998 con un trasparente voto di sfiducia in Parlamento, e non come meccanica conseguenza del ritiro dell'Udeur dalla maggioranza». Conclude Prodi: «Ho sempre rispettato il Parlamento, pagando di persona. Il primato del Parlamento dei parlamentari, però, non il Parlamento dei partiti». Quello del Professore è il primo governo della storia repubblicana che cade in Parlamento, su un voto di fiducia (il secondo sarà ancora quello di Prodi, nel 2008).

Su una cosa, a distanza di anni, sono tutti d'accordo: non è stata una congiura della coppia D'Alema-Marini ad armare la mano di Bertinotti. La decisione del segretario di Rifondazione di affondare la nave del governo costringe i segretari ad accelerare un progetto già stabilito da tempo. Come dimostrava la cena di Marini con i popolari di fine 1997, ma anche lo scenario che il segretario del Ppi aveva consegnato già qualche settimana prima ad alcuni giornalisti: l'anno prossimo va rinnovata la presidenza

[4] M. D'Alema, *Controcorrente. Intervista sulla sinistra al tempo dell'antipolitica*, Laterza, Roma-Bari 2013, p. 52.

della Commissione europea, «potrebbe andarci Romano». Un risiko di poltrone che prevedeva D'Alema a Palazzo Chigi e Marini al Quirinale: in modo ordinato e concordato.

D'Alema era d'accordo: voleva che il governo andasse avanti fino a dopo l'approvazione della Finanziaria. Nei giorni immediatamente precedenti al voto era coinvolto in un delicato intervento chirurgico della moglie Linda e da un viaggio in Cile per incontrare il presidente socialista Lagos. E ancora alla vigilia dell'incarico si lamenterà: «Non andrò a Palazzo Chigi. Noi ex Pci siamo destinati a essere considerati figli di un dio minore». «Tecnicamente non c'è neppure uno straccio di prova che possa far condannare D'Alema», spiega Claudio Velardi. «C'era però un contesto: Prodi e Veltroni erano i due flaccidi imbroglioni, Cossiga gli voleva bene come a un figlio, lui scalciava. L'assassino fu Bertinotti, D'Alema non voleva fare il governo». In realtà in quel momento, è il 13 ottobre, D'Alema ha già rotto gli indugi. E il giorno prima Marini ha già deciso: «Un governo D'Alema? Può capitare». Il suicidio politico di Bertinotti e l'irruzione di Cossiga sulla scena hanno capovolto il gioco: l'Ulivo non c'è più, tornano i partiti. In nome di un interesse di partito Rifondazione ha fatto cadere il governo, in nome di un interesse di partito o di schieramento internazionale, con la guerra del Kosovo ormai alle porte, Cossiga si muove per portare D'Alema a Palazzo Chigi. In nome della centralità e della sacralità dei partiti D'Alema e Marini non esitano a liquidare il governo Prodi per passare alla fase due, che poi assomiglia tanto all'eterna fase uno della politica italiana, dal connubio al trasformismo al consociativismo, strappare il potere di scelta dei governanti ai cittadini per restituire lo scettro alle segreterie di partito. È questa la vera congiura, la Restaurazione di Ottobre.

No, no, no. Nel 1996, ai tempi del tentativo Maccanico, bastò un no per far fallire l'operazione governo larghe intese, dopo la crisi Prodi lo grida tre volte, dal microfono, nell'Arena del Sole, affollatissima. A Bologna è domenica mattina, sono stati convocati i comitati dell'Ulivo per testimoniare solidarietà con il Professore, è già successo un anno prima ma questa volta è diverso, Bertinotti non può tornare indietro, Cossiga è pronto a infilarsi nelle contraddizioni dell'ex Ulivo. D'Alema ha più volte ripetuto che la maggioranza del 21 aprile non basta più, lo ha spiegato a

Prodi, quella mattina va di persona a Santa Severa sul litorale laziale per parlare con Ciampi: «Tocca a te. Se non hai la fiducia si va alle elezioni». Il ministro del Tesoro rilancia un secondo governo Prodi o, in alternativa, un governo D'Alema, ma il segretario dei Ds replica che non ci sono le condizioni[5]. Veltroni, invece, si precipita a Bologna per stare accanto a Prodi. Uno accanto all'altro raccontano delle avances nell'aula della Camera di un deputato leghista, c'è anche Andreatta sul palco quando Prodi ripete i suoi no: «I conti li facciamo prima di tutto con la nostra coscienza: siamo 312, ma gli altri 313 sono una banda». E Veltroni: «Il compito dell'Ulivo non è finito, andremo avanti». «Fu tutto molto convulso, nessuno di noi prese davvero in considerazione l'ipotesi di tornare a votare», ammette oggi Prodi. Parisi ricorda che se ne parlò nel '97, «Bersani era sparato sull'idea. Nell'ottobre 1998 il clima era di forte tensione, in un sondaggio di Mannheimer subito dopo fu introdotta l'indicazione di un'eventuale lista dell'Ulivo guidata da Prodi e Veltroni che allarmò moltissimo. E Veltroni aveva fatto un'intervista per sottolineare che il vincitore delle elezioni tedesche della Spd Schroeder non era il segretario del partito. Fu interpretata da D'Alema come una sfida diretta a lui». Resta però la sensazione che quel pomeriggio Veltroni ripartisse da Bologna con il grado di vice-comandante di un futuro partito dell'Ulivo con Prodi competitivo alle elezioni. E invece, qualche giorno dopo, sarà eletto segretario dei Ds.

L'ipotesi Ciampi cade, il telefono del ministro di via XX Settembre smette di squillare dopo l'incontro con D'Alema, è Cossiga che si incarica di spazzare via la candidatura a Palazzo Chigi dell'ex governatore della Banca d'Italia: «È stato per cinquant'anni un nemico della Dc». «Prendo atto. Aggiungo che dato il veto non farò più il ministro in qualsivoglia governo, fatta eccezione per una nuova Presidenza Prodi», annota Ciampi sul suo diario, amareggiato. Va a trovarlo anche Napolitano, «è avvilito per la condotta di Prodi, prima e dopo la crisi»[6].

Il reincarico va al Professore e a questo punto scatta la trappola cossighiana. Il premier uscente e incaricato incontra i partiti

[5] Gentiloni Silveri, *Contro scettici e disfattisti* cit., p. 109.
[6] Ivi, p. 110.

dell'Ulivo, pochi minuti dopo viene diffusa una nota firmata da Clemente Mastella (sarà ancora lui, dieci anni più tardi, a mettere fine al secondo governo Prodi) ma inequivocabilmente scritta da Cossiga, in cui si chiede a Prodi una condizione «preliminare» per andare avanti: «Un secondo governo Prodi può nascere soltanto dal riconoscimento dell'essere irreversibilmente venuta meno la maggioranza politica uscita dalle elezioni del 21 aprile 1996. Non sarebbe un Prodi-bis, ma un governo presieduto da Romano Prodi appartenente all'area popolare italiana e europea». Se il premier dimissionario accetta di eliminare l'Ulivo dalla geografia politica e torna a considerarsi un tecnico del centro democristiano può fare il governo, altrimenti deve togliersi di mezzo.

Riassume oggi Prodi: «Il complotto era per mettere fine al governo dell'Ulivo. Si poteva trattare su una successione, andava bene un governo Ciampi o anche un secondo governo Prodi: con la fine dell'Ulivo quasi meglio, agli occhi dell'opinione pubblica sarebbe stato meno traumatico. Volevano mandarmi via ma non subito, e avessi ceduto alle richieste lo avrebbero fatto dopo la Finanziaria. Il Kosovo invece non c'entra niente, la presunta ostilità degli americani nei miei confronti è una giustificazione a posteriori».

La nota di Mastella è delle ore 17 di mercoledì 14 ottobre. «Crisi, tocca a D'Alema», titola a tutta pagina "Repubblica" il giorno dopo. «La scelta più forte», si intitola l'editoriale di Ezio Mauro: «Se oggi Prodi e Veltroni si assumeranno la responsabilità di questa scelta D'Alema potrà salire a Palazzo Chigi dallo scalone principale». E Curzio Maltese, ancora in prima pagina: «L'Ulivo non morirà democristiano». A Botteghe Oscure il grande passo è già stato compiuto, come ricorda Velardi: «In piedi, davanti al cesso della stanza del segretario del Partito, ci fu il confronto tra D'Alema e Veltroni. Fu Walter a insistere: "Devi farlo tu, Massimo, altrimenti nascerà un governo Mancino". Lui esitava, non era convinto, Veltroni era determinatissimo. E a quel punto Massimo ci guardò e ci disse: "Ce la posso fare"».

Nell'ottobre 1998 la soluzione D'Alema appare il compimento di un processo storico: il primo iscritto al Pci che arriva a Palazzo Chigi con il sostegno determinante dell'ex democristiano Cossiga, il ministro dell'Interno che si dimise il giorno dopo il ritrovamento del cadavere di Aldo Moro per non essere riuscito a salvare l'amico, ma anche l'uomo di Gladio e dell'operazione Stay-Behind, il presidente della Repubblica picconatore che voleva chiudere la guerra fredda, contro cui il Pci scatenò una delle ultime manifestazioni di piazza della sua storia e chiese l'impeachment. Appare il compromesso storico finalmente realizzato vent'anni dopo, «il lascito di Moro», lo chiama Cossiga, la fiducia del governo D'Alema procede tra citazioni e riferimenti storici. Eliminata finalmente l'anomalia dell'Ulivo, sembra destinato a un futuro radioso. «Era un'idea vecchia della società», ammette oggi Velardi. «L'idea pessimistica che senza di noi, senza la politica, la società non sarebbe andata da nessuna parte. Che solo la politica poteva salvare l'Italia, tutto il resto era antipolitica».

In pochi intuiscono che invece è l'inizio di una guerra civile a sinistra dall'esito catastrofico, una ferita che durerà quindici anni impossibile a rimarginarsi. Tra loro l'editorialista del "Mulino" che due mesi dopo la nascita del governo D'Alema tira le somme: «È stata un'operazione politica di rara violenza, un gioco palatino ai danni dei cittadini-elettori. E la spregiudicatezza con cui ciò è stato realizzato viene accolta da una singolare acquiescenza, da un ammutolimento generale. Come se fosse normale che ciò che i partiti avevano perduto, i partiti se lo riprendano. Con gli interessi. Non c'è niente di peggio, anche nel clima compiaciuto che sembra gradito agli establishment, pensare che quella cosa chiamata società non esiste. E se a un certo punto ci si accorgesse che la gente, *the people*, è molto più avanti di molti settori della classe politica, quale conclusione dovremmo trarne? Forse che far fuori Prodi è stato peggio di un crimine. È stato un errore».

Sarà lo stesso D'Alema a dargli ragione negli anni successivi: «Ho sottovalutato l'elemento di frattura e di logoramento che ci sarebbe stato nel centrosinistra con la mia nomina a premier. Non avrei mai dovuto accettare di fare il governo in quel momento»[7], dirà. «È stato un azzardo che ha danneggiato il mio partito e me stesso, ci ha fatti diventare il bersaglio di una campagna che ha aperto una ferita»[8]. L'errore più grave della sua carriera politica. Come aveva scritto a caldo l'anonimo editorialista del "Mulino", ovvero Edmondo Berselli.

[7] D'Alema, *Controcorrente* cit., p. 56.
[8] *D'Alema: basta trame, vi porgo l'Ulivo*, in "l'Espresso", 22 giugno 2001.

Capitolo 5
Ombre di domani

Scene del dopo-caduta. L'ex premier è lì, la faccia affondata nelle mani, mentre intorno a lui sono tutti in piedi, discutono di strategie, propositi di rivincita, liste alle elezioni europee. Nella piccola stanza di largo di Brazzà, la sede del Movimento per l'Ulivo, ci sono tre deputati (il veneto Gianni Saonara, la piemontese Maria Pia Valetto, il milanese Franco Monaco) e un senatore (il bolognese Andrea Papini, ex allievo del Professore), e poi Arturo Parisi e Marina Magistrelli. Il governo Prodi si è dimesso da dieci giorni, di Ulivo non si parla più, a Palazzo Chigi D'Alema avanza come uno schiacciasassi. Bisogna dare un segnale di vita, anche piccolo. «Romano, scriviamo un comunicato in cui facciamo sapere che ti sei incontrato con i parlamentari a te vicini», propone la Magistrelli. Da Prodi neppure un sussulto. Fino a quando il comunicato viene preparato e letto ad alta voce nella piccola stanza. Allora, finalmente, l'ex premier si scuote: «Scusate, scrivete che mi sono incontrato solo con alcuni parlamentari. Altrimenti finisce che ci chiedono in quanti siamo rimasti e saremo costretti a rispondere: quattro...».

«Non ci sarebbe da stupirsi se, un bel giorno, questa nostra demenza sfociasse in una crisi di pazzia furiosa», scrive Johan Huizinga in *La crisi della civiltà*. Negli anni che vanno dal 1999 al 2001 in Occidente ritorna la guerra, il mondo si guasta, per usare l'espressione di Tony Judt: è la fine di una breve era di ottimismo, la globalizzazione come apertura senza confini di mercati e culture, e la scoperta che gli antichi fantasmi tormentano ancora. L'attacco terroristico dell'11 settembre nel cuore di Manhattan, le Twin Towers che si sbriciolano in diretta televisiva planetaria, lo scontro di civiltà, l'invasione dell'Afghanistan e poi dell'Iraq. E l'irruzione di un nuovo soggetto globale, la società civile che manifesta contro il mercato senza limiti e contro la guerra, il 15 febbraio 2003 in ogni piazza del mondo, alla stessa ora, decine di milioni di persone sfilano con le bandiere arcobaleno contro l'intervento americano in Iraq. Un salto di epoca, un cambio di paradigma, un altro mondo è possibile. Ovunque, forse, ma non in Italia.

Qui è sempre lo stesso mondo. Una mediocre età di mezzo, piccoli conflitti, guerricciole civili mentre nel resto del mondo si combatte davvero. I capi del centrosinistra sono impegnati in un'opera di autodemolizione: cambiano due volte premier (dopo D'Alema ritorna a Palazzo Chigi Giuliano Amato), trovano un altro candidato alle elezioni, il sindaco di Roma Francesco Rutelli, montano e smontano partiti e movimenti. Dopo l'Ulivo c'è l'Asinello, poi arriverà la Margherita. Cambiano i segretari: nel Ppi dopo Marini c'è Pierluigi Castagnetti, nei Ds già a metà del 2000 la segreteria di Veltroni entra in fase calante, a contendersi la successione ci sono Piero Fassino e Pier Luigi Bersani. Una danza di truppe sulla scacchiera che alla fine porta a un risultato senza appello: Berlusconi, dato per spacciato nel 1998, risorge. Vince le elezioni europee del 1999. Vince le elezioni regionali del 2000. Stravince le elezioni politiche del 2001. E intrappola i generali dell'Ulivo nelle loro complicate traiettorie: sempre meno dettate da strategie politiche, come nel 1995-98, sempre più strettamente personali. Sono i loro percorsi individuali che segnano il cammino, mentre il mondo si muove.

D'Alema. «In questo momento possiamo dire, senza retorica, di aver fondato un nuovo partito», dice il numero due della segreteria Ds Pietro Folena, molto compiaciuto, alle 17.20 del 14 gennaio 2000, nella sala del Lingotto di Torino, dove si sta concludendo il congresso dei Ds. Sono passati quindici mesi da quando è avvenuto lo scambio, D'Alema a Palazzo Chigi, Veltroni a Botteghe Oscure. In mezzo c'è stata la guerra per il Kosovo con il governo del primo post-comunista in prima fila accanto a Bill Clinton e a Tony Blair, il minimo storico della Quercia alle elezioni europee, cinque milioni e 300mila voti, il 17 per cento (con Forza Italia ritornata sopra il 25), la sconfitta epocale al comune di Bologna, l'ex roccaforte rossa espugnata dai civici di centrodestra del "macellaio" Giorgio Guazzaloca. E il governo D'Alema-Cossiga-Cossutta che doveva rappresentare il compimento del progetto di Moro e di Berlinguer è già affondato nella palude delle manovre centriste.

Il premier D'Alema che sopporta più che ascoltare i discorsi dei compagni di partito sul palco del Lingotto è un uomo ancora giovane, ha compiuto da poco cinquant'anni, la consapevolezza di sé non viene mai meno, il partito è suo, non di Veltroni. Sul treno che porta i congressisti a Torino sono tutti dalemiani, «le pistole degli altri sono bagnate, quella di Massimo resterà sempre carica», avverte un delegato di Grosseto, sembra mezzogiorno di fuoco.

Eppure D'Alema sa che nel gennaio 2000 l'avvenire è già dietro le spalle. Nelle ombre del domani, come le chiama Huizinga, vede la dissipazione di una grande potenzialità. E il suo discorso congressuale è abissalmente distante da quello di Roma del 1997. Lì c'era la determinazione di un leader pronto a conquistare il potere, qui c'è già la stanchezza di chi ha scoperto che lo strumento è inservibile. Il tono è crepuscolare. Logoramento, restringimento, prezzo doloroso, è il vocabolario stremato del D'Alema di governo, quello che attacca dicendo «ho lasciato nella borsa i fogli battuti a macchina. Voglio parlare al mio partito». E al suo partito il premier riserva qualche scomoda lezione. La prima è sulla fine del governo Prodi perché non c'è nulla da fare, si finisce sempre lì, al momento del big bang in cui le galassie uliviste sono esplose: «Dovevamo reagire al logoramento ponendo fine a un'esperienza segnata da una doppia linea politica: la costruzione organica del centrosinistra e la collaborazione transitoria con Rifondazione. Lo accettammo perché era l'unico modo per tenere vivo il progetto del governo Prodi: abbiamo pagato il prezzo doloroso del restringimento della maggioranza di governo». La seconda verità è sulla fatica del governare: «Siamo strani riformisti se pensiamo che le riforme debbano comportare solo consenso. Se noi non riusciremo a mobilitare le forze che vogliono il cambiamento saremo sconfitti, cari compagni!». La terza verità è sulla fine dell'Ulivo: «Avevo solo una preoccupazione, che l'Ulivo fosse il luogo dove la sinistra doveva sparire. Vizio tipico degli intellettuali, quelli che quando distribuisci un volantino chiedono la rivoluzione. Aspiriamo a vincere, so che questo possa essere visto con sospetto da una certa sinistra...» (una voce dalla platea grida: «Sei tu l'unico leader!»). E qui D'Alema chiede l'elezione diretta del premier: «Il candidato premier deve coincidere con il capo della maggioranza».

L'ultimo messaggio, il più feroce, è per il partito. Un ritratto dall'interno dei compagni di scuola cresciuti nel Pci, una foto collettiva impietosa: «Questo gruppo dirigente è quello che è, diciamo... Ha vissuto prove difficili, drammatiche, ha visto mettere in dubbio le proprie convinzioni, si sono formate solidarietà e inimicizie, ferite che restano aperte. Tra errori e battaglie abbiamo cercato di cambiare l'Italia. A volte provando un senso di svuotamento e di impazienza. Come scusante dico che abbiamo affrontato sfide dure, in cui sbagliare voleva dire perdere. E verrà il momento, tra non molto, che non ci sarà più bisogno di noi. Ci faremo da parte: quando non sarò più utile in questa difficile transizione, non ho dubbi che voi me lo farete capire. E io cercherò di arrivare un minuto prima che me lo diciate a quel doloroso momento». Più che un rilancio, il testamento di un leader ancora giovane.

Il momento di andare via arriva molto presto, appena tre mesi dopo, con le elezioni regionali. In cui D'Alema si butta alla ricerca di una legittimazione elettorale che non ha mai avuto. «Sono stato in cinquanta province e la mia campagna elettorale ha avuto sessantasei tappe e cento iniziative. Del resto, il presidente del Consiglio è l'uomo politico più popolare del Paese, ed è una risorsa per la coalizione. Che dovevamo fare? Tenerla nascosta? Abbiamo fatto bene», spiega il premier nel rifugio di Gallipoli a Federico Geremicca sulla "Stampa" il giorno prima del voto. E si lascia andare a qualche previsione: «Noi vinciamo sicuramente in otto regioni, loro sicuramente in tre. Ne restano quattro: potrebbero andare due di qua e due di là. Ma se il trend è positivo, potremmo perfino vincere in tre delle quattro regioni in discussione. Basterebbe un niente, un quid in più...». D'Alema prevede 10 a 5 per la squadra di governo, sogna addirittura il cappotto: 11 a 4. Poi, «vinceremo il referendum» sulla legge elettorale e ci sarà il voto del 2001 quando «i partiti non ci saranno più». Qualcuno gli ricorda che nel 1996 a Gallipoli calcolò che alla Camera l'Ulivo avrebbe preso 342 seggi. «Ricordo bene. Di seggi, invece, ne prendemmo 338. Quattro in meno di quanto avevo previsto. Un errore imperdonabile per un professionista come me...».

Finisce, invece, 8 a 7 per il centrodestra. Una sera da incubo a Palazzo Chigi, nel ricordo di Claudio Velardi: «Il pomeriggio ancora chiamavano per darci Cacciari in testa, invece prese venti punti meno di Galan. Alcuni candidati erano debolissimi: Nuccio Fava in Calabria, Giancarlo Mori in Liguria, Piero Badaloni nel

Lazio. E Veltroni e Parisi impedirono che D'Alema andasse in televisione, fummo costretti a girare le piazze d'Italia. Ci sentimmo con Massimo alle sette e trenta del mattino dopo. Gli dissi: "devi andartene", ma lui era già convinto più di me. La macchina era fuori fase. E lui non ne poteva più».

Finisce la breve era del D'Alema trionfante, l'uomo di governo, con successi da rivendicare, errori e ingenuità, il caso Öcalan, la guerra in Kosovo, la missione Arcobaleno, la privatizzazione della Telecom consegnata all'imprenditore mantovano Roberto Colaninno e ai *new comers* dell'Italia Duemila, «i capitani coraggiosi», la polemica di Guido Rossi su Palazzo Chigi «l'unica merchant bank in cui non si parla inglese», il corteo dei Lothar, i Velardi-Rondolino-Latorre, e dei cuochi alla moda, il catering Vissani, il sogno di diventare il Blair italiano, la terza via celebrata a Firenze con D'Alema grande tra i grandi che ironizza sulla riforma delle pensioni: «Abbiamo fatto una bellissima riforma che entrerà in vigore nel 2020...». Il volto di un'impensabile cool Italia di inizio millennio, in crescita economica, abbagliata dal faro della new economy, quasi il remake degli anni Ottanta, ma dalla durata molto più breve. Non gli viene perdonato più nulla: le scarpe, dunque, e neanche la barca Ikarus.

E comincia l'era del D'Alema penitente, costretto a emendarsi in pubblico dalle sue colpe: la Bicamerale con Berlusconi e la caduta del governo Prodi. Il 18 giugno 2001 l'ex premier è in via Po, accompagnato solo da Gianni Cuperlo, per un forum con la redazione dell'"Espresso", accolto dal direttore Giulio Anselmi, con il vice Antonio Ramenghi, Chiara Valentini, Edmondo Berselli e Giampaolo Pansa. Più che un'intervista collettiva sembra l'incontro tra delegazioni di partiti ostili: sul settimanale all'epoca diretto da Rinaldi, Pansa ha coniato il termine di Dalemoni, orrenda creatura mitologica nata dall'incrocio tra D'Alema e Berlusconi, ha scritto delle scarpe milionarie del leader. E quella mattina il forum si trasforma più spesso in un match: «Ho una cartellina alta così con i vostri articoli contro di me», avverte il presidente della Quercia. «Si è cercato di presentarmi, oltre che come un tramatore, come un corrotto, il padrone del Bingo, l'ispiratore della merchant bank di Palazzo Chigi, l'uomo dalle scarpe milionarie. Tutte bugie facili da smontare, che però hanno effetti molto negativi e mi amareggiano perché vogliono colpire la persona e non le sue idee. Guardate, vi faccio vedere le scarpe! Vi sembra che possano costare milioni?». Poi, però, riconosce i suoi errori: «Dobbiamo smetterla di distruggerci in un gioco al massacro, a cui qualche volta ho partecipato anch'io per amore di battuta. Non possiamo permetterci di annientare uno dopo l'altro i leader più autorevoli del centro-sinistra. Resteremmo con un mucchietto di cenere fra le mani».

Altre volte, invece, c'è il volto del D'Alema furente. Come quello della prima direzione dei Ds dopo la sconfitta elettorale del 2001, quando il Capo torna a Roma segnato dalla battaglia di Gallipoli in cui ha combattuto e vinto contro il centrodestra e si ritrova con un esercito in disarmo. Nel bunker di via dei Frentani, un tempo fortezza della potente federazione romana del Pci, accade l'incredibile, l'ex fedelissimo Pietro Folena lo attacca: «È fallito il modello leaderistico del partito scelto dopo il 1998. Siamo stati noi stessi i principali nemici della sinistra italiana». D'Alema replica con durezza: «Vedo in questa storia un epilogo doloroso, triste. Il mio contributo è facoltativo conoscerlo, non è materia di insegnamento obbligatorio. Se si vuole fare un Midas, una rivolta generazionale contro di me, si fa in una notte, sempre che se ne abbia la forza... Quando si lancia una campagna per dire che il segretario del vostro partito ha complottato per far cadere Prodi, si attaccano anche i Ds, il loro onore, la loro dignità». Folena, seduto al suo posto, lo interrompe ancora: «E allora perché tu non hai difeso Veltroni e Mussi dagli attacchi di Cossiga?». Importa poco la risposta. Quello che resta nella memoria è l'espressione disgustata di D'Alema, rispetto a un partito che si rivolta contro di lui. È lì che il sarcasmo dalemiano prende quella piega amara che non lo abbandonerà più. E che gli farà emettere, qualche tempo dopo, la sentenza definitiva sul suo schieramento politico: «La sinistra è un male. Solo l'esistenza della destra rende questo male tollerabile».

Veltroni. «A noi qui dentro interessa tutto, tutto!», grida Sergio Castellitto sul maxi-schermo, nelle vesti di don Lorenzo Milani per lo sceneggiato televisivo sul prete di Barbiana. La frase di don Milani, «I care», in rosso su sfondo grigio copre il palco del congresso dei Ds a Torino del gennaio 2000, il primo e ultimo della segreteria Veltroni. Ed è vero, a Veltroni interessa tutto, il video di apertura del congresso è un formidabile catalogo dei miti e delle passioni di Walter, una summa del veltronismo che fa impazzire i giornalisti: Sting con *They dance alone*, la compagna-presidente Nilde Jotti accompagnata dalle note del *Köln Concert* di Keith Jarrett che molti hanno apprezzato in *Caro diario* di Nanni Moretti, *C'era una volta in America*, Berlinguer... Quando si riaccendono le luci, però, ci sono pochissimi entusiasti. Veltroni, dal palco, disegna un partito che «deve vincere la tentazione di identificare il governo con il potere», prova a recidere la radice togliattiana della Quercia per sostituire nel Pantheon dei padri il Migliore con Carlo Rosselli, definito da Togliatti «un dilettante dappoco», il residuo dell'eredità stalinista con Giustizia e Libertà: «Il comunismo è stato una delle più grandi tragedie del Novecento». Ma niente, la platea non si scalda. E Veltroni è un leader ancora molto giovane ma già decisamente intristito rispetto al ragazzo di 41 anni che appena nel 1996 aveva conquistato Palazzo Chigi da numero due di Prodi e il ministero della Cultura. E molto solo, nel suo partito.

Il segretario è accerchiato, assediato su due fronti: il partito, il corpaccione dei delegati che sta interamente o quasi dalla parte di D'Alema, con i suoi dogmi e il suo immobilismo, e il mondo esterno, che bussa alla Quercia con un'intervista di Arturo Parisi a Gad Lerner su "Repubblica", recapitata a Veltroni in una stanza dell'hotel Méridien del Lingotto disegnata da Renzo Piano. Senza neppure una telefonata di preavviso, Parisi leader dell'Asinello chiede a tutta pagina ai Ds di sciogliersi: «Caro Walter, io e te sappiamo bene che l'Ulivo fu entusiasmante in quanto annullò differenze superate, e questi partiti dobbiamo superarli perché esprimono identità vecchie e inadeguate. Perciò ti chiedo, a Torino, di pronunciarti a favore di un superamento dei Ds così come io auspico lo scioglimento dei Democratici, per costruire insieme a tanti altri una casa riformista nuova e più grande...». «Ma è matto!», grida quella mattina Walter con i suoi collaboratori. Il pomeriggio, di fronte alla platea congressuale, non può far altro che assicurare che mai e poi mai i Ds si scioglieranno. La parola d'ordine rimane: grande sinistra in un grande Ulivo. E la proposta forte, su un piano istituzionale, è l'indicazione sulla scheda elettorale di premier e di vice-premier, con cui Veltroni dimostra di restare legato all'idea originale del bipolarismo e del Partito democratico.

Veltroni è il più ulivista tra i leader di partito, per questo guardato con sospetto e con diffidenza dentro la Quercia, ma è anche il più legato ai tempi e alle liturgie di partito tra i sostenitori dell'Ulivo, e dunque attaccato per eccesso di timidezza dagli ulivisti. A metà strada tra i partiti e il movimento. Tra la pesantezza del professionista della politica e la leggerezza con cui coltiva le sue suggestioni. Tra il partito solido e il partito liquido, già sette anni prima della nascita del Partito democratico. Con D'Alema che gli ha ceduto il posto da segretario, ma non la leadership e che lo confina nella sfera emotiva: «Apprezzo Veltroni, sa suscitare passioni, emozioni, molto più di quanto sia riuscito a fare io. Senza emozione le alleanze di governo non bastano a coinvolgere le giovani generazioni», dice a Torino. Dopo le elezioni del 2001, con Veltroni eletto sindaco di Roma, l'apprezzamento dalemiano si affina. Il giorno del forum di D'Alema con "l'Espresso" sui giornali c'è la foto di Veltroni neo-eletto sindaco con la sciarpa della Roma che ha conquistato il terzo scudetto della sua storia. «Che cosa ha pensato quando ha visto Veltroni che si fa fotografare in giallorosso pur essendo notoriamente juventino?», gli chiedono. «Che io non mi metterei mai la sciarpa della Juve», replica secco l'ex segretario Ds.

La difficile convivenza ai vertici della Quercia, la diarchia D'Alema-Veltroni che va avanti almeno dal 1994, si scioglie in quella primavera del 2001, quando i due vanno dove li porta il cuore. D'Alema, nominato dopo l'uscita da Palazzo Chigi presidente della fondazione Italianieuropei al posto di Amato (che lo sostituisce alla guida del governo), torna alla vita di partito e si fa eleggere presidente dei Ds, in una gelida assemblea nel palazzetto dello sport di Roma. Veltroni lascia la segreteria che gli ha dato molte amarezze, compresa la chiusura dell'"Unità" nell'estate 2000 e il trasloco da Botteghe Oscure alla nuova sede di via Nazionale, subito ribattezzata il Botteghino. E si candida a sindaco di Roma, al posto di Francesco Rutelli, da lui fortemente sponsorizzato per la guida dell'Ulivo. Una posizione che gli permetterà di uscire indenne, anzi, da vincitore, nel disastro elettorale del 2001 e da cui potrà ricominciare a rivolgersi direttamente al popolo del centrosinistra fuori dai ristretti confini del partito.

C'è aria di *Canzone popolare*-bis nella festa per l'elezione di Veltroni, naturalmente in piazza Santi Apostoli. E pazienza se all'interno dei Ds gli uomini più vicini al segretario si ritrovano senza leader di riferimento: «Walter ci ha dato le chiavi di casa e ci ha detto: tenete, queste sono le bollette da pagare, arrivederci», si lamentano. E pazienza anche se alle elezioni del 2001 il simbolo della Quercia si fermerà al 16,6 per cento, il minimo storico del partito erede del Pci. Il Piccolo Principe Veltroni è già altrove, tra la terra e il cielo, tra il Campidoglio e il ritorno alla politica nazionale che prima o poi ci sarà, ma mai più in un partito interamente in mano agli avversari. Almeno così Walter giura a se stesso.

Prodi. La stanza di largo di Brazzà è piccola e stretta, sul tavolo del Professore ci sono due palline verdi anti-stress cinesi, conservate in un astuccio rosso. L'ex premier si è rifugiato qui, nella sede del Movimento per l'Ulivo a due passi da fontana di Trevi, ad organizzare la reazione, forse la vendetta. «La maledizione di Tutankhamon», la chiama Cossiga elencando la lista dei congiurati del '98 finiti nei guai: D'Alema costretto a dimettersi da Palazzo Chigi, Marini «rottamato nella corsa per il Quirinale», «un mio amico grande imprenditore e un'importante banca d'affari del Nord», e anche Irene Pivetti, che si rifiutò di tornare a Roma per votare la fiducia al governo, «e non è diventata ministra». La prima minaccia è del 20 ottobre, quando il governo D'Alema non ha ancora giurato, e i comitati dell'Ulivo si radunano attorno all'ormai ex premier. Rabbia, indignazione che Prodi fatica a dominare: «Adesso che non sono più al governo ho molta più libertà di movimento. La non arroganza è stata tante volte scambiata per arrendevolezza, il nostro filo che stava diventando una trama è stato spezzato. Non siamo gruppettari, non facciamo testimonianze astratte, ma vogliamo difendere il bipolarismo e l'Ulivo e ci vogliono persone che traducano queste idee in battaglia politica...».

Inizialmente viene ignorato: Prodi è un ex, nel piccolo ufficio di largo di Brazzà il telefono squilla poco e non passa quasi mai nessuno, le sue esternazioni finiscono derubricate sotto la voce rancore, c'è chi dice che D'Alema intende «occhettizzarlo», consumarlo come aveva già fatto con il suo predecessore alla guida del Pds, renderlo irrilevante, spegnere la sua voce. Già prima di Natale, però, il progetto prende corpo: una lista per le elezioni europee fondata sull'esperienza del governo Prodi, sui sindaci del centrosinistra eletti fuori da Ds e Ppi (Rutelli, Cacciari, Enzo

Bianco), sul movimento di Antonio Di Pietro Italia dei Valori. «Ci sono momenti in cui per ricucire devi strappare, come in un'operazione chirurgica. Speriamo che l'operazione riesca», teorizza Prodi.

Con il nuovo anno l'operazione entra nel momento più delicato, quello in cui bisogna mettere in campo nome, simbolo e liste del nuovo soggetto politico. E le pressioni per evitare lo strappo sono fortissime. I partiti del centrosinistra offrono a Prodi l'inserimento di un ramoscello dell'Ulivo nei simboli dei partiti presentati per il Parlamento europeo. Si muove D'Alema, che in una cena romana a casa di un'amica comune prova a ricucire il rapporto personale e per la prima volta offre la disponibilità ad appoggiare la candidatura del Professore per la Commissione europea. E si muovono i tanti amici illustri di Prodi nel mondo economico e finanziario. «Ci furono numerosi incontri con Prodi e Parisi a casa di Andreatta. Sapevamo che un partito di Romano avrebbe creato un disastro al Ppi. Prodi per l'elettorato del Ppi era il simbolo del rinnovamento, il riscatto di una cultura dopo la fine ingloriosa della Dc, dove c'era lui c'era il cuore del nostro elettorato, anche se Marini non lo aveva capito: il nuovo soggetto era anche una vendetta nei suoi confronti, per aver avallato l'operazione D'Alema», testimonia Castagnetti. «L'ultimo tentativo di convincere Prodi a ripensarci non fu a casa di Andreatta, ma nello studio del Professore. Bussarono alla porta, a sorpresa, invitato da Andreatta, entrò Nanni Bazoli, presidente di Banca Intesa, grande amico di entrambi. Evocò con tono accorato la storia del movimento cattolico, era difficile l'alleanza con la sinistra, ripeteva, se ci dividiamo tra di noi diventa un errore catastrofico sul piano storico. Ma Prodi non si fece convincere, né da Andreatta né da Bazoli, aveva deciso».

Il 2 febbraio 1999, quarto anniversario della candidatura Prodi nel centrosinistra, per il Professore è il giorno del nuovo inizio: «Non posso rimanere muto mentre il paese imbocca la strada del ritorno al passato», spiega l'ex premier al "Regno". Gli obiettivi polemici sono espliciti. D'Alema: «Quando dice: "L'Ulivo sono io" non fa battute. Procede nella logica della Cosa due, incorporazione e accorpamento». Marini: «Alcuni popolari dicono "identità di partito", ma intendono il mantenimento delle rispettive quote di potere». La maledizione del Professore si abbatte sui congiurati con il volto festoso di un asinello disneyano sotto la scritta «I Democratici». Mai un cartone animato è finito nel simbolo di un partito, mai l'ispirazione americana, presidenzialista, degli ulivisti è stata così esplicita. E mai lo scontro dentro il centrosinistra è così violento.

«Competition is competition», detta la linea il Professore. Competizione per conquistare la guida politica del centrosinistra, a colpi di voti, perché i vertici segreti e le riunioni dei coordinamenti ulivisti non bastano più. E la competizione è durissima. «Mi auguro che prenda una sonora legnata», ruggisce Marini. L'Asinello che vuole scalciare la vecchia politica è «un'operazione culturalmente ambigua», la giudica D'Alema. «È in gioco la democrazia», si allarma Giuliano Amato, che ha già ribattezzato «Centopadelle» il movimento dei sindaci Centocittà. «Se c'è in ballo un disegno di eliminazione dei partiti, siamo al prologo di un'agonia democratica alla quale ci dobbiamo opporre con tutte le nostre forze». Cossiga è ancora più pesante: «L'avventurismo di Prodi e Di Pietro, che hanno fondato l'Ulivastro, prescinde dalla storia. E io ho paura di chi rifiuta la storia: in passato lo hanno fatto i fascismi. Ecco, avverto montare un fascismo culturale propugnato da Prodi e Di Pietro».

Prodi anti-partito, anti-politico, di destra, Prodi fascista. «Così forte è lo sdegno suscitato dalla lista Prodi nei partiti di centrosinistra che quasi vien voglia di dire: ben venga il seminatore di scandalo e di scisma», si rivolta Barbara Spinelli. Perché in quel 1999 è già evidente che la rivoluzione del maggioritario, la transizione italiana si è impantanata nell'inconcludenza e che i partiti tradizionali non riescono più a intercettare la richiesta di nuova rappresentanza politica che si muove anche nell'elettorato di centrosinistra. Come intuisce un padre nobile della sinistra fuori dagli schemi come Vittorio Foa: «La lista di Prodi, Di Pietro e dei sindaci è una risposta al rigido partitismo che ha ripreso quota. Prodi incarna il bisogno di uscire da questa mentalità, come dire?, di comando dei partiti».

In quelle elezioni europee l'Asinello raccoglie due milioni e 300mila voti, il 7,6 per cento. Ancora meglio fa la lista Bonino, arrivata dopo un'abile campagna di marketing sulla candidatura al Quirinale della commissaria europea storica esponente del Partito radicale, che conquista l'8,4. Mentre i partiti storici del centrosinistra arrancano: i Ds si bloccano al 17,3, molto lontani dalle percentuali dei partiti socialisti europei, i popolari precipitano al 4,2 (come il partito di Bertinotti che ha fatto cadere il governo). Ci sono milioni di voti che appaiono e scompaiono, non si riconoscono più nei confini tradizionali, sono in cerca – già nel 1999 – di una nuova casa politica. È l'onda lunga di una crisi che supera le categorie tradizionali di destra e di sinistra, la forma-partito ormai inadeguata e ancora di più l'operazione trasformistica di Palazzo con cui è nato il governo D'Alema. Una domanda «intuita dai cittadini e trascurata dalle élites politiche, giornalistiche, intellettuali», scrive la Spinelli sulla "Stampa"[1].

Il Professore, però, è già uscito dalla partita nazionale. La scelta di fondare l'Asinello e di candidarsi capolista in tutte le circoscrizioni alle elezioni europee accelera un'operazione già carezzata da tempo: spedire Prodi in Europa come presidente della Commissione europea. Le dimissioni della commissione Santer alla vigilia del bombardamento di Belgrado fanno il resto. Nella sede di Brazzà dove non saliva mai nessuno i telefoni cominciano a squillare da mezzo mondo: chiamano Jacques Chirac, Bill Clinton. Nella sua stanza l'ex premier ha convocato tutto il suo *inner circle* per la decisione finale. C'è irritazione, spavento per la lista dell'Asinello che ancora non è partita e già perde il suo leader. La discussione va avanti tra i rossori di Albertina Soliani che tira in ballo la volontà divina per invitare Prodi ad accettare: «Forse è il Signore che te lo chiede...» e le battutacce del gigantesco Angelo Rovati. Ma alla fine Prodi va a Bruxelles per cinque anni, tornerà nel 2004. A sorvegliare il fronte italiano ci penserà l'amico di sempre, costretto definitivamente ad abbandonare la sua riservatezza, Arturo Parisi.

Marini. «Viene Veltroni in via Anapo. Quirinale. Difficoltà all'interno della maggioranza». La pagina del diario di Ciampi[2] è datata 5 maggio 1999, la difficoltà è una, si chiama Franco Marini. Il segretario del Ppi arriva alla doppia prova della primavera 1999, le elezioni del presidente della Repubblica e le elezioni europee,

[1] B. Spinelli, *Un Asinello sulle rovine del Muro*, in "La Stampa", 28 febbraio 1999.

[2] Gentiloni Silveri, *Contro scettici e disfattisti* cit., p. 122.

convinto di avere già incassato la promessa del Quirinale. In più, nella notte tra il 18 e il 19 aprile, ha raggiunto un obiettivo storico: ha bloccato il referendum che intendeva abrogare la quota proporzionale del Mattarellum e che avrebbe aperto la strada a un possibile bipartitismo. Il referendum è sostenuto da Prodi, Parisi, Veltroni e nel centrodestra da Gianfranco Fini. Il quorum sembra raggiunto, i promotori hanno già festeggiato, è quasi l'una di notte quando il Tg5 di Enrico Mentana comunica il contrordine: i votanti si sono fermati al 49,6 per cento dell'elettorato, per 150mila voti il quorum non c'è. Il più rapido a saltare sul risultato, al solito, è Silvio Berlusconi. Il Cavaliere va a votare alle 21.40, venti minuti prima della chiusura dei seggi: «Il quorum c'è, vincono i Sì, grazie all'impegno di Forza Italia che non è venuto mai meno». Poche ore dopo, invece, esulterà per il risultato: «Sono stati sconfitti i pasdaran del referendum!». Il più contento, però, insieme a Bertinotti, è proprio Marini: «Volevano dare una spallata ai partiti, l'hanno data al muro!», esulta. È la prima volta dal 1993 che i referendari perdono una consultazione: il bipolarismo si è inceppato, anni di riforme promesse e poi mancate provocano una fuga di massa dalle urne. E la guerra del Kosovo ha fatto il resto, spostando l'attenzione dell'opinione pubblica sul conflitto.

Tutto il sistema politico dovrebbe leggere i dati del referendum come un segnale di distacco dei cittadini, invece il capo dei popolari desidera chiudere la partita interna al centrosinistra e individua i passaggi successivi: un presidente della Repubblica cattolico e popolare, «il garante della politica», lui. E dal Quirinale pilotare un ritorno al sistema proporzionale, alla Repubblica fondata sui partiti. Per Marini è quasi un nuovo 18 aprile, una rinascita democristiana. E gli sconfitti sono i bipolaristi Prodi e Veltroni: «E che vorrebbero adesso? Proprio loro due, Prodi e Veltroni, che avevano venduto i popolari sulla base dei soli sondaggi. Per loro il Ppi era già morto. Volevano tutto: l'Asinello, l'Ulivo, la legge elettorale, perfino il Quirinale. Ve lo ricordate Walter e il suo "perché dovremmo eleggere un popolare al Quirinale, noi abbiamo Ciampi"? Tutte cazzate...».

L'accordo con D'Alema dovrebbe spingere Marini alla presidenza della Repubblica: «Lui è un uomo leale, corretto, fedele a una strategia». La strategia immaginata insieme due anni prima: il segretario del Pds a Palazzo Chigi, il segretario del Ppi al Quirinale. E invece l'asse Veltroni-Prodi-Fini, sconfitto nel voto referendario, tiene sulle elezioni presidenziali e riesce a trascinare anche D'Alema e Berlusconi sul voto per Ciampi fin dal primo turno. È lo stesso D'Alema a comunicare a Marini che il patto su cui si era fondato l'accordo di governo non era più valido: «Franco, perdonami, l'ho fatto per l'Ulivo e per il Paese». «Macché, l'hai fatto per te stesso!». È la prima sconfitta del capo popolare, la seconda, più rovinosa per il suo partito, arriva alle elezioni europee, quando il Ppi contro l'Asinello prodiano supera appena il 4 per cento.

Tra i popolari parte la guerra di successione. A Camaldoli, dove si svolge il secondo convegno del "Regno", gli ulivisti del Ppi ispirati da Andreatta decidono la strategia: candidare alla segreteria Castagnetti, lo sconfitto del 1997, e spingere per una ricomposizione tra Ppi e Democratici, l'Unione popolare-democratica, la definisce qualcuno, l'embrione della futura Margherita. È notte fonda nel refettorio del monastero, sul tavolo le grappe sono decisamente sopra il livello di guardia, Andreatta può finalmente scherzare: «Con Marini credo di aver in comune il battesimo e poco altro...». E con Franceschini, il numero due di Marini che aspira a diventare il numero uno? Andreatta chiude gli occhi, si dondola sulla sedia, finge di informarsi: «Come si chiama, Falaschini?».

Castagnetti sarà eletto, nel congresso di Rimini, ma con il consenso di Marini che intanto ha mollato Franceschini accusandolo di tradimento: «C'era uno che tutte le sere veniva da me a dirmi: bravo, quanto sei bravo...». Dario si candiderà con un programma di difesa ad oltranza dell'identità «popolare», salvo diventare poi uno dei capi della nascente Margherita. Ma è il segretario uscente, in tre mesi, a pilotare la sua successione: si ritaglia lo stesso ruolo di D'Alema nei Ds, il padre nobile, il crocevia di tutte le alleanze, il capo dell'apparato che non può mai andare in minoranza. Rendita di posizione cruciale per partecipare da protagonista a tutte le svolte successive, dalla Margherita al Partito democratico, sempre o quasi in tandem con D'Alema. Mentre con i prodiani i rapporti resteranno sempre conflittuali. Quando Parisi chiede ai partiti del centrosinistra di sciogliersi, la risposta di Veltroni è lunga e articolata, quella di Marini più sintetica: «Ma vada a dare via il c...!».

Bazoli. «Serve un federatore». Lo dice Andreatta, quando ormai è notte fonda, nella sala della Camera che ospita la riunione dei deputati popolari. È la sera del 13 dicembre, in aula ci sono le votazioni per la legge Finanziaria, il primo governo D'Alema traballa e si dimetterà dopo qualche giorno per lasciare il posto a un D'Alema-bis ancora più debole. I deputati del Ppi si sono lasciati andare allo sfogatoio contro il governo, ma il brusio si calma quando chiede la parola l'ex ministro. A occhi chiusi, come sempre, Andreatta disegna il dopo-D'Alema. Prodi non c'è, è in Europa, ma per battere Berlusconi e la destra il premier venuto dal Pci non basta, «la verifica da lui proposta è cinica e provocatoria», serve ripetere l'operazione del 1995-96: la sinistra guidata da una figura della società civile, un cattolico, un nuovo Prodi. Andreatta, il regista dell'Ulivo, ha il nome in testa, per questo può tratteggiarne con sicurezza l'identikit: «Deve essere un federatore, un uomo che si sia dimostrato capace di dare vita ad aggregazioni, un cattolico democratico, una persona che non provenga dai partiti, perché questa è stata la forza di Prodi. Se verrà dalle banche, dalla finanza o dalla società civile lo vedremo dopo. Ma dobbiamo lavorare su di lui fin da ora».

Il Federatore ha parlato appena sei giorni prima. Lontano dai riflettori, al solito, nel riparo dell'abbazia di Praglia, splendido convento benedettino fondato tra l'XI e il XII secolo ai piedi dei Colli Euganei, in Veneto. Giovanni Bazoli, bresciano austero e segaligno, 67 anni, presidente del più importante gruppo bancario italiano Banca Intesa, al vertice della proprietà del "Corriere della Sera", amico personale di Prodi e di Andreatta, è stato invitato dal cardinale Achille Silvestrini a parlare a un ristretto gruppo di giovani arrivati da tutta Italia. Cattolico lombardo, figlio di un deputato democristiano dell'Assemblea Costituente amico della famiglia di Paolo VI Montini, parla a lungo di sé. Quel dialogo con i giovani chiusi nell'abbazia medievale è uno strappo alla regola, è la confessione di un uomo di grande potere e di nessuna visibilità che il centrosinistra sta individuando come il nuovo Prodi. Forse un esperimento, la prova generale di un possibile discorso di presentazione a una platea più larga dei giovani che lo stanno ascoltando.

Il mio caso è singolare. Ero avvocato, avevo una preparazione giuridica, non economica, il mio impegno in Banca è stato del tutto inatteso. Ciampi mi prese sottobraccio per convincermi, io all'inizio dissi di no, poi è cominciata questa avventura. Per il compito che ho svolto però la preparazione giuridica è servita: strategie, negoziazioni, trattazioni. Non mi piace l'imparaticcio: solo nel proprio campo si può essere autonomi e originali. Non avrei accettato se non avessi creduto di svolgere un servizio civile in coerenza con i miei ideali.

Giorno per giorno, in solitudine, facendo ricorso alla coscienza, abbiamo recuperato la fiducia, l'ottimismo è stata la prima risorsa cui abbiamo attinto. I vecchi azionisti del Banco Ambrosiano mi dicevano di cambiare nome, abbiamo fatto la scelta opposta. C'era la Rizzoli, mi dicevano di farla fallire. Un ministro democristiano insisteva perché poi l'avrebbe gestita lui. Ho fatto una scelta che rispettasse la tradizione laico-liberale della Rizzoli.

La corruzione era un fatto ambientale, chi si opponeva era considerato un ingenuo. Ma io vi dico che era possibile resistere, non era un fatto eroico. La partitocrazia aveva invaso la società civile, ma agli occhi di molti evitava un guaio peggiore, il comunismo, quando arrivò anche l'arricchimento personale scoppiò la rivolta. E quando arrivò Mani Pulite dissi: finalmente! Al di là degli eccessi che ci furono, ho sempre guardato con preoccupazione alle restaurazioni che preparano colpi di spugna e gran polveroni. Se la legge viene violata dai legislatori, come si può chiederne il rispetto ai cittadini?

Il compito della politica non è solo intervenire sulla redistribuzione della ricchezza, ma anche sulla produzione. L'utilitarismo è la matrice del nuovo capitalismo.

La Chiesa deve ancora scoprire appieno il valore della democrazia, spesso sacrificato per piccole concessioni, penso ai concordati del passato e forse del futuro.

Spesso mi sono detto: ho fatto quello che era possibile, adesso vediamo che succede. Non in senso semplicistico. Ci sono stati momenti di sconforto in cui tutto sembrava perduto. Quando la Comit annunciò l'Opa sul Banco Ambrosiano pensavo che ci avrebbero mandato a casa nell'ignominia e nel fallimento. Pensavo di uscirne distrutto sul piano umano e ho pregato. Bisogna avere di se stessi la considerazione di essere strumenti, mere pedine. E la necessità di un progetto che sia utile a qualcuno.

È Bazoli il Federatore del centrosinistra di cui parla Andreatta la sera del 13 dicembre. Al ritorno da Praglia i due si vedono a Milano, alla prima del *Fidelio* alla Scala, si confrontano per la prima volta sull'ingresso di Bazoli in politica. Il banchiere dice di non sentirsela, ma Andreatta conosce bene gli argomenti da toccare, per questo rilancia il suo identikit di fronte ai deputati del Ppi. La notte del 15, alle 23 la Camera sta ancora stancamente votando la legge Finanziaria, quando succede qualcosa. Urla, panico, richieste di sospensione: Andreatta ha avuto un malore, è crollato sul suo banco, ha perso conoscenza. Non la riprenderà più fino al 26 marzo 2007, il giorno della morte. E con il cervello di Andreatta si spengono tanti progetti. Il pressing di Parisi e di Castagnetti continua, ma Bazoli è ormai convinto a restare fuori dalla politica. Quando ormai manca meno di un anno alle elezioni del 2001, e con Berlusconi che ha totalmente rimesso su la sua coalizione e ha ricucito con la Lega di Bossi anche con un patto finanziario, il centrosinistra è senza candidato premier. Prodi non c'è più, il nuovo Prodi non ci sarà mai.

Rutelli. Pomeriggio di inverno, 18 gennaio 2001, per il Borgo Don Bosco sulla via Prenestina è una giornata di festa. C'è il sindaco di Roma, in visita. E c'è il santo protettore di sempre che ha appena compiuto 82 anni e va celebrato con una grande torta. Borgo Don Bosco è un luogo particolare, romano e internazionale allo stesso tempo. Un gigantesco oratorio salesiano alla periferia di Roma, un monumento alla ricostruzione, quella certa Roma democristiana degli anni Cinquanta, sacrestia, campetti di calcio, opere buone e messe di voti per lo Scudocrociato. Più Anno Santo 1950 che Giubileo 2000, le poltroncine sembrano quelle di mezzo secolo prima, di legno, il tendaggio verde sul palco fa cinegiornale della Settimana Incom, gli ex allievi sono in tripudio quando il sindaco di oggi Francesco Rutelli entra assieme al benefattore di ieri e di sempre, Giulio Andreotti.

Il sindaco in motorino, 46 anni, un bisnonno scultore che ha scolpito la fontana delle Naiadi in piazza Esedra, il primo saluto per il viaggiatore che arriva a Roma in treno alla stazione Termini, è politicamente cangiante, è stato radicale, poi verde arcobaleno, verde semplice, ha partecipato alla fondazione dell'Asinello democratico, è il candidato premier del centrosinistra alle elezioni. È stato laico anti-clericale, segretario del Partito radicale di Marco Pannella a 26 anni, deputato a 29, al punto di guidare il referendum che vuole liberalizzare l'aborto nel 1981 e di sventolare nel 1986 beffardamente dal finestrone di Palazzo Montecitorio una bandiera del Vaticano in segno di protesta contro il Concordato, ma da sindaco si è convertito e ha risposato in chiesa la moglie Barbara Palombelli.

Il Divo Giulio si presenta con un cappello a larghe falde, intrattiene la platea con il repertorio classico di battute disincantate («quando i romani erano solo due uno ammazzò l'altro»), respira l'aria di casa. È ancora imputato nei processi di Palermo e di Perugia per mafia e per l'omicidio del giornalista Mino Pecorelli, è senatore a vita ma si prepara all'ultima campagna elettorale della sua lunga vita politica, come leader onorario del movimento Democrazia europea fondato da Sergio D'Antoni. Rutelli è il candidato del centrosinistra, eppure per Andreotti prova un'ammirazione irrefrenabile: «Giulio, chissà, tra quarant'anni torneremo qui. Io sarò senatore a vita e tu sarai ancora presidente del Consiglio». La rivelazione di un sogno: durare quanto il Divo. Passare da un giubileo all'altro, da un governo monocolore a un pentapartito, e da sinistra al centro, con disinvoltura andreottiana. Tra il giovane sindaco e il vecchio capo democristiano simbolo dell'immortalità del potere le distanze sono annullate. Come dimostra il devoto saluto finale: «Giulio, vediamoci quando vuoi. Tu mi fai un fischio e io arrivo».

L'investitura di Rutelli a capo del centrosinistra, del resto, è avvenuta sei mesi prima in un convento. Ancora una volta a Camaldoli, al convegno dei prodiani. C'è la tribù del Professore con il solito maglione blu ad ascoltare le relazioni più impegnative, come quella del teologo Timothy Verdon sull'arte e la fede. Rutelli arriva a sorpresa il secondo giorno, in completo grigio e cravatta, in tempo per l'ora di pranzo. Nel refettorio ci sono i tavoli rettangolari di legno, la caraffa dell'acqua, l'insalata. Prodi e Rutelli si siedono uno di fronte all'altro, agli altri due lati ci sono la signora Flavia, Parisi, Bazoli e Enrico Letta: il gran consiglio del prodismo. Il colloquio va avanti a lungo e prosegue al bancone del bar, al momento del caffè. È il 1° luglio 2000, governa Giuliano Amato, è arrivato il momento di scegliere il candidato premier. È Prodi a investire il sindaco di Roma e a dargli qualche consiglio: un calendario degli interventi, un articolo sull'Europa, qualche spunto programmatico, poi l'affondo dopo la Giornata mondiale della gioventù con papa Giovanni Paolo II prevista per metà agosto a Tor Vergata, con due milioni di giovani da tutto il mondo. Va esattamente così, il faccione del sindaco felice in mezzo al pratone, con l'amico Guido Bertolaso al timone della protezione civile e le fasce porpora e viola dell'episcopato mondiale, dimostra che la trasformazione si è compiuta. È Parisi a portare al tavolo dei segretari dei partiti i risultati di due sondaggi riservati in cui Rutelli distanzia Amato, la "Consorteria", come la chiama Castagnetti, il club dei segretari del centrosinistra che si riunisce quasi sempre a casa di Veltroni, l'unico romano della compagnia, anche lui grande elettore di Rutelli. La coalizione si allinea, Rutelli può offrire finalmente la sua disponibilità, infine viene investito il 21 ottobre al Palavobis di Milano.

Ancora una volta la nomina del candidato avviene senza il coinvolgimento della base di militanti, iscritti ed elettori: la legittimazione del leader in carica resta interamente affidata al gruppo dirigente e alle sue alchimie. «Un metodo informale», lo definisce Ilvo Diamanti. Rutelli conquista la candidatura a premier senza primarie, senza un dibattito nei partiti, senza campagna d'ascolto nel Paese, sulla base dei sondaggi e di una pressione dell'opinione pubblica di centrosinistra, a partire dal gruppo Espresso, che spinge per cambiare Amato con un leader più dinamico e più giovane («Amato è una delle persone più intelligenti che io conosca, ma a volte penso che al posto del cuore abbia un buco», dirà Carlo De Benedetti) e con l'appoggio di Prodi. Come il Professore non ha un partito alle spalle. Ma, a differenza di Prodi, è nato e cresciuto nei partiti, conosce ogni manovra e furbizia, sa che per contare è assolutamente essenziale costruirsene uno.

È la doppia campagna elettorale di Rutelli. C'è quella del candidato premier contro Berlusconi in una situazione disperata, in cui il centrosinistra corre diviso, senza Rifondazione e Italia dei Valori di Di Pietro e il centrodestra è al gran completo attorno al suo Capo con un'evidente attesa di vittoria. Qui il Candidato dà il meglio di sé: tattica aggressiva, il tormentone delle tre domande da fare a Berlusconi in pubblico, che saranno finalmente esposte la sera in cui il Cavaliere rifiuta il confronto televisivo con una sedia vuota accanto a lui nello studio di Santoro, la rete dei comitati, l'intelligenza comunicativa e politica di Paolo Gentiloni, il programma affidato a Iginio Ariemma. Il giro in treno dell'Italia dei piccoli centri e la scelta dei temi distanti dalla sinistra classica come quello della sicurezza.

La seconda campagna elettorale è quella di Rutelli leader di partito, che è riuscito a presentare i quattro partiti della coalizione Ppi-Democratici-lista Dini-Udeur di Mastella sotto un unico simbolo: la Margherita. Felpata, sotterranea, discreta. Alla fine l'Ulivo di Rutelli conquista 16 milioni di voti e si ferma al 43,1, a soli 900mila voti di distanza dalla Casa delle libertà (nel '96 l'Ulivo di Prodi e Veltroni si era fermato a 14 milioni di voti, ma aveva vinto), la Margherita va ancora meglio, cinque milioni di voti, il 14,5, a due punti di distanza dalla Quercia che è andata in campagna elettorale senza capi riconosciuti. La pari dignità, la competition inseguita da Prodi, è stata realizzata da Rutelli. E la Margherita, da cartello elettorale, si trasforma in partito nel giro di due mesi, in un accaldato congresso all'hotel Ergife di Roma. Con un cambio strategico, però. Quando si arriva alle votazioni e agli organigrammi del nuovo partito i prodiani di Parisi scoprono amaramente che Rutelli si è già accordato con i popolari e che l'uomo-forte sarà lo stesso del Ppi: Franco Marini.

La Margherita sarà più centrista che ulivista. Rutelli ha perso le elezioni, ma ha vinto. Può cominciare la sua terza, quarta carriera politica a neppure cinquant'anni: da leader di tutto il centrosinistra, modello Ulivo con il progetto del Partito democratico, o della gamba di centro, per conquistare la rendita di posizione da cui tutto si governa, da qui all'eternità, andreottianamente. E all'ex pupillo di Pannella arriveranno all'ultimo congresso del Ppi nel 2002 i complimenti di Ciriaco De Mita: «Sei un bravo democristiano, gli ho detto mentre facevo finta di baciarlo, hai trovato una citazione di De Gasperi che non conoscevo neppure io...».

Il mondo cambia con uno sparo, il pomeriggio del 20 luglio 2001, in piazza Alimonda, a Genova, quando il ragazzo con il cappuccio Carlo Giuliani crolla a terra in una pozza di sangue. La Repubblica perde l'innocenza la notte dopo nella scuola Diaz, quando gli uomini dello Stato si trasformano in torturatori, aguzzini. E sul lungomare di Genova le cariche travolgono i pacifisti, le suore, gli scout. Una guerra sporca, le tute nere che devastano la città, la polizia che agisce fuori dalle regole democratiche, il movimento, anzi, i movimenti allo stato nascente e già violati, feriti, offesi. Per l'Italia il G8 di Genova 2001 è l'inizio della tragica estate che si concluderà nel mondo con i tremila morti delle Twin Towers. Sangue sull'asfalto, sangue sui muri della scuola, sangue e cenere che invadono gli schermi di tutto il mondo. Sono i movimenti che raccolgono il sussulto della storia di quei mesi e lo rilanciano nelle strade e nella Rete. I partiti assistono sfibrati, lo spartiacque dell'11 settembre riscrive le tavole dei valori della politica a livello globale ma l'antica sinistra non è in grado di raccogliere la sfida, in Europa e in Italia. Avanza una nuova generazione, quella che ha sfilato a Genova e che riempirà le piazze di bandiere arcobaleno. Post-ideologica, pochissimo interessata agli schieramenti nominali, anche se si sente genericamente di sinistra, ma di una sinistra nuova, senza confini, che si riconosce più nel medico di Emergency Gino Strada che in Rifondazione comunista, più nel missionario comboniano padre Alex Zanotelli che nei cattolici democratici. Richiede una nuova mediazione, una nuova rappresentanza politica, ma anche un'altra radicalità. Mentre la vecchia sinistra italiana è incapace di offrire sia l'una che l'altra.

Fassino e Cofferati. Il tavolo rosso sembra quello del dottor Stranamore. Intorno sono seduti uomini in maniche di camicia, si confrontano passioni, rancori, livori. Giorgio Tonini, neo-senatore dei Ds, ex presidente degli universitari cattolici della Fuci e veltroniano, lo indica rabbioso: «Questo partito non cresce perché c'è quel tavolo lì». Ad occuparlo, in effetti, sono tutti ex iscritti al Pci tranne Giovanna Melandri, dimostrazione plastica che la Cosa uno e la Cosa due non hanno funzionato. È il cuore del congresso dei Ds che finalmente si apre a Pesaro il 16 novembre 2001, dopo un percorso durato mesi in cui la Quercia ha corso il rischio di essere abbattuta. Ora ci siamo, il partito ha un nuovo segretario, un altro figlio prediletto del Pci berlingueriano: il torinese Piero Fassino, 52 anni, lungo e magro, già segretario dei comunisti della Mole quando a Roma regnava Berlinguer, il ritorno dei sabaudi alla guida del partito dopo la lunga diarchia romana dalemiano-veltroniana che ha portato, alle elezioni del 2001, al minimo storico. Ma intanto, e non per modo di dire, il mondo è cambiato. C'è un'Italia dominata dal berlusconismo che appare fortissimo, invincibile, in grado di digerire qualsiasi contraddizione interna. E avanza il movimento no global che sconta la distanza dalla sinistra ufficiale, Rifondazione compresa. I due mondi si incrociano alla marcia della pace Perugia-Assisi e finisce malissimo, perché Ds e Margherita hanno appena votato una mozione con cui si approva l'intervento militare in Afghanistan. Rutelli è il più scaltro, si presenta in favore di telecamere, al quarto chilometro e mezzo sale su una Lancia grigia e riparte. Lo stato maggiore dei Ds, invece, resta inghiottito nel ventre del corteo, in mezzo alla contestazione. Fassino e D'Alema avanzano per oltre due ore in mezzo ai fischi, sembra un film western di John Ford, giovani e giovanissimi indiani contro i generali della Quercia. Il servizio d'ordine si ferma, sbanda, prova a cambiare strada, riparte. D'Alema agita una manona di cartone, sembra dire: attenti, se vi avvicinate due ceffoni umanitari ve li mollo io. Ai primi applausi si compiace: «I nostri si stanno incazzando, bene. Adesso mi godo qualche altro chilometro di casino».

Il casino, il conflitto, è tutto a sinistra, non più sulle regole e sui contenitori, ma sulle categorie fondanti dell'impegno politico: la pace e la guerra, la non violenza e il terrorismo, il lavoro, nella stagione in cui la flessibilità torna a essere una maledizione e non una magnifica opportunità, come era stata presentata alla fine degli anni Novanta. C'è chi riporta le bandiere della vecchia sinistra all'interno della Quercia, nel perimetro dell'Ulivo, strappandole alla retorica di Bertinotti. Il leader della Cgil Sergio Cofferati, 53 anni, detto il Cinese per la freddezza e per gli occhi a fessura, nei congressi di Roma e di Torino è stato l'antagonista di D'Alema e Veltroni, il terzo incomodo. In vista del congresso di Pesaro schiera la sua organizzazione, il gigante Cgil, con la mozione congressuale che raccoglie gli ex veltroniani Fabio Mussi e Pietro Folena più la Campania di Antonio Bassolino e che candida alla segreteria Giovanni Berlinguer: il Correntone. Il sindacato per la prima volta partecipa con un documento ufficiale al dibattito congressuale, a esporlo è il numero due di Corso d'Italia, l'ex socialista Guglielmo Epifani. A Pesaro il Cinese parla l'ultimo giorno di congresso e individua i nuovi terreni di rappresentanza, gli interlocutori che la sinistra ha dimenticato: «Venerdì mattina si sono materializzate nella sorpresa generale 200mila persone», i manifestanti della Fiom a Roma. «Sono persone desiderose di valori, come i ragazzi di Genova. Chiedono, pensate un po', di poter votare per decidere da soli del loro futuro». Cofferati detta il manuale del buon riformista: «Un riformista non assiste passivamente, non è silente il riformista. Un riformista non si rassegna ad accettare che l'unica soluzione sia la guerra. Non è collaterale con la sottocultura della destra, con un liberismo isterico e populista». Il segretario della Cgil rassicura sulle sue intenzioni di fondare un partito: «L'ultima volta che il mio sindacato discusse di fare un partito del lavoro era il 1906, io non c'ero, il dibattito si è chiuso lì». L'obiettivo è un altro, rifare l'Ulivo, «la casa comune di tutti i riformismi, cattolici, laici e di sinistra». E la conquista della Quercia: «Da oggi ci sono due idee diverse di riformismo in campo...», avverte Cofferati. Una sola resterà.

Il primo atto del congresso è la proclamazione di Fassino a segretario, 137.611 voti, il 61,8 per cento contro i 75mila raccolti da Berlinguer. Fassino è stato ministro della Giustizia nel governo Amato e numero due di Rutelli nel ticket della campagna elettorale. Si muove in un paesaggio disastrato: il riformista Cofferati guida l'ala radicale dei Ds, la segreteria è una sfida tra un berlingueriano e un Berlinguer, gli ex diarchi assistono defilati e fanno autocritica. Veltroni: «A Genova si è capito che "I care" non era un'idea estemporanea. Ma non ho avuto la forza di realizzare la mia idea di partito». D'Alema: «Avevamo un progetto di modernizzazione del Paese, ma non sono stato capace di realizzarlo». Del sindaco di Roma sarà perfino difficile capire come ha votato, il presidente Ds all'amico Pino Soriero prima di intervenire confida sottovoce: «Pino, oggi non sentirai il D'Alema migliore. Perché quello migliore è il D'Alema cattivo, e oggi sarò buono...». In linea con il ramoscello di pace portato da Rutelli: «Sarò al fianco di qualunque candidato, voglio battere il record di non polemica tra di noi. Se dovessi rompere questo impegno vuol dire che qualcuno ha martellato sulle uova...».

Tra i due partiti, gli antichi Ds e la nuova Margherita, c'è una tregua: una nuova coppia al comando, dopo quella D'Alema-Marini ecco il tandem Rutelli-Fassino. Basata sulla stessa premessa: non esiste la prospettiva del Partito democratico, l'Ulivo è l'alleanza tra due partiti riformisti che non si rubano consensi. Sarà, invece, il tandem che porterà nel 2007 i due partiti a sciogliersi nel Pd. Ma in mezzo c'è lo scontro, tutto a sinistra, tutto dentro il cuore dei Ds. Tra partito e sindacato, tra Fassino e Cofferati. E non solo: si sta per aprire un nuovo biennio rosso. Con inediti, imprevedibili protagonisti.

«Faccio politica, non ho tempo di odiare...»

Nell'estate del 2013 Massimo D'Alema è un uomo che sembra molto più giovane e dinamico dei suoi 64 anni. Nella sua stanza da presidente della fondazione Italianieuropei in piazza Farnese sfoglia la lista dei prossimi impegni internazionali, nella cartellina c'è l'invito di Bill Clinton per il convegno annuale della sua organizzazione, e poi l'America Latina, l'Europa. «Ho incontrato Francesco Totti, un uomo di intelligenza rapidissima. A proposito di quanto ho da fare mi ha detto: "tu girerai per l'Europa, noi della Roma non tanto, in questo periodo..."». Eppure, in apparenza, è la prima stagione di vuoto della sua carriera politica che per tanti della sua generazione tende a coincidere con la vita. Il totus politicus *D'Alema fu eletto per la prima volta consigliere comunale a Pisa nel 1970, a 21 anni, si ritrova senza incarichi di partito, di governo, elettivi o parlamentari dopo essere stato leader del principale partito della sinistra, ministro degli Esteri, presidente del Consiglio. È stato molto amato, molto odiato, molto temuto. Parla del passato, della storia dell'Ulivo e del Pd, della caduta del governo Prodi nel 1998 e dell'impossibilità per il centrosinistra di darsi una leadership solida: una lunga analisi di vittorie, errori, sconfitte. Rivela la telefonata con cui Berlusconi gli annunciò di non poterlo votare per la presidenza della Repubblica, «"tanto il tuo partito non ti propone", mi disse». E poi le elezioni del 2013, «un rigore a porta vuota sbagliato», la notte in cui fu scelto Prodi per il Quirinale, «una decisione imposta», il congresso del Pd. Il futuro di Enrico Letta, «ha un compito transitorio», e di Matteo Renzi: «Difficile che il Pd possa accettare un capo plebiscitario». Segno che il futuro continua a interessargli più del passato. E che, anche senza incarichi, il capo si sente ancora lui, D'Alema.*

«I governi di centrosinistra hanno svolto un ruolo positivo nel Paese. Sia nella fase iniziale, mi riferisco ai governi Amato e Ciampi, sia con i governi dell'Ulivo, sia nella breve fase dell'Unione. In sostanziale continuità abbiamo governato con risultati via via erosi dal centrodestra, ma importanti: oltre all'euro, l'avvio di un consistente risanamento del debito pubblico, un peso nella politica internazionale con scelte coraggiose e difficili, nei Balcani, prima in Albania con l'operazione Alba, poi con la vicenda dolorosa del Kosovo, la presidenza della Commissione europea, la missione in Libano, la risoluzione dell'Onu contro la pena di morte, l'elezione dell'Italia nel Consiglio di sicurezza. Abbiamo fatto molte cose di sinistra, per esempio il risanamento economico senza intaccare lo Stato sociale. Merito anche della sua classe dirigente, quando Amato, Prodi o anche io andiamo all'estero siamo riconosciuti e rispettati. Al governo, però, ha corrisposto un'estrema debolezza politica del centrosinistra. Un'accentuata conflittualità interna che ha rovinato anche i successi governativi. Non siamo riusciti a organizzarci in una forma politica coesa e moderna e a risolvere in modo efficace il tema della leadership».

«La leadership non è la ricerca dell'uomo della Provvidenza, così come è concepita dai media italiani, una visione primitiva. Se si legge la collezione di "Repubblica" si vede che nel corso degli anni sono stati selezionati come uomini della Provvidenza, sono stati proposti come la panacea di tutti i mali personaggi che poi, alla prova dei fatti, si sono dimostrati delle meteore. La leadership è una questione molto più complessa: nei grandi Paesi democratici è espressione di un gruppo dirigente, è la capacità di stare insieme di un gruppo. Negli Stati Uniti nel 2008 Barack Obama ha vinto le primarie, ma il suo Segretario di Stato è diventato Hillary Clinton, non l'assistente di Obama. In Inghilterra si dice che il premier per concentrazione dei poteri sia l'uomo più potente del mondo perché è il capo del governo ed è il capo della maggioranza parlamentare, ma il suo partito può sostituirlo dalla sera alla mattina senza che qualcuno gridi al ribaltone. Ricordiamoci della Thatcher e anche di Blair... In Italia il dibattito sulla leadership è stato condizionato da una violenta campagna anti-politica di cui la sinistra è stata vittima. La crisi dei partiti, il grande rivolgimento della fine degli anni Ottanta, ha visto entrare in campo una borghesia sostanzialmente anti-democratica che non ha mai tollerato i partiti. Vogliono comandare loro, attraverso i loro giornali, la potenza del denaro. Una borghesia mediocre, perché altrimenti l'Italia sarebbe un grande Paese, che vive nel conflitto di interessi, perché Berlusconi è solo la punta dell'iceberg, l'episodio più macroscopico, ma il conflitto di interessi è la regola. Il leader solitario che si oppone al partito viene esaltato a priori: Renzi è l'ennesima messa in scena di questo spettacolo. Renzi rischia di essere – anche lui – vittima di questo schema, basta vedere la sovraesposizione a cui i media lo sottopongono. Naturalmente, come spesso accade, tutto questo è costruito sulla base di estreme forzature. La più curiosa e contraddittoria è quella di raffigurare Renzi come nemico delle correnti, salvo poi leggere un giorno sì e un giorno no che i senatori renziani si sono riuniti per decidere questo o quello. Mi domando: ma cosa sono "i senatori renziani"? Un vero nemico delle correnti non dovrebbe avere "i senatori renziani", o mi sbaglio?».

«Il centrosinistra ha sempre oscillato tra la costruzione di un partito europeo e l'idea che, invece di fare un partito, il problema fosse quello di trovare un Berlusconi di sinistra. Non so se sia una legge, ma quando il partito è stato diretto da chi non ha mai detto "non sono stato comunista", sono state consentite operazioni coraggiose e sono state costruite soluzioni che ci hanno fatto vincere».

«Prodi non è mai stato un Berlusconi di sinistra. Io andai da Prodi subito dopo la mia elezione a segretario del Pds nel 1994, gli dissi: "Professore, si prepari, lei deve fare il leader del centrosinistra", lui mi rispose: "Sei matto". Il Pds aveva il 21 per cento, per prendere la maggioranza di governo bisognava fare una grande operazione di apertura con il mondo cattolico, costruire un centrosinistra di tipo nuovo e Prodi era la personalità adatta. Rappresentava una novità e al tempo stesso rassicurava l'establishment. Perché non si governa contro l'establishment: questo è sempre stato il mio limite, non riesco a nascondere il fastidio per certi salotti che amano essere adulati, non rispettano la forza della politica, a loro piace la politica che si mette al servizio. Me lo disse una volta Gianni Agnelli: "Lei è bravissimo, è un uomo di grande prestigio, ma da noi non le sarà mai riconosciuto"».

«A Gargonza non feci un discorso contro la società civile e l'Ulivo. La tesi di fondo di quel seminario era che con l'Ulivo la società civile aveva vinto le elezioni. Io ho una passione per la letteratura, leggo due romanzi a settimana, ma se faccio politica vado a vedere i numeri. Alle elezioni del 1996 la somma dei voti tra Berlusconi, Fini e Bossi superava il 52 per cento. La società italiana aveva votato in grande maggioranza per Berlusconi e Bossi. Attenzione, dissi, se non capiamo questo rischiamo di fare una politica sbagliata. Noi vincemmo perché, grazie a un'operazione politica pur molto criticata, riuscimmo a convincere Bossi a non correre con Berlusconi. Coinvolgemmo Lamberto Dini e stipulammo un patto di desistenza con Fausto Bertinotti. Ricordo che Prodi era molto riluttante su queste due operazioni, ma è indiscutibile che, se non le avessimo fatte, l'Ulivo non avrebbe vinto e non sarebbe mai andato al governo, come dicono i numeri: al di là di ogni discorso, i numeri sono testardi. La vittoria dell'Ulivo fu una costruzione politica. Tutto il resto, pullman compreso, furono cose importantissime, ma ingredienti di un'operazione più complessa. Perfino l'inno, la *Canzone popolare*, fu scelta da noi, fu Gianni Cuperlo a selezionare le musiche: questo povero partito aveva fatto la sua parte e non era un cane morto. Questo dissi a Gargonza. Non volevo offendere nessuno, ma solo ricordare la verità».

«Non c'è mai stata a sinistra un'analisi esatta della consistenza della destra. Abbiamo sempre sofferto dell'idea sbagliata che Berlusconi fosse colpa nostra, che eravamo stati noi di sinistra a tenerlo in piedi perché non avevamo fatto la legge sul conflitto di interessi... Sia chiaro, la legge andava fatta all'epoca e va fatta oggi. Lo dico con convinzione, perché sono stato io, nel centrosinistra, a impegnarmi più di ogni altro per far approvare un testo serio sul conflitto di interessi. Ma dobbiamo essere consapevoli che se l'avessimo fatta Berlusconi avrebbe preso due milioni di voti in più! Avrebbe venduto tutto ai figli, dichiarando che si spogliava dei suoi averi per colpa dell'esproprio dei comunisti, ma che lo faceva per il bene dell'Italia. Insomma, Berlusconi è, ci piaccia o no, espressione di una certa pancia del Paese. E la destra, in questo Paese, ha avuto e continuerà ad avere una rilevante base di massa con la quale non si potrà non fare i conti. Mi è capitato di dire una volta, tra il serio e il faceto: la sinistra è un male, solo l'esistenza della destra rende la sinistra tollerabile, parlo di quella sinistra salottiera e superficiale, cui i giornali danno spesso voce. Noi eravamo consapevoli della debolezza dei partiti, avevamo misurato la loro insufficienza nel 1994, ci era evidente che serviva un centrosinistra di tipo nuovo, non ci accontentammo del patto con i popolari. Per questo abbiamo fatto l'Ulivo, e i più resistenti a questa visione sono stati proprio i popolari. Però l'ideologia che i partiti sono cattivi mentre la società civile è buona è una visione chiaramente distorta della società italiana. E nasconde i problemi reali: anche la questione morale non è un'esclusiva dei partiti, non è mai stato così. Basta pensare al mondo dell'economia, delle professioni e persino al mondo dell'informazione. In ogni settore c'è il buono e il cattivo, ci sono le persone oneste e quelle che lo sono di meno, come è normale che sia. Ma solo la politica è nel mirino. Nel momento in cui viene alla luce la lista dei giornalisti che ricevono soldi da Finmeccanica oppure la testimonianza delle relazioni di Luigi Bisignani con quello che viene considerato il maggiore quotidiano italiano, questa sarebbe l'occasione, per un giornalismo vero, per aprire un dibattito sulla libertà di stampa nel nostro Paese e non per nascondere tutto in un clima di omertà. Lascio immaginare se ci fossero stati dei politici in quelle intercettazioni, che fine avrebbero fatto».

«Nel 1998 ho sbagliato ad accettare di andare a Palazzo Chigi in quelle condizioni. Di recente, una fonte insospettabile come il presidente Ciampi ha pubblicato il suo diario con la ricostruzione, a cura di Umberto Gentiloni, di quei giorni, da cui risulta evidente che non c'è mai stato nessun complotto. Da quella ricostruzione appare chiaro il mio tentativo di fare in modo che, dopo le dimissioni di Prodi, fosse Ciampi a costituire il governo. E si capisce anche bene che non fui certo io a far fallire questo tentativo. Il complotto è una menzogna che è stata diffusa per ragioni di odio politico, per cui ho pagato sul piano personale un prezzo molto alto e che ha segnato profondamente il corso delle vicende del centrosinistra per lunghi anni. Vorrei anche ricordare una notizia che è stata cancellata dalla memoria storica, cioè che io mi risolsi, con molti dubbi, ad accettare l'incarico di formare il governo solo quando a chiederlo furono Prodi e il gruppo dirigente dell'Ulivo. Nei diari di Ciampi si scrive che Prodi gli telefonò, gli disse che purtroppo il suo tentativo non poteva essere coronato da successo e concluse con le seguenti parole: "Speriamo che ce la faccia Massimo D'Alema e noi gli daremo una mano". Credo che Ciampi sia un testimone al di sopra di ogni sospetto».

«Il Partito democratico doveva essere la sintesi tra due modelli che si sono confrontati per anni: il tentativo di costruire una grande forza riformista tenendo conto della peculiarità italiana, la presenza, accanto alla tradizione della sinistra, di un filone di riformismo politico di matrice cattolica. Partito, lo abbiamo chiamato così, non Ulivo: una forza organizzata, punto di arrivo di una lunga esperienza comune in cui si era formata una cultura del centrosinistra, non sbucava dal cilindro come sarebbe stato nel 1994, in mezzo c'è stato un lavoro comune, il governo insieme. Veltroni è sempre stato parte della nostra storia, da ragazzo lavorava nell'ufficio accanto al mio, ne conosco da sempre qualità e difetti. E con lui non ho avuto mai conflitti di carattere personale, ma politico. Ci siamo uniti con i cattolici che a volte sono più a sinistra degli altri, c'è un comune sentire. Nel 2008 dissi che l'amalgama non era riuscito, ora le componenti si sono rimescolate, il pericolo per il Pd è un altro».

«Alle elezioni del 2013 abbiamo subito uno shock, c'è stato un rigore a porta vuota sbagliato. Siamo stati incapaci di intercettare un bisogno di cambiamento che c'era nel Paese e che si è manifestato in forme radicali, confuse, qualunquiste, come è tipico della storia nazionale, ma che sarebbe stato attratto da una proposta più convincente. Abbiamo sottovalutato la spinta di un profondo senso anti-politico, anti-partitico, anti-istituzionale che non è un fenomeno solo italiano. La vera novità è che questo sentimento si indirizza verso l'Europa che per il centrosinistra negli anni Novanta è stata il punto di aggancio per uscire dalla crisi italiana. Proprio per questo, le forze democratiche europeiste avrebbero dovuto presentarsi insieme alle elezioni, non divise. In questo senso, purtroppo, Mario Monti ha giocato un ruolo negativo, ostacolando una aggregazione più ampia. C'è stata una eccessiva continuità con il passato, uno scarso contenuto innovativo, scarsa capacità di comunicazione e di messaggio, di fronte a un elettorato mobile, incerto fino all'ultimo momento. Alle elezioni del 24-25 febbraio nel Lazio il centrosinistra ha preso alle politiche 987mila voti, il 29,8 per cento, lo stesso giorno si è votato per le regionali, il centrosinistra guidato da Nicola Zingaretti ha preso 1.330.398 voti, il 40,65 per cento, 343mila voti in più. Il Movimento 5 Stelle ne ha presi 266mila in meno. Questo spiega anche gli errori dei sondaggisti: c'era un elettorato che lo stesso giorno ha votato in modo diverso. Nel voto c'è stata una radicale domanda di governo e di innovazione che non siamo stati in grado di incrociare. E Renzi non può tirarsi fuori, un leader deve avere consapevolezza che non si può presentare come una forza distruttiva non solo delle persone ma anche delle tradizioni. Con un approccio diverso, avrebbe potuto vincere le primarie e poi le elezioni. Lo ha riconosciuto anche lui, ammette di aver compiuto un errore e afferma di voler andare oltre la rottamazione, vedremo se sarà conseguente...».

«Voglio bene a Bersani, l'ho sostenuto in ogni modo. Anche il gesto della rinuncia alla candidatura al Parlamento lo ha certamente aiutato nel fuoco delle primarie. Cosa potevo fare di più? Ma dopo il voto ha perso lucidità, era dominato dall'idea che senza avere la maggioranza avrebbe comunque potuto fare il governo, cosa palesemente infondata. Ne parlammo e gli dissi di stare attento, era il segretario del partito che aveva la maggioranza alla Camera ed era la chiave della maggioranza presidenziale, era in una posizione di forza, insistere per farsi dare l'incarico di formare il governo lo avrebbe invece seriamente indebolito. Gli consigliai di fare un gesto, di cambiare lo scenario, di candidare Stefano Rodotà alla guida del governo. Il Movimento 5 Stelle sarebbe stato messo in difficoltà e forse la legislatura sarebbe cominciata diversamente. Non era una provocazione, era la scelta politica a mio giudizio opportuna in quel momento».

«Nelle ore che precedettero le votazioni per il presidente della Repubblica ho parlato al telefono con Prodi, era ancora in Africa, è stata una conversazione molto sincera e amichevole. Lo avvertii che il modo in cui si era giunti alla sua candidatura, dopo la liquidazione di Franco Marini, rischiava di esporlo a una vera e propria trappola. Non è vero che quella mattina tutti applaudirono Prodi, nessuno si è dato pena di sapere cosa è successo quella mattina. Non c'ero, ma me l'hanno raccontato in tanti: i parlamentari si sono trovati di fronte a quella che è stata da molti vissuta come una scelta imposta, come una decisione contraddittoria, non discussa. In sala c'era la metà di chi avrebbe dovuto partecipare, c'è stato l'applauso di alcuni, c'è stato l'errore grave di chi non era d'accordo, avrebbe dovuto parlare e non lo ha fatto.

Prima dei 101 c'era stata la votazione su Marini. In quella vicenda trovo grave che dopo il disastro che era accaduto con Marini la segreteria non abbia sentito il dovere di aprire una discussione politica: si poteva votare scheda bianca e intanto riflettere su cosa fare. L'operazione Marini non era soltanto la scelta di una personalità importante del Pd, ma anche di un'impostazione politica. C'è stata una sequela di errori: dopo le elezioni dissi in un'intervista al "Corriere" che, poiché non avevamo vinto le elezioni, il Pd avrebbe dovuto proporre al Movimento 5 Stelle e al Pdl le presidenze delle Camere. Chi non ci stava si sarebbe assunto la responsabilità di dire di no. C'erano tre forze quasi equivalenti, solo se le avessimo chiamate a una comune responsabilità istituzionale avremmo poi potuto rivendicare il nostro ruolo. Fui trattato da inciucista, quando invece era l'unica via per evitare l'inciucio, di finire a fare un governo con Berlusconi, come poi è successo».

«Il giorno in cui fu concordato il nome di Marini, mi telefonò Berlusconi. Non lo sentivo da diversi anni, all'inizio mi chiese se ci davamo del tu o del lei. "Ci sono dei parlamentari del Pdl, soprattutto i più giovani, che vorrebbero votare per te. Ma noi non possiamo farlo: i nostri elettori ti considerano l'avversario più pericoloso, più insidioso...". E cominciò a farmi l'elenco dei mali che gli avevo procurato. Io lo bloccai: "Fermati, ti prego, queste cose dille in un'intervista a 'Repubblica', così smettono di rompermi...". Parlammo di altre personalità per il Quirinale, io avrei visto bene Amato. "Comunque non siamo messi in imbarazzo", concluse malignamente, "tanto il tuo partito non ti propone". Sapevo da Berlusconi che non potevo venire fuori da quel tipo di scenario, ero assolutamente sereno».

«Poi il nome di Marini non è stato votato da un pezzo del partito e allora, senza una discussione di qualche tipo, è stato cambiato non il candidato ma l'intera strategia: prima si è tentata l'unità nazionale con Berlusconi su Marini e poi, nel giro di qualche ora, senza nessuna discussione politica, è emersa la candidatura di Prodi, su cui Berlusconi aveva minacciato di andare all'estero se fosse stato eletto. In molti non hanno capito più nulla».

«Con Bersani e con le elezioni del 2013 abbiamo avuto una grande opportunità e non l'abbiamo colta, quando succede questo paghi un prezzo. Ma ritengo sbagliata la pretesa di Renzi di impadronirsi del partito con l'idea di farne il tramite per la presidenza del Consiglio. È un errore grave, destinato a creare una ferita seria e rendere il suo cammino verso la premiership non più agevole ma più difficile. Non so che cosa possa accadere, c'è una parte del nostro mondo che per protesta adesso lo sostiene, vedo anche episodi di opportunismo. Non so se Renzi abbia davvero voglia di impegnarsi a fare il segretario del partito e comunque temo che lo guiderebbe in un quadro di fortissima conflittualità. Rischia di logorarsi, e per non logorarsi ha una sola via d'uscita: logorare il governo Letta. Ma non è il Pd che può assumersi la responsabilità di far cadere il governo Letta per la fretta di qualcuno».

«Renzi è figlio del nostro tempo. Di un'idea della politica molto esteriore, non so quali capacità effettive di governo abbia. Bill Clinton una volta mi disse che la gente non ama la politica e non ama i politici, è disposta a votare i leader che raccontano le storie, capaci di narrazione, ma che poi sfortunatamente non sono capaci di governare. È il grande problema delle democrazie. L'unica soluzione sarebbe non sdoppiare gli incarichi, ma sdoppiare il leader, tra il candidato e il governante...

Letta viene da una scuola più robusta e ha esperienze di governo che Renzi non ha. Il suo compito non è la pacificazione con Berlusconi, ma creare le condizioni per cui il conflitto sia più civile e produttivo per il Paese. Un compito transitorio. Non so quanto potrà incidere il governo sulla ripresa economica, molto dipenderà da fattori che in parte notevole non dipendono da noi ma dall'Europa dove si è aperta una battaglia politica. Le prossime elezioni europee saranno decisive: l'Europa non è più scontata, è terreno di scontro politico e Letta si è schierato bene, è prudente e insieme combattivo. Ma la verità su questo governo si vedrà quando usciranno le proposte di riforma costituzionale ed elettorale: se il progetto ha un senso allora il governo andrà avanti, ci sarà il semestre di presidenza europeo e si potrà votare nel 2015, altrimenti si deve fare una legge elettorale di tre righe in cui si abolisce il Porcellum e si ripristina il Mattarellum e poi tornare a votare».

«Al Pd serve un segretario che si occupi a tempo pieno del partito. Renzi può prepararsi al governo, candidandosi al Parlamento europeo e facendo un'esperienza internazionale importante. Parliamoci chiaro: in questo momento, Renzi non è solo la personalità politica più popolare del Paese, ma è anche l'unico leader in grado di suscitare un certo entusiasmo in una parte del mondo giovanile, così dicono i sondaggi. Nessun partito può essere così folle da voler indebolire una risorsa importante non solo per noi, ma direi per un sistema politico che ha molto bisogno di riconquistare la fiducia dei cittadini. Una volta tanto sono d'accordo con un giornalista, Gian Antonio Stella. Ha scritto che il vero avversario da cui deve guardarsi Renzi è Renzi. Una certa sensazione di smania di voler fare tutto, di voler dichiarare su tutto, comandare tutto non può che alienargli delle simpatie. Lui mi ha combattuto, ma non gli voglio male nel modo più assoluto. Ho cercato e cerco di condurre un dialogo con lui, che spero sia utile a tutti noi. Tenga conto, Renzi, che il Pd è un partito plurale, che può sostenere con convinzione un candidato, ma che difficilmente accetterà un capo plebiscitario. Sto parlando di politica. Non vi è nulla di personale, non solo perché Renzi mi è simpatico, ma anche perché penso che chi fa politica non debba mai farsi condizionare né dal rancore né dall'amicizia, ma debba guardarsi in particolare dal nutrire rancori personali. Ricordo due anni fa che durante una riunione con Fini e Casini per far cadere il governo Berlusconi, Casini mi rivelò che erano stati loro due a impedire la mia elezione al Quirinale nel 2006, in quel momento a Berlusconi conveniva sostenermi. "Tu ci dovresti odiare", mi disse. Ma io gli risposi che non coltivo questi sentimenti. Io faccio politica, non ho tempo di odiare».

Capitolo 6
L'Urlo

«Grazie di essere venuti. Anzi, no, un attimo. C'è Nanni Moretti che chiede di parlare...». Alle diciannove la piazza si è svuotata, è una serata fredda, umida, è il 2 febbraio 2002, la manifestazione organizzata da Nando dalla Chiesa e dai parlamentari del comitato La legge è uguale per tutti si avvia stancamente alla conclusione. Ormai c'è più folla sopra che sotto il palco: quasi tutti i leader dell'Ulivo, Rutelli e Fassino, D'Alema, Willer Bordon e il rientrante Antonio Di Pietro. Qualcuno continua ad arrivare, sul sito è stato annunciato che l'iniziativa si sarebbe tenuta in piazza Farnese, invece è nella vicina piazza Navona. In fondo alla piazza, segnalano, si aggira il regista vincitore a Cannes con La stanza del figlio*, a volte partecipa ad appuntamenti di questo tipo, ma non è mai intervenuto. Non è l'intellettuale engagé, professionista di queste occasioni, semmai l'elettore medio. C'è sorpresa quando dalla Chiesa dal microfono annuncia che Moretti vuole parlare. Forse qualcosa lo ha colpito, forse il momento è importante, chissà. In ogni caso è un fuori programma che inorgoglisce Rutelli e Fassino, i due segretari si predispongono a incassare un sostegno inaspettato e prestigioso...*

«Eccolo, eccolo...», applaudono mentre sale. Moretti, sciarpa, loden, maglione e camicia a scacchi, non tradisce le attese: «Stranamente durante questa serata ho avuto momenti di ottimismo...». Il seguito della frase lascia le penne dei giornalisti a mezz'aria, non è il caso di prendere appunti, bisogna ascoltare. Comincia con un ma: «...ma devo dire purtroppo che avendo ascoltato gli ultimi due interventi anche questa serata è stata inutile!». Gli ultimi due, Rutelli e Fassino, cioè. «Il problema del centrosinistra è che per vincere bisogna saltare due, tre o quattro generazioni. Berlusconi fa il pieno del suo elettorato, parla alla pancia degli elettori del centrodestra, naturalmente se li compra con le sue televisioni, con personaggi come Fede, che non è un personaggio comico come la sinistra pensa,

ma è violento, uno squadrista. Negli ultimi interventi di Rutelli e Fassino, che scarso rispetto per le opinioni delle elettrici e degli elettori! Si chiedeva un minimo di autocritica rispetto alla timidezza, alla moderazione, al non saper più parlare alla testa, all'anima e al cuore delle persone. Mentre la burocracija *che sta alle mie spalle non ha capito nulla di questa serata: mi dispiace dirlo, mi dispiace davvero, ma con questo tipo di dirigenti non vinceremo mai!».*

Dura tre minuti e quaranta, sul palco non sorride più nessuno. Rutelli si appoggia alla spalla della senatrice della Margherita Albertina Soliani, la cravatta storta, lo sguardo perso in un altrove lontano, l'espressione sghemba in tutto identica a quella dell'imitazione di Corrado Guzzanti, D'Alema è già sceso giù, ha incollato sul volto un ghigno esterrefatto e quasi invidioso, come se al fondo la situazione lo diverta, Di Pietro ha scelto la serata sbagliata per rientrare nel centrosinistra: «Massimo, basta con questi Tafazzi della sinistra!». Gridano tutti, ora, qualcuno anche contro Moretti: «Basta darsi martellate da soli!». Lui si volta lentamente, sembra all'improvviso sfinito: «Guarda che abbiamo già perso». Poi si allontana, da solo, nella piazza.

Nel governo della destra in carica da nove mesi è stato appena eliminato il ministro degli Esteri Renato Ruggiero, fuori linea e in rotta con la Lega di Bossi sull'Europa, Berlusconi ha assunto l'interim della Farnesina concentrando su di sé un potere senza precedenti: padrone assoluto della maggioranza, presidente del Consiglio, ministro degli Esteri, monopolista della televisione commerciale e sul punto di conquistare il consiglio di amministrazione Rai, in attesa di regolare i conti con la magistratura... L'opposizione parlamentare del centrosinistra appare paralizzata. Eppure qualcosa si muove, fuori. Il 23 gennaio a Firenze trecento professori e 15mila persone sfilano dal rettorato al Palazzo di Giustizia «contro il governo Berlusconi e gli attacchi alla democrazia», tra di loro lo storico inglese Paul Ginsborg e il geografo Francesco Pardi detto Pancho. Il 26 gennaio alcune migliaia di persone si tengono per mano attorno al Palazzo di Giustizia di Milano, a convocarle sono stati la giornalista Daria Colombo con il marito Roberto Vecchioni e il medico di Emergency Gino Strada. Non è una catena umana, piuttosto un girotondo. Lo slogan è «resistere, resistere, resistere», come ha invitato a fare il 12 gennaio nel suo discorso di congedo il procuratore capo di Milano Francesco Saverio Borrelli, storico capo del pool di Mani Pulite ai tempi di Tangentopoli. Toga ed ermellino, la voce ferma, Borrelli attacca «le sabbie mobili della corruzione», «gli interventi esterni per sabotare i processi», «gli imbonimenti televisivi contro i giudici». Cita Piero Calamandrei, la cultura azionista, gli uomini in grigio che fanno applicare le leggi e la Costituzione, senza i quali non ci sarebbero regole e legalità. E conclude con un appello a non cedere: «Ai guasti di un pericoloso sgretolamento della volontà generale, al naufragio della coscienza civica nella perdita del senso del diritto, ultimo, estremo baluardo della questione morale, è dovere della collettività resistere, resistere, resistere come su una irrinunciabile linea del Piave».

I vertici dei partiti cercano di chiudere rapidamente l'incidente di piazza Navona. «Tutti vanno ascoltati, va bene anche Moretti. È un grande intellettuale, non è detto che capisca anche di politica», minimizza Rutelli. «Come tutti i comici, i saltimbanchi, le ballerine va preso con simpatia e leggerezza. Nulla di più», ironizza il deputato della Margherita Giuseppe Fioroni. E Francesco Cossiga: «Un guitto che si è montato la testa. Sarebbe ben triste che il Partito comunista di Gramsci, Bordiga, Togliatti, Berlinguer e Natta gli vada dietro». Ma "l'Unità", diretta da Furio Colombo e Antonio Padellaro, pubblica decine di messaggi, come avveniva ai tempi delle grandi crisi del comunismo. «Grazie Nanni, il tuo urlo era anche il mio» (Pietro Farro, Monte Porzio Catone). «Ringrazio Nanni Moretti per avere espresso i sentimenti di tanti ex elettori ed ex attivisti del centrosinistra che sono stati messi in condizione di non essere più ascoltati» (Sauro Zoffoli, Cesena). Due giorni dopo scrive anche un dirigente di partito. È Piero Fassino: «Caro Nanni, nelle tue parole si è manifestato il sentire di tanti cittadini che non si sentono adeguatamente rappresentati...».

Un nuovo girotondo si autoconvoca per il 17 febbraio attorno al Palazzo di Giustizia di Roma, il Palazzaccio umbertino, questa volta arrivano in quattromila e c'è anche Moretti. Senza bandiere di partito: «Chiunque condivida l'iniziativa, al di là delle appartenenze politiche, è invitato alla manifestazione», scrive il comitato promotore che poi, in realtà, sono tre donne, oltre a Daria Colombo, due traduttrici e interpreti, Marina Astrologo e Silvia Bonucci: «Servono prima le firme, poi le autorizzazioni, poi un logo e l'auto-tassazione... Ma la cosa principale è l'allegria», raccontano. Al Palavobis di Milano gli autoconvocati sono 40mila, i politici restano fuori. Domenica 10 marzo c'è il girotondo più affollato, intorno al palazzo della Rai di viale Mazzini. È già primavera, attorno al Cavallo morente si formano una, due, tre, quattro catene. Ci sono per la prima volta i politici, Fassino, Franceschini, Occhetto, confusi in mezzo al serpentone umano che li accoglie, Rosy Bindi, la più applaudita, «pasionaria», le urlano. Ceto medio riflessivo, lo chiamano, ma anche i fedeli che escono dalla messa della parrocchia di Cristo Re si prendono per mano. Signori con l'impermeabile, con la busta a fiori della spesa. Migliaia di persone in una fila caotica che si intreccia, sbanda in curva, «inverti il senso!», sbraita Fassino, spirito pratico, «vi vogliamo più incazzati!», gli gridano. Moretti, in completo di velluto blu, felice nel cuore di un quadrilatero di pasticcerie a lui caro («qui c'è Giolitti, lì c'è Pontisso, qua Vanni, là Antonini...»), saluta il segretario dei Ds, bacia la Bindi. «Vorrei che i partiti del centrosinistra avessero questa stessa tranquilla fermezza, questa voglia di non arrendersi. È nato un movimento, sarebbe il caso che i dirigenti lo valorizzassero».

«Un nuovo tipo di contestazione si sviluppa contro Berlusconi», titola "Le Monde" in prima pagina. Nel 1995-96 il popolo dell'Ulivo aveva sorpreso i partiti, ora i movimenti crescono fuori dai circuiti tradizionali, sono un Ulivo selvatico. Comitati in tutte le città: le Girandole a Milano fondate da Simona Peverelli e Emilia Cestelli, Altera a Torino con Gianni Vattimo e Nicola Tranfaglia, La Sveglia 6.30 a Bologna, con Federico Enriques e Stefano Benni, e anche Citoyens del filosofo Stefano Bonaga, i professori di Firenze e il gruppo Esserci a Napoli e i neoprimaveristi a Palermo. Gli slogan: Resistere-resistere-resistere, made in Borrelli, e Giro-giro-tondo, abbiamo toccato il fondo. I simboli: un tulipano arancione per il movimento per la legalità del Palavobis, una sveglia per gli ulivisti di Bologna, un cerchio colorato per i girotondini romani. I libri: *L'odore dei soldi* di Elio Veltri e Marco Travaglio. La trasmissione: "Sciuscià" di Michele Santoro. Gli intellettuali: oltre a Moretti, Sabina Guzzanti e Dario Fo, Antonio Tabucchi e Andrea Camilleri, il direttore di "Micromega" Paolo

Flores d'Arcais e Carlo Freccero. Non è un movimento anti-politico, chiede ai partiti di centrosinistra più unità e più combattività. «Sono raduni di persone in carne e ossa che esprimono un comune bisogno di democrazia di fronte a un clima politico degenerato e asfissiante. È buffo che negli stenditoi di palazzo, non solo a destra ma anche nella supposta sinistra, qualcuno accusi di radicalismo, massimalismo, ideologismo, vanità, questo nuovo protagonismo sociale. Non c'è in giro oggi una malattia infantile estremista, c'è una malattia senile della politica istituzionale che la destra vuol tradurre in regime e la supposta sinistra in pigrizia e dissoluzione», scrive Luigi Pintor sul "manifesto"[1].

Massimo D'Alema si esprime sull'urlo di Nanni Moretti due giorni dopo piazza Navona, durante una festa di tesseramento della sezione Ds-Mazzini cui è iscritto. Birreria Guinness club, in piazza Cavour, nel cuore di Roma Centro, anzi di Roma Nord, anzi di Roma Prati, nel quartiere più morettiano che c'è. Il giovanissimo segretario della sezione Matteo Orfini ha chiuso l'accesso ai giornalisti, D'Alema parla nella sala sotterranea sul podio del dj, sotto un ritratto dei Beatles, sicuro di essere ascoltato solo dai suoi compagni: «Quello di Moretti è stato un atto stalinista. Appartiene allo stalinismo attaccare i compagni perché si sono perse le elezioni e fare come se l'avversario non ci sia. Solo che prima ti fucilavano, mentre noi non possiamo essere eliminati. Ci dovrete sciroppare ancora a lungo. E io continuerò...». Quando il cronista si manifesta il capo della Quercia non si scompone: «È venuto per iscriversi al nostro partito?». Poi afferra uno sgabello e una birra, ha voglia di parlare: «Preoccupato? No, mai stato meglio. Avete fatto di tutto per dividerci, voi giornalisti, ma credo che tutto questo finirà presto perché la gente è stufa dei rompicoglioni. Estremismo, radicalismo sono malattie, questo ce l'hanno insegnato da piccoli, meglio un corteo silenzioso ma unitario che tremila persone che urlano. Chiedono un'opposizione forte, ma questo significa letteralmente un'opposizione che ha la forza, dovrebbero saperlo quelli che gridano. Noi siamo la prima generazione che ha portato la sinistra al governo». Per poco, presidente... «Vabbè, per poco, per molto, non conta!».

[1] L. Pintor, *Girotondi*, in "il manifesto", 24 febbraio 2002.

C'è anche Luigi Pintor, il 19 marzo, seduto in prima fila al teatro Quirino al convegno sulla primavera dei movimenti organizzato da Paolo Flores d'Arcais e "Micromega" in cui interviene Moretti. Il regista per la prima volta legge un testo scritto. Foglietti, appunti, pagine di un libro. «Di questi tempi quando sali su un palco c'è sempre qualcuno che ti contesta e ti dice: voi fate anti-politica. Ma cos'è l'anti-politica? Sono le nostre tranquille manifestazioni o le certezze di chi perde sempre perché gli altri non l'hanno capito? L'anti-politica sono i girotondi o le loro ridicole ripicche? Anti-politica era chi nel '98 voleva andare alle elezioni dopo la sciagurata mossa di Bertinotti o quel dirigente della sinistra che disse: non possiamo consegnare il Paese alla destra? Anti-politica è il girotondo o chi dava la patente di statista a Berlusconi, un'espressione che si usava solo per Moro, a lui che è il contrario dell'uomo di Stato, che non capisce cosa sia la democrazia? Ci mettono in guardia dalla deriva massimalista, ma un sondaggio, ormai dobbiamo parlare anche dei sondaggi, spiegava che il 24 per cento degli elettori di centrodestra è favorevole ai girotondi, quando è successo che un'iniziativa dell'opposizione conquistasse un quarto degli elettori del centrodestra? La verità è che sono politici improvvisati...». E chiude con un desiderio: «Per la notte di San Lorenzo chiesi che Fini si staccasse da Berlusconi e diventasse il capo della destra italiana: l'avevo sottovalutato politicamente e sopravvalutato moralmente». Ma questo, almeno, è un desiderio destinato ad avverarsi.

«'Ndo stavi quando c'era il G8, in barca?». Lo striscione è al centro del Palacongressi di Firenze, la sera del 25 febbraio i professori di Pardi e Ginsborg hanno invitato D'Alema per un confronto pubblico, il presidente del Pds non si tira indietro, eccolo qui, l'emiciclo sembra una fossa, in migliaia dentro e fuori, ingoia una mentina, si toglie la giacca, il match può cominciare. «La maggior forza della sinistra, i Ds, ha offerto una lettura della società subalterna, stanca, ha prodotto un modo di fare politica chiuso. La visione di D'Alema è quella di Montecitorio, c'è un pessimismo di fondo verso la società che lasciata a se stessa può solo combinare guai...», attacca Ginsborg. «L'autocritica non si fa a comando», inizia D'Alema, subito interrotto da ululati in platea. «Non credo che in Italia ci sia un regime...». Urla dalla sala: «Di' qualcosa sulla giustizia». «Nel

secondo intervento, il mio tempo è scaduto», risponde lui. «No, sei tu che sei scaduto!». «Berlusconi sarebbe al potere dal '94 se non ci fosse stato chi ha messo insieme Dini e Rifondazione...», prova a dire tra i fischi. «Fischiare i numeri, diciamo, non ci fa fare passi in avanti». «Non abbiamo fatto nessun accordo con la destra...», riprende. Paolo Flores d'Arcais, in sala, si mette le mani ad altoparlante sulla bocca e grida: «La bozza Boatoooo!», ovvero la riforma della giustizia progettata nella Commissione Bicamerale dal deputato verde Marco Boato con il via libera di Berlusconi. «Era una buona proposta», commenta l'ospite. «Alla fine di questa vicenda avremo un Berlusconi più forte, un'opposizione delegittimata e una protesta che faticherà a trovare uno sbocco». L'assemblea prosegue per ore, nessuno si muove, interviene Pardi, parlano i ragazzi. «Sono abituato alla lotta politica», conclude D'Alema quando ormai sono quasi le due di notte. «Non siamo la gentaglia che si descrive. Ma c'è stata una grave responsabilità della classe dirigente del centrosinistra. E io vorrei che qualcun altro andasse in giro a prendersi i fischi come faccio io. Non sono in molti».

«Ho visto cose che voi umani nemmeno potete immaginare. Ho visto il prato del Circo Massimo fiorire di bandiere rosse come il quadro dei papaveri di Monet. Ho visto una fila di gente saltellare impazzita. Non era eccitazione ideologica, erano in fila davanti allo schieramento dei cessi da campo Sebach. Ho visto i cessi Sebach resistere all'attacco di due milioni di vie urinarie comuniste...». Stefano Benni dedica il suo *Cgil Runner* alla giornata del 23 marzo, la più grande manifestazione sindacale e politica della storia repubblicana, uno, due forse tre milioni, è il giorno della protesta della Cgil contro l'eliminazione dell'articolo 18 dello Statuto dei lavoratori prevista dal governo. Quattro giorni prima le Brigate rosse hanno assassinato a Bologna il giuslavorista Marco Biagi, autore della riforma del mercato del lavoro, con cui Cofferati si era scontrato. Ci sono tutti i soggetti scesi in piazza negli ultimi mesi, per la prima volta insieme dopo aver marciato divisi: i giovani no global e i metalmeccanici della Fiom, i social forum e i professori, gli immigrati e i girotondini. Un laboratorio politico a cielo aperto, in cui si fondono idealità, contraddizioni, ambiguità, passioni.

Cofferati avanza ieratico da San Giovanni al Circo Massimo, tra due ali di folla, in processione, vestito di scuro, la barba già candida, con una rosa in mano, un po' Berlinguer un po' Padre Pio, in via Gallia c'è anche un prete che lo benedice. Nicola Piovani suona *La notte di San Lorenzo*, l'epica del lavoro e della Resistenza. D'Alema firma autografi: la sfida del congresso del 1997 sembra lontana, ora il vento soffia dalla parte di chi vuole tornare alle antiche parole della sinistra, è l'effetto del 2001. «Riformismo è una parola malata», dirà Cofferati. Sul palco altissimo, una torre che si alza su un mare di folla, resta solo il segretario della Cgil, il vento gli scompiglia la frangia, l'oratoria rocciosa, da sceriffo buono, «il corpo del povero cadrebbe a pezzi se non fosse legato dal filo dei sogni», la cravatta rossa sventola come una bandiera. Emoziona, commuove. Non tutti, però. «Le bandiere rosse mi fanno paura. I miei genitori nel '96 avevano votato per l'Ulivo, l'anno scorso hanno votato per il Polo. Quanti sono gli italiani così?», si domanda un emergente del centrosinistra, il responsabile economico della Margherita, il 36enne Enrico Letta.

I girotondi appaiono, scompaiono, sono un fiume carsico, quando tornano in superficie sono potentissimi. Si riconvocano nel teatro Ambra Jovinelli il 20 aprile per protestare contro l'editto bulgaro, l'intervento a Sofia con cui il premier Berlusconi ha chiesto che Enzo Biagi, Michele Santoro e Daniele Luttazzi non vadano più in tv (richiesta prontamente eseguita dal direttore generale Rai Agostino Saccà). La sera prima Santoro ha cantato *Bella ciao* nell'ultima puntata di "Sciuscià". Il pomeriggio dopo sono sul palco Dandini, Sabina e Corrado Guzzanti, Flores d'Arcais, Moretti si arrampica su una sedia, fuori c'è una fila ordinata, lunghissima: «Non lasciamoci rinchiudere in questo teatro».

Non si fanno rinchiudere. È l'estate di una nuova legge ad personam, la Cirami sul legittimo sospetto. I girotondi si stringono attorno al Senato che è già agosto, poi parte l'idea più temeraria: una grande manifestazione in piazza San Giovanni, da organizzare da soli e in pochi giorni, senza chiedere aiuto ai partiti. Si consultano in agosto, si riuniscono il 3 settembre nel cinema di Moretti, il Nuovo Sacher, ai partecipanti viene applicato lo stesso regime di segretezza dei set dei film morettiani. Le porte sbarrate ai giornalisti. I promotori nutriti a panini e acque minerali: Silvia Bonucci vestita di rosso, Federico Orlando l'unico in giacca, Moretti in camicia a righe, Travaglio... Alla fine si decide che nessun politico parlerà. Anzi, nessuno salirà sul palco. Alla manifestazione interverranno solo loro, «i bricoleur» della politica, come li chiama Flores d'Arcais.

Il 14 settembre, alle 15 in punto, comincia il Girotondone. Regia di Moretti, Ermanno Nastri, il direttore di sala del Sacher, coordina il servizio d'ordine, musica di Khaled, un popolo di cittadini si riprende la piazza storica della sinistra. Ottocentomila, un milione, sono lì, nella San Giovanni dei funerali di Togliatti e di Berlinguer, senza bandiere, per la manifestazione più strana e allegra della storia, i politici giù dal palco, Fassino, Di Pietro, Giovanni Berlinguer (D'Alema non si farà vedere, è in visita in Emilia), sopra ci sono attori, registi, cantanti, giornalisti. Il più applaudito però è un uomo che alla politica ha dedicato la vita, Vittorio Foa. Al microfono fa un gesto lieve, quasi una benedizione: «Io sono un seguace dell'Ulivo e in questa piazza sento che c'è un futuro. È stata per me una giornata felice che non posso dimenticare».

«Noi slegati da qualsiasi partito di centrosinistra abbiamo dato coraggio al centrosinistra, anzi, abbiamo portato qui un pezzo di elettorato di centrodestra. Con i valori non si perdono voti», grida Moretti, ma questa volta l'urlo risuona come una preghiera: «Ai dirigenti dico: non perdete tempo sul nulla, in continue e logoranti ripicche personalistiche. E per piacere, fate una legge anti-trust. Noi continueremo a delegare, ma ci siamo svegliati, non sarà più una delega in bianco... Berlusconi non è contro la democrazia, è intimamente estraneo alla democrazia. Se un domani, Dio non voglia, dovesse diventare presidente della Repubblica l'uomo più di parte di tutti, io, ripensandoci, se non avessi fatto niente proverei vergogna». E conclude: «Abbiamo organizzato una manifestazione molto al di sopra delle nostre energie, ma voi ci avete travolto con la vostra voglia di tornare a fare politica. Io sono emozionato, non perdiamoci di vista!». Dalla piazza sale un coro, Nanni-Nanni, che preoccupa i capi del centrosinistra...

Spariranno, si inabisseranno, torneranno. I girotondi si riuniscono a Castel San Pietro, alle porte di Bologna, un mese dopo la manifestazione di ottobre, per provare a costituire un coordinamento nazionale di tutti i movimenti. Cresce la pressione dei partiti, i girotondi sono un marchio prezioso, bisogna coinvolgerli, assorbirli, farli sedere ai tavoli delle regole, nelle costituenti... Ma l'Elettore Democratico che ha preso la parola per bocca di Moretti dieci mesi prima in piazza Navona non ha nessuna voglia di costituirsi in partito, di candidarsi alle elezioni, di trasformarsi nel guru di un movimento di cittadini, a capo di una rete di seguaci... L'antiberlusconismo dei movimenti del 2002 sarà sempre in nome della Costituzione e delle istituzioni, mai contro. L'Elettore Democratico continuerà a parlare, non smetterà di arrabbiarsi, di restare deluso, si batterà per l'unità del centrosinistra, farà la fila nei gazebo per votare alle primarie, ritenendo, forse, con un po' di orgoglio quei momenti di partecipazione una vittoria di quella piazza di San Giovanni del 2002, di quell'incontro tra i partiti e i movimenti mai più ripetuto. Dopo torneranno tutti a chiudersi nei loro rispettivi recinti: i partiti del centrosinistra diventeranno ancora più oligarchici, i movimenti più autoreferenziali, più ossessivi, più tristi. Resta quella profezia di piazza Navona: con questi dirigenti non vinceremo mai. Sì, ma allora chi vincerà?

«Cara Sinistra...»

«Io comunque continuerò a votare per l'Ulivo...». Si concludeva con queste parole l'urlo di piazza Navona. In seguito, la profezia si è avverata, quei dirigenti non hanno vinto più, non hanno vinto mai, sono riusciti a perdere anche quando hanno vinto. Resta quella stagione di scontri e di incontri, quando partiti e movimenti, politica e società civile riuscirono a stringersi in un girotondo. «Erano manifestazioni serie e allegre, senza slogan truci e bandiere di partito. Era un elettorato che non si rivolgeva soltanto a se stesso ma anche agli altri. Non volevamo sostituirci ai politici di professione, ma dargli ossigeno, idee, passione. E restituire alla sinistra un po' di fiducia in se stessa», racconta Nanni Moretti, che nel 2013 ha compiuto sessant'anni, ripensando a quell'anno in cui si ritrovò, senza averlo cercato, a fare da portavoce di un movimento di cittadini che pungolava il centrosinistra. Considerati a torto l'embrione dell'anti-politica alla Grillo, i girotondi nel 2002 erano al contrario la richiesta di una migliore politica. «La funzione degli intellettuali e degli artisti a sinistra è stata spesso farsi usare dai partiti, io invece ho voluto usare me stesso per cose in cui credevo, per un modo di fare politica diverso», spiega Moretti. Un'urgenza personale. Ma come accade nei suoi film, dove i tic, le manie, le passioni dei suoi personaggi da individuali si fanno collettive, più di tanti dirigenti politici Nanni Moretti si è dimostrato attento e sensibile a interpretare umori e speranze dell'elettore medio dell'Ulivo e del Pd, si è rivelato in grado di rappresentare un popolo. In molte occasioni Nanni Moretti si è dimostrato attento e sensibile a interpretare umori e speranze dell'elettore medio dell'Ulivo e del Pd, più di tanti dirigenti. Senza indulgenze autoassolutorie, il falso mito della base migliore del vertice, la società civile superiore ai partiti. Dal 2002 a oggi, la sua è una lunga "lettera non spedita", come quelle di cui parla in Aprile, *ai dirigenti della sinistra...*

«A piazza Navona ero andato per una manifestazione sulla giustizia organizzata dal comitato La legge è uguale per tutti, avevano parlato Giovanni Bachelet, Francesco Pardi e altri non politici di professione. In piazza eravamo contenti, perché per la prima volta dal palco di una manifestazione di sinistra erano arrivate critiche nei confronti della sinistra, ci sentivamo finalmente rappresentati. I leader politici arrivarono verso la fine, e non avendo ascoltato gli interventi precedenti, fecero i soliti discorsi marziali e preconfezionati. Prima parlò Fassino, poi Rutelli. Le solite parole, dette nel solito modo: eravamo tornati indietro, alle solite manifestazioni. Lentamente cominciai, senza sapere perché, ad avvicinarmi al palco. Per fare poche decine di metri ci ho messo l'intera durata dei due interventi. Una signora anziana mi ha visto e mi ha chiesto: "Vuoi parlare?". Io ho esitato e senza dire nulla ho fatto una faccia un po' interlocutoria. Nando dalla Chiesa aveva appena annunciato: "La manifestazione è finita..." quando la signora e gli altri accanto a me, sotto il palco, hanno detto: "C'è Moretti che vuole parlare!". E mi sono ritrovato sul palco. Non era previsto, nemmeno da me».

«In altre due occasioni il mio disagio stava per farmi intervenire in maniera improvvisa a una manifestazione, cosa che però poi non avvenne. Nel 1990 c'era una manifestazione del Pci al Pantheon contro la legge Mammì, parlava Giancarlo Pajetta, però non nominava mai Craxi e il Partito socialista, che erano i principali sponsor politici di Berlusconi e del suo monopolio televisivo. Non li citava perché il Pci in molte amministrazioni era in giunta con i socialisti, quindi era meglio rimanere sul vago, fare un intervento generico... Vecchio modo di far politica, di una sinistra che usava il termine "azionista" come un insulto. Mi venne la voglia di intervenire, ma non lo feci. La seconda volta che ho sentito la stessa esigenza è stata nel 1995, di nuovo si parlava di legge Mammì, in piazza Farnese c'era la chiusura della campagna referendaria per abrogarla, la solita stanca e rituale manifestazione. A titolo di cronaca: quel giorno, venerdì 9 giugno, c'era una pagina intera di pubblicità delle reti Fininvest sia sull'"Unità" che sul "manifesto"...».

«Dissi che non avremmo vinto mai con quei dirigenti perché non mi sembrava fossero adeguati al loro avversario politico e ai suoi mezzi di consenso. Lui riusciva a comunicare con il suo potenziale elettorato, loro no. Dopo piazza Navona, Fassino nel giro di poche ore capì che il tappo del disagio e della scontentezza era saltato, mi cercò al telefono e mi disse che stava scrivendo un pezzo per "l'Unità". Io risposi con un articolo su "Repubblica" in cui sostenevo che il mio schiaffo da elettore poteva essere salutare per i partiti dell'Ulivo. Non volevamo sostituirci ai partiti, volevamo sentirci meglio rappresentati».

«I primi tre girotondi a Roma furono intorno al Palazzo di Giustizia, poi alla Rai, poi al ministero della Pubblica Istruzione. Giustizia uguale per tutti, contro il monopolio dell'informazione, scuola pubblica: erano temi che riguardavano tutti, non solamente una parte dell'elettorato. Manifestazioni non di parte, ma dalla parte di tutti i cittadini. Ancora oggi sono fiero quando penso che nelle nostre manifestazioni siamo riusciti a coinvolgere anche una parte degli elettori del centrodestra.

Il "Corriere della Sera" scriveva che non si governa con le manifestazioni, ci accusavano di avere una mentalità minoritaria. Non capivano: noi non volevamo affatto stare per sempre all'opposizione, non ci sentivamo per niente realizzati in quel ruolo. Nel 1996 ero felice per la vittoria del centrosinistra e mi piaceva il governo Prodi, finalmente un ceto politico di cui non vergognarsi.

Volete sconfiggere Berlusconi per via giudiziaria, ci hanno ripetuto per anni, lo ripetono anche ora. Noi, in realtà, volevamo che la legge fosse uguale per tutti e che non si facessero leggi apposta per evitare processi a uno solo. Purtroppo bisognava ricominciare dall'abc della democrazia. I girotondi li facevamo per ricordare, anche a noi stessi, che ci stavamo ormai abituando a considerare normali cose che in una democrazia non sono affatto normali: per esempio che un uomo possa essere proprietario di tre reti televisive e in più che possa fare politica, e in più che possa diventare capo del governo. Eravamo un movimento di opposizione al governo di destra ma contemporaneamente, senza problemi, criticavamo anche la sinistra e il suo torpore».

«Un'altra cosa non è cambiata tra il 2002 e il 2013. Personalmente non ho mai avuto il mito dell'elettorato di sinistra buono contrapposto al vertice cattivo. Non ho mai mitizzato la "base", neppure quarant'anni fa, quando a parlare di "base rivoluzionaria" contrapposta ai "vertici revisionisti" erano quelli di Potere Operaio o di Lotta Continua (e molti di loro li ritroviamo oggi con Berlusconi). La "base" del Pci ha avuto spesso posizioni grette, per esempio a favore dell'intervento militare sovietico in Afghanistan o contro il movimento di Solidarność in Polonia. Ma altre volte l'elettorato ha reagito prima e meglio di chi fa politica di professione. Quando realizzai *La Cosa* alla fine del 1989, mentre i dirigenti stavano dando un pessimo spettacolo fatto di rivalità e personalismi, nelle sezioni del Pci in cui giravo il mio documentario si percepivano sentimenti autentici: paura, gioia, angoscia, speranza, dolore, sollievo... Nel 2002 l'elettorato si è svegliato un po' prima rispetto ai politici di professione, che erano ancora storditi per la batosta presa alle elezioni dell'anno precedente. Oggi mi sembra che ci sia più stanchezza e disillusione».

«Alla manifestazione di piazza San Giovanni non abbiamo fatto salire i politici sul palco, non poterono entrare neppure nel retropalco. Con due eccezioni: Veltroni, perché era il sindaco della città che ci ospitava, e Rosy Bindi, perché non ce la sentimmo di lasciarla fuori (in quel periodo era molto popolare all'interno dei movimenti, qualche mese dopo, in una manifestazione al Palasport di Firenze, il suo intervento fu il più applaudito di tutti, anche di Cofferati). Non sono d'accordo con chi dice che i girotondi abbiano anticipato l'anti-politica e il movimento di Grillo. Non sono d'accordo con il suo giudizio sulla politica tutta da buttare e non mi piace il linguaggio che usa nei confronti di coloro che non sono d'accordo con lui. E poi non tutti i politici sono incapaci o disonesti. Emma Bonino, che in molti considerano affidabile e non compromessa, è in Parlamento dagli anni Settanta. Non sono nemmeno d'accordo con l'abolizione del finanziamento pubblico: nel referendum del '93 fui tra i pochi a votare contro l'abolizione. Non condivido nemmeno l'ossessione per cui uno non potrebbe fare il parlamentare per più di due legislature. I girotondi erano manifestazioni serie e allegre, senza slogan truci e bandiere di partito. Era un elettorato che non si rivolgeva soltanto a se stesso ma anche agli altri. Non volevamo sostituirci ai politici di professione, ma dargli ossigeno, idee, passione. E restituire alla sinistra un po' di fiducia in se stessa».

«Non ci interessava cristallizzare l'esperienza dei girotondi facendo un partitino. Non ho mai pensato di fare politica come mestiere, amo il mio lavoro (e non capisco nulla di economia e di finanza). Per un periodo della mia vita ho fatto politica da cittadino, non come un dovere ma come un piacere. Avevo una faccia e un nome più noto di altri e così ho avuto l'onore e la grande responsabilità di rappresentarli. La funzione degli intellettuali e degli artisti a sinistra è stata spesso farsi usare dai partiti, io invece ho voluto usare me stesso per cose in cui credevo, per un modo di fare politica diverso».

«Gli sceneggiatori e i registi della commedia all'italiana hanno realizzato i loro film più belli non prendendo in giro se stessi e il loro mondo, ma raccontando altri ambienti e personaggi, ceti sociali diversi e lontani. A me invece, fin dall'inizio, è sempre venuto naturale accanirmi contro me stesso e il mio mondo politico, sociale, generazionale; a volte con affetto, più spesso con cattiveria. Il mio cortometraggio *La sconfitta* in cui ironizzavo sulla sinistra extraparlamentare è del 1973, e allora non c'erano stati ancora riflusso, fughe nel privato e sbandamenti, era ancora il periodo della militanza. Nei gruppi extraparlamentari, nati in contrapposizione alla sinistra tradizionale, si riproponeva in piccolo e in caricatura il vecchio modo di fare politica del Pci. La doppia verità togliattiana e stalinista: le critiche si fanno in privato, i panni sporchi si lavano in famiglia, mentre in pubblico dobbiamo apparire monolitici e privi di dubbi. Un modo di far politica burocratico, e privo di senso critico. Nella nuova sinistra c'era lo stesso trionfalismo della vecchia sinistra, lo stesso linguaggio stereotipato e rassicurante.

Nella seconda metà degli anni Ottanta il trionfalismo venne sostituito da un certo autolesionismo. Mi ricordo un titolo dell'"Unità" il giorno dopo le elezioni: «Il Pci a sorpresa tiene». Negli anni precedenti qualsiasi risultato elettorale veniva accolto trionfalmente sull'"Unità", quel titolo significava invece che era cambiato tutto. In *Palombella rossa* il protagonista è un comunista che ha avuto un'amnesia e non si ricorda più chi è. Volevo raccontare la crisi e la confusione che c'era a sinistra, ma soprattutto il rapporto malato con il proprio passato, che non si voleva ripensare criticamente bensì cancellare, rimuovendolo, dimenticandolo. Quando il film uscì nel settembre '89, un critico cinematografico comunista (oltretutto giovane) scrisse che il film era già vecchio, superato dagli eventi, "è un film sul Pci di Natta, non certo sul Pci di Occhetto, che ha una precisa identità". Qualche settimana dopo cadde il muro di Berlino e non rimase più nulla, nemmeno il Pci. Qualcosa di simile è successo nel 2011 con *Habemus Papam*: alcuni esponenti del Vaticano hanno commentato il finale del film sottolineando che un papa non avrebbe mai abbandonato il suo compito, che sarebbe stato un atto di viltà. Gli stessi, quando due anni dopo Ratzinger si dimise, parlarono di gesto coraggioso e rivoluzionario».

«Nell'aprile del 1991, dieci mesi prima dell'arresto di Mario Chiesa, uscì nei cinema *Il portaborse* di Luchetti in cui interpretavo il ministro Botero (non era specificato ma direi che fosse un socialista italiano di quegli anni). Era un film che gli spettatori, senza esserne consapevoli, stavano aspettando. Tante cose si sapevano ma non si dicevano, si intuivano ma non se ne parlava. Mi ricordo la prima a Roma, al cinema Rivoli: uno spettatore, uscendo dalla sala, attraversò la strada e si avvicinò a Luchetti e a noi produttori, dicendo soltanto: "Ah, come respiro". Il film fu invitato in concorso a Cannes; quando durante la proiezione di gala passò la scena di Botero che urla ai suoi collaboratori: "Con tutti i deficienti con la tessera che abbiamo fatto assumere alla Rai...", partì un applauso a scena aperta. In Francia, dove Berlusconi ci aveva provato, ma era stato bloccato perché esisteva una legge anti-trust. E veniva fatta rispettare».

«Ho cominciato a girare *Aprile* a frammenti, come se stessi scrivendo degli appunti. Si stavano avvicinando un momento privato, la nascita di mio figlio, e un avvenimento pubblico, le elezioni del 1996, in cui si sperava che per la prima volta nel secolo vincesse la sinistra. Più volte Berlusconi è rientrato in gioco grazie alla sinistra, per esempio nell'ottobre del 1998. Non sono d'accordo con chi sostiene che ci sia stato un complotto di D'Alema e di Marini. Il responsabile della caduta del governo Prodi fu Bertinotti. Il gesto dissennato di Rifondazione comunista ha fatto perdere molti anni a questo Paese. In quel periodo Berlusconi era percepito come perdente anche dal centrodestra, che timidamente stava cercando un altro leader. Prodi aveva una sua credibilità e il governo non era impopolare. Se Rifondazione non avesse fatto cadere quel governo, l'Ulivo avrebbe governato per dieci anni con Prodi e dal 2006 con Veltroni. Se invece si fosse andati a votare subito dopo la caduta di Prodi, l'Ulivo avrebbe vinto da solo, senza Rifondazione. Ma il centrosinistra ebbe paura e affidò il governo a D'Alema. Si dice: "Ma la storia non si fa con i se". E perché no?».

«Per esperienza personale posso dire che una delle poche cose vere sulla politica che ho letto in questi anni sui giornali è quando si raccontava dello scontro tra veltroniani e dalemiani. Gli uni pensavano degli altri che facessero politica solo per il potere, ma questi a loro volta pensavano dei primi che facessero politica da dilettanti. Chissà, forse uno dei due schieramenti aveva ragione, o forse tutti e due... Conosco poco D'Alema. Non ho mai saputo se fosse vero che mi accusò di essere stalinista, dopo il mio intervento a piazza Navona. Naturalmente non ho mai replicato, e comunque io non mi intendo di stalinismo, io non ho mai creduto in Breznev (per caso, non sono stato nemmeno mai maoista, visto che cento anni fa ho militato in un gruppo extraparlamentare sì, ma moderato...).

L'unica volta che nel periodo dei girotondi ho parlato con D'Alema fu alla manifestazione della Cgil al Circo Massimo, un mese dopo piazza Navona. Io ero tra la folla, ma un sindacalista mi avvicinò e mi disse che Cofferati voleva che salissi sul palco. Qualche giorno prima avevo detto che era stato uno sbaglio non andare a votare nel 1998, dopo la caduta di Prodi. Sul grande palco quadrato c'erano molte persone, naturalmente molti politici. D'Alema mi dava le spalle, improvvisamente si voltò e senza nemmeno dire buongiorno, come continuando un discorso interrotto un minuto prima, mi corresse: "No, guarda, ti sbagli, nel '98 non si poteva andare a votare". Mi spiegò che non si potevano fare le elezioni perché c'era la guerra in Kosovo e la legge di bilancio da approvare. Mi raccontò che furono proprio Veltroni e Mussi a bussare alla sua porta chiedendogli di fare il presidente del Consiglio. Molti lo hanno criticato per delle scemenze, ma i suoi errori sono tutti politici, tutti visibili, tutti mai riconosciuti. Non era tra gli elettori per il presidente della Repubblica lo scorso aprile, ma non credo sia stato triste il giorno in cui i 101 non hanno votato per Prodi».

«In questi anni ai vertici del Pd ci sono stati personalismi senza personalità e soprattutto una grande confusione. Dopo le elezioni del 2013 pochi avevano già deciso che dopo quei risultati il governo con il Pdl fosse l'unico possibile, erano pochi ma sono stati decisivi. Gli altri, Bersani per primo, erano confusi. Poi sono arrivati i 101 elettori che nel segreto hanno votato contro Prodi, che sembra avere l'unico torto di averli fatti vincere due volte. E qui non è una questione politica o generazionale: alcuni di questi campioni hanno trent'anni, altri sessanta, alcuni sono moderati, altri più di sinistra, no, quello che mi interessa è il peso specifico umano di quei 101, che è vicino allo zero. Il governo Letta, per come è stato messo insieme, sembra la realizzazione dei peggiori luoghi comuni e pregiudizi del Movimento 5 Stelle sul Partito democratico. Mi sembra che sia vissuto dai più come qualcosa di transitorio. L'elettorato e i militanti si sono messi in letargo per tornare in tempi abbastanza rapidi al voto».

«Nel *Caimano*, interpretando Berlusconi, non mi interessava farne la parodia o la satira, e nemmeno tentare un'imitazione realistica. Volevo solo restituire con freddezza allo spettatore il senso di minaccia e la gravità di parole a cui siamo ormai abituati e consideriamo "familiari". Ho immaginato la scena finale, l'incendio davanti al Palazzo di Giustizia con la folla che tira le molotov contro i magistrati mentre il Caimano si allontana in macchina, perché Berlusconi ha sempre cercato di evocare, a sua difesa, una rivolta "spontanea" del suo popolo, in realtà alimentata dalle sue reti televisive e dai suoi giornali. Quel fuoco è simbolico di macerie, che l'avventura politica di Berlusconi si lascia alle spalle: macerie istituzionali, di etica pubblica, costituzionali, culturali, politiche (di macerie economiche non parlo perché non ci capisco niente). Con quell'incendio raccontavo una parte d'Italia insofferente alle regole. Non è un marziano Berlusconi, è molto molto italiano. Nell'insofferenza alle regole e nello scarso senso dello Stato, comunica facilmente con il suo elettorato. Il titolo del *Caimano* in Germania è purtroppo *Der Italiener*».

«C'è stata nel 1994 – con un monopolista televisivo che si candidava a guidare il governo – una straordinaria rottura delle regole democratiche. Per fronteggiare questo fatto straordinario c'era bisogno da parte della sinistra di una risposta straordinaria, anche sul piano simbolico. Non c'è stata nemmeno una risposta ordinaria, semplice, piccola. E invece traccheggiare, sottovalutare il conflitto di interessi, ritenersi più furbi dell'avversario, assuefarsi lentamente a una costante, incredibile anomalia per un paese democratico. Centinaia di articoli del "Corriere della Sera" per vent'anni hanno messo sullo stesso piano la furia eversiva di Berlusconi e la sinistra riformista. Non riuscivano a scrivere qualcosa contro la destra berlusconiana senza attaccare simmetricamente anche la sinistra. In un altro paese il giornale della borghesia avrebbe affrontato con diversa energia e rigore il fenomeno Berlusconi, forse perché in altri paesi esiste una borghesia. Il centrosinistra in questi anni si è lasciato convincere che anche solo parlare di Berlusconi significava "spaventare i moderati" e "fare autogol". Ormai, anche il solo fatto di esistere, per la sinistra è diventato un autogol. La vera vittoria di Berlusconi è stata di far sentire chi continua giustamente a parlare di conflitto di interessi, come una persona triste che dice cose ovvie, banali, meste».

«Chi vincerà? Ci vuole un cambiamento di costume, culturale. Vincerà chi capisce che il gioco è cambiato e che bisogna farne uno completamente nuovo. Ci volevano altri strumenti per contrastare Berlusconi, un altro tipo di persone, un altro modo di fare politica. Un'altra solidità, un altro rigore. Un'altra integrità».

Capitolo 7

Il Ritorno

«È bello essere con voi, è bello essere in tanti a lavorare di nuovo insieme. Questa è già ora la mia casa». San Valentino del 2004, sarà una sera triste, arriverà la notizia che Marco Pantani è morto, da solo, nel residence Le Rose di Rimini. Un dramma che addolora il Professore di Bologna, ciclista non solo domenicale, tifoso del campione romagnolo. Ma nel pomeriggio è ancora festa grande per Romano Prodi che torna in Italia dopo cinque anni a Bruxelles. Il presidente della Commissione europea arriva alla Convenzione della lista dell'Ulivo che si presenterà alle elezioni europee di giugno. Qualcosa non funziona nella regia, dentro stanno ancora parlando, Romano e Flavia restano un quarto d'ora in macchina. C'è Gad Lerner che conduce la kermesse insieme a Michele Santoro, futuro candidato all'Europarlamento, introducono un gruppo di blogger con una scatola per il candidato: «Abbiamo preparato otto regali per Prodi: il Triciclo, i sorrisi, il mouse, la casa di Lego, il manuale del lavoro flessibile, un suo libro fotocopiato, un tubetto di colla, un cioccolatino al peperoncino, dolce e con una forte carica vincente...». Quando finalmente Prodi entra la regia affidata a Gianni Cuperlo e a Paolo Gentiloni prevede pioggia di coriandoli, strisce di carta e Una vita da mediano *di Ligabue, un po' in contrasto con il clima presidenziale, all'americana, che si vuole creare («una vita a recuperar palloni, nato senza i piedi buoni...»). Tutti in piedi ad applaudire, Rutelli e Fassino, Veltroni e D'Alema, rieccoli qui, uno accanto all'altro. C'è Cofferati che ha rinunciato alla possibilità di guidare la sinistra per candidarsi a sindaco di Bologna. Nel Palaeur di Roma dove andavano in scena i grandi congressi democristiani l'Ulivo sembra già una nuova Dc, il partito pigliatutto in cui chiunque può trovare posto. Basta vedere la prima fila: Giorgio Napolitano accanto a Nicola Mancino, l'ex girotondina Daria Colombo accanto all'ex leghista Marco Formentini, Epifani e Pezzotta, Lam-*

berto Dini e l'intellettuale organico Beppe Vacca, Ciriaco De Mita parlotta fitto con Giovanna Melandri, la democristiana Maria Luisa Cassanmagnago con Barbara Palombelli, il massimo dello straniamento è Santoro che dà la parola a Oscar Luigi Scalfaro: «Perché sono qui? Per lo stesso motivo per cui mi candidai nella lista della Dc alla Costituente nel 1946: grazie a Dio, non ho cambiato idea...». Sì, aspira a essere la mamma Dc del Duemila questo Ulivone che tutto contiene e tutto mastica e sputa.

Romano Prodi termina il suo mandato a Bruxelles ufficialmente alla fine del 2004, non era scontato il suo ritorno, è stato preparato con cura da Arturo Parisi, per cinque anni impegnato a coltivare il terreno vitale perché l'Ulivo possa rinascere: il bipolarismo. Contro la tentazione delle larghe intese, qualcosa di molto più insidioso del semplice inciucio tra Berlusconi e D'Alema, una storica attitudine del sistema a riconoscersi, a fiutarsi, a trovare la strada compromissoria più che quella competitiva («Mi preoccupa molto il sentir parlare di larghe intese. La cosa peggiore sarebbe il cosiddetto pareggio che farebbe perdere tutti, rischiando di far abortire quel tanto di bipolarismo che siamo riusciti a conquistare», aveva detto Parisi in un'intervista con Mario Calabresi su "Repubblica" già durante la campagna elettorale del 2001[1]). E per tenere in vita la fiammella dell'Ulivo, dopo la gelata dell'ottobre 1998.

Mica facile. Perché l'Italia che Prodi ritrova, e il centrosinistra, sono in una situazione completamente diversa da quella di cinque anni prima. Le condizioni che nel 1995-96 avevano favorito la nascita dell'Ulivo e la candidatura a premier di una figura alla Prodi, un professore cattolico senza tessera di partito a guidare una coalizione fondata sulla colonna degli ex comunisti, sono nel frattempo svanite. Anzi, si sono capovolte nell'opposto[2].

Nel 1996 l'Ulivo aveva messo al centro del suo programma l'Europa, l'ingresso nell'eurozona, il vincolo esterno come occasione di modernità. Nel 2004, ancora una volta, già in quel primo

[1] M. Calabresi, *C'è una doppia cabina di regia come quando fecero cadere Prodi*, in "la Repubblica", 11 marzo 2001.

[2] Su questo punto vedere le acute analisi di Rodolfo Brancoli in *Fine corsa. Le sinistre italiane dal governo al suicidio*, Garzanti, Milano 2008, pp. 9-23.

discorso di re-investitura Prodi mette in gioco la sua biografia di mister euro e di presidente della Commissione che ha dato il via libera all'esordio della moneta unica e all'allargamento ai Paesi dell'Est. «L'euro dà il respiro anche a me, mi ha detto il presidente cinese», racconta. Si richiama a Spinelli e a De Gasperi, «su questa strada ci siamo sempre incontrati con il presidente Ciampi». Chiede una lista «per difendere la credibilità italiana in Europa», una lista per le elezioni europee che si chiami Uniti nell'Ulivo per l'Europa, perché Europa e Ulivo, per Prodi, sono inscindibili, sono lo stesso progetto, la stessa cosa. Ma il presidente della Commissione è costretto ad ammettere che il processo di unione europea non è più un obiettivo comune, nel continente e in Italia: «Per la prima volta esistono in Italia gli europeisti e gli anti-europeisti. Sono indignato per il sottile veleno di chi afferma che per essere filo-americani bisogna essere anti-europeisti, per questi euroscettici che pretendono di definirsi eredi di De Gasperi, Schuman, Adenauer». Ce l'ha con il premier Berlusconi, certo, che durante la guerra in Iraq si è schierato con Bush e con la coalizione dei Volenterosi, con Tony Blair e con Aznar, contro Francia, Germania e Commissione europea. Ma il conflitto iracheno ha spezzato la solidarietà tra i Paesi europei. Li ha divisi secondo la frattura ideologica del dopo-11 settembre, lo scontro di civiltà, la difesa dell'Occidente minacciato e assediato: una fortezza che deve difendersi con la guerra preventiva, l'opposto dell'ottimismo che circondava la globalizzazione negli anni Novanta. E la Convenzione europea, annunciata come la carta fondamentale, la Costituzione dell'Europa, sarà firmata con una frettolosa cerimonia in Campidoglio, poi bocciata dai referendum di Olanda e Francia. L'Europa, negli anni Duemila, non è più una speranza. Rappresenta la paura.

Nel 1995-96 l'Ulivo era nato per superare la divisione tra laici e cattolici. Il credente Prodi, formato nella frequentazione di don Giuseppe Dossetti e di don Luciano Gherardi, parroco della chiesa dei Santi Bartolomeo e Gaetano che aveva inventato per Bologna la definizione di «città a tre navate» («una continuazione della chiesa con i portici ai lati e la strada in mezzo»), impersonificava la fine di quel muro. «La credibilità del centrosinistra del '96 era data non solo dalla figura di Prodi, che pure in alcuni ambienti religiosi appariva come un antidoto efficace rispetto all'individualismo edonista di Berlusconi, ma anche dalla volontà di modernizzare il paese senza forzature liberiste, facendo riecheggiare idee care alla dottrina sociale della Chiesa», spiegava Edmondo Berselli.

Nel 2004-2006, invece, il cattolico Prodi si trova ad affrontare la frontiera invalicabile dei principi non negoziabili, il bipolarismo etico, il progetto culturale di egemonia ecclesiastica sulla politica costruito dal cardinale Camillo Ruini negli anni precedenti: appoggio a un centrodestra in grado di garantire l'influenza della Chiesa, nessuna autonomia per le associazioni ecclesiali, legittimazione per i laici conservatori che identificano la difesa dell'Occidente con i valori del cattolicesimo, i cosiddetti teo-con, gli «atei devoti», secondo la fulminante definizione di Beniamino Andreatta, e conseguente delegittimazione per i laici cristiani fedeli al magistero della Chiesa ma autonomi nelle scelte politiche, secondo la tradizione cattolico-democratica, da don Sturzo a De Gasperi a Moro.

«Sono un cattolico adulto», dice di sé Prodi, «e andrò a votare», annuncia il 9 marzo 2005 a proposito del referendum sulla legge sulla fecondazione assistita, disobbediendo all'indicazione della Cei di Ruini che ha scelto l'astensione per rendere inutile il voto. Ecco un altro no prodiano che costerà molto caro un anno dopo, alla vigilia delle elezioni del 2006. Sull'approvazione della legge 40 sulla fecondazione, tra il 2002 e il 2004, l'Ulivo per la prima volta si è spaccato su un tema, come si dirà in seguito, eticamente sensibile: tra i Ds contrari alla legge e Rutelli favorevole. Una lacerazione ancora più violenta ci sarà in occasione del referendum, quando il leader della Margherita annuncia la sua astensione durante un'interminabile esternazione al residence Ripetta di Roma in cui l'ex leader radicale parla di fusioni tra uomo e scimpanzé e dell'utopia negativa di Aldous Huxley: «In biopolitica non esiste una disciplina di partito. È stata una forzatura promuovere i referendum da parte di alcuni partiti dell'Ulivo in quanto partiti. Senza legge 40 sarebbero stati possibili la clonazione, l'utero in affitto, ibride chimere: l'incrocio tra una capra e un serpente». I toni sono apocalittici, ma l'intento è chiarissimo: strappare ai cattolici democratici e a Prodi la rappresentanza degli interessi ecclesiastici nel centrosinistra, conquistare la benevolenza, la gratitudine, l'appoggio delle gerarchie. «Rutelli riporta la politica con la p maiuscola al centro del discorso», esulta "Avvenire". Mentre nell'elettorato di sinistra si sente forte l'influenza del modello Zapatero che arriva dalla Spagna, il laicismo di Stato che procede per diktat senza ascoltare gli appelli della Chiesa. In uno scontro tra destra clericale e sinistra laicista, in una sfida di visioni antropologiche non c'è spazio per l'Ulivo di Prodi.

Infine, ed è un cambiamento tutto italiano, nel 1995-96 i partiti erano debolissimi, a rischio sopravvivenza. Appena usciti dal crollo del biennio precedente, nel discredito provocato dalle inchieste di Mani Pulite, con i punti di riferimento di mezzo secolo di storia crollati: era caduta la Dc, il Psi era stato spazzato via, gli ex comunisti si erano ritrovati senza leadership, con un elettorato quasi dimezzato e sconfitti da Berlusconi. Prodi e la coalizione dell'Ulivo apparvero in questa situazione un miracolo insperato cui aggrapparsi, senza mettere troppe condizioni. Nel 2004-2006, al contrario, i partiti sono tornati: non hanno più la rappresentanza sociale di un tempo, nella maggior parte dei casi sono macchine da potere al servizio di un leader. Ma si sono dotati di nuovi strumenti di occupazione e di finanziamento che favoriscono la frammentazione del sistema politico. Il cambio della legge elettorale alla fine del 2005 con la scomparsa dei collegi uninominali del Mattarellum e il ritorno della legge proporzionale, sarà chiamata Porcellum, è spinto dalla preoccupazione di Berlusconi per una vittoria del centrosinistra. Ma in realtà arriva al termine di un processo in cui tutto il sistema politico è tornato a parlare il linguaggio antico della proporzionale: caselle di partito, lottizzazione, manuale Cencelli. Un movimento che ferisce a morte l'Ulivo, da sempre qualcosa che va oltre i singoli partiti. E Prodi, nel 2005-2006, è ancora un senza partito.

«Questo edificio rappresenta la mia più grande sconfitta politica», commenta Arturo Parisi mettendo per la prima volta piede nella nuova sede della Margherita, un'ala del Collegio Nazareno nel cuore di Roma, a due passi da Montecitorio e Palazzo Chigi. «Per capire dove va la Margherita non si può prescindere da dove sta...», scrive Federica Fantozzi sull'"Unità" del 13 dicembre 2003. E descrive così la nuova sede: «Duemilaseicento metri più terrazze dentro l'Istituto Nazareno comprensivi di: a) ingresso con badge magnetico e hall in marmo dotata di schermi a cristalli liquidi; b) primo piano con l'ufficio comunicazione, i dipartimenti e i capi (Rutelli, Parisi, Franceschini); c) secondo piano mozzafiato: sala direzione con maxi-schermo e soffitto a cassettoni, sala esecutivo con proiettore, stendardi e tavolo presidenziale; d) bagni principeschi separati per peones e vertici; e) area ristoro con bar e tavolini; f) super-terrazza rallegrata da alberi di arance e limoni, che domina i tetti capitolini. Duemilaseicento metri desolatamente vuoti. Di venerdì pomeriggio, non un'anima siede alle scrivanie con vista. Ma anche in giorni normali, tavoli e sedie si impolverano. Paura di incontrarsi senza nulla da dirsi, malignano...».

Il giorno dopo il quotidiano fondato da Gramsci (diretto da Furio Colombo) ospita una furente lettera di rettifica. «Desidero precisare quanto segue sulla nuova sede della Margherita. Gli uffici sono stati presi ad un prezzo assai vantaggioso, decisamente inferiore a quello di mercato; tutte le stanze dell'ufficio sono occupate dal personale che ci lavora quotidianamente. Niente uffici vuoti, quindi, né scrivanie polverose. I servizi non sono "principeschi", ma dignitosi e puliti. È vero, invece, che sono separati; non tra "dirigenti" e "peones", ma più banalmente tra donne e uomini». Firmato: avv. Luigi Lusi, tesoriere della Margherita.

Nove anni dopo quel Lusi che scrive di prezzo «assai vantaggioso, decisamente inferiore a quello di mercato» confesserà di essersi appropriato di 13 milioni di euro dai bilanci della Margherita e sarà il primo senatore della storia repubblicana a essere arrestato, transiterà direttamente da Palazzo Madama a Rebibbia. Ma in quel momento Lusi è un assoluto sconosciuto: si sa che è un ex scout, che a Roma Rutelli da sindaco gli ha affidato deleghe importanti, che nel 2002 è stato nominato all'unanimità tesoriere della Margherita. Nessuno può immaginare che l'amministratore scappi con la cassa. Ma da quel palazzo troppo grande per le dimensioni elettorali del partito, non però per le ambizioni del suo leader, si possono intuire le evoluzioni successive, che non hanno nulla a che fare con le inchieste giudiziarie ma sono tutte politiche.

Il primo passaggio c'è stato nel luglio 2002 quando, su impulso di Ugo Sposetti, il tesoriere dei Ds, Rocco Crimi, tesoriere di Forza Italia, e Maurizio Balocchi, l'uomo delle finanze della Lega, è passata una legge che garantisce ai partiti una pioggia di milioni di euro. I rimborsi elettorali sono più che raddoppiati, con il pretesto dell'entrata in vigore dell'euro: da quattromila lire a elettore a cinque euro. Estesi ai partiti che hanno raccolto l'1 per cento dei voti e per ogni anno di legislatura, anche in caso di scioglimento anticipato. Rutelli, in quel momento, cerca di bloccarla al Senato con Parisi, ma la proposta passa grazie al soccorso dei popolari di Marini, alleato di D'Alema. La riforma del finanziamento pubblico dei partiti, mascherata con i rimborsi per aggirare il referendum del 1993 che lo ha abrogato, è una benzina potentissima nel motore della frammentazione politica: aggregarsi non conviene più, se con l'1 per cento dei voti sigle, siglette e leaderini possono incassare somme ingenti per almeno cinque anni.

Il secondo passaggio arriva nell'estate 2005, quando entra in vigore la legge Gasparri che riconsegna il potere di nomina del Consiglio di amministrazione della Rai al Parlamento, cioè alla Commissione di Vigilanza, dunque ai partiti. La Seconda Repubblica, almeno, ha costretto i capipartito a salvare le forme, a dover ricorrere a professori, intellettuali, tecnici d'area. Il risultato della legge Gasparri, invece, è che il cda della Rai è rigidamente diviso per quota: i Ds con Carlo Rognoni, responsabile comunicazione del partito, la Margherita con Nino Rizzo Nervo, direttore del quotidiano del partito "Europa", Rifondazione con Sandro Curzi, An con Gennaro Malgieri ex direttore del "Secolo", Forza Italia con l'ex ministro Giuliano Urbani, presidente è il senatore Ds Claudio Petruccioli. A far discutere non è la qualità delle persone, in alcuni casi eccellente, ma il metodo. Come per incanto la politica italiana sembra tornare indietro di venti, trent'anni, alla felice epoca in cui i direttori dei telegiornali si spartivano nei vertici di maggioranza, con i segretari di partito e il presidente del Consiglio, nel centro studi democristiano di via della Camilluccia. Come sempre, la Rai anticipa i tempi della politica: il ritorno all'egemonia dei partiti, ancora incerto nel sistema politico, in viale Mazzini è già cosa fatta.

Il terzo passaggio è il risiko bancario che spacca il centrosinistra, Ds e Margherita, nell'estate 2005. Una guerra per bande, e per banche, con alleanze trasversali e in apparenza innaturali, il banchiere di Lodi Gianpiero Fiorani in squadra con la Lega e con il governatore di Banca d'Italia Antonio Fazio, con il nuovo arrivato Stefano Ricucci e i furbetti del quartierino, la Bnl presieduta da Luigi Abete, amico di Rutelli, che diventa oggetto del desiderio di Unipol, la compagnia di assicurazione legata alla Lega delle cooperative guidata da Giovanni Consorte, amico di D'Alema. In pubblico Ds e Margherita hanno stretto da anni un'alleanza: nel 2004 i due partiti hanno insieme sostenuto i loro candidati nella stessa lista ulivista, nel 2005 hanno combattuto e vinto la battaglia per le elezioni regionali e ora si preparano a vincere le elezioni politiche del 2006 e tornare al governo. Ma nel sottobosco, nel groviglio degli interessi economici invisibili che stanno dietro il volto ufficiale dei partiti e dei leader, lo scontro di potere accesissimo dimostra che gli alleati sono in realtà avversari, nemici. Nelle conversazioni intercettate e pubblicate i leader dei Ds in privato tifano calorosamente per la scalata di Consorte. «Facci sognare!», gli dice D'Alema. «Abbiamo una banca!», esulta Fassino (in una telefonata consegnata alla famiglia Berlusconi prima della sua trascrizione giudiziaria e uscita sul "Giornale" che costerà al capo della destra un processo e una condanna in primo grado). In pubblico attaccano la cordata rivale: «È in atto una campagna politica e giornalistica che risponde a certi interessi. Legittimi», spiega D'Alema al "Sole 24 Ore". «Quello che non trovo legittimo è che nella tutela dei propri interessi si demonizzi chi è portatore di interessi diversi. Ho visto amici del centrosinistra insorgere contro Unipol, ma lo sappiamo tutti di chi sono a loro volta amici, che salotti frequentano. Però i giornali non lo scrivono perché sono di proprietà di chi siede in quei salotti»[3].

Il caso però esplode anche dentro la Quercia. «Non credo sia utile dare la rappresentazione di un unico sistema politico-finanziario Quercia-Unipol, usando le stesse metafore, figli di un dio minore», accusa il capo della minoranza interna Fabio Mussi nella direzione del partito dell'11 gennaio 2006. Così tesa che quando Veltroni parla per sottolineare la necessità di fare le riforme D'Alema lo interrompe: «Le faccia un altro!». E il sindaco: «Allora due altri!». Interviene anche Giorgio Napolitano, nominato da Ciampi senatore a vita, per rimproverare i dirigenti dei Ds: «Se si fossero ammessi più tempestivamente alcuni errori di valutazione

[3] O. Carabini, *È una favola quella dei due capitalismi*, intervista a Massimo D'Alema, in "Il Sole 24 Ore", 5 agosto 2005.

avremmo potuto sgombrare il campo da equivoci. Attenti a non cadere nella sindrome dell'accerchiamento». Sarà il suo ultimo discorso in una sede di partito prima dell'elezione al Quirinale.

Divisi sulle questioni etiche, sulla gestione economica e sulle cordate bancarie, Ds e Margherita sbandierano l'unità di intenti attorno all'Ulivo. Nel 2003 è partito il tormentone sulla lista unitaria, idea lanciata da Parisi con un'intervista sull'"Espresso" e subito ripresa da Prodi. La lista Uniti nell'Ulivo raccoglie alle elezioni del 12 giugno 2004 dieci milioni di voti, il 31 per cento, dieci punti in più di Forza Italia, senza la candidatura di Prodi, con Lilli Gruber capolista in Centro, Bersani e Letta nelle circoscrizioni Nord-ovest e Nord-est, Michele Santoro e D'Alema al Sud, quest'ultimo impegnato in una prova di forza personale: su e giù per i paesini di Puglia, Calabria, Campania, Basilicata, Abruzzo, per matrimoni e feste paesane, «è lì che si prendono i voti», con le anziane che gli baciano la mano, come a un notabile di altre epoche (risulterà il più votato, con 832mila preferenze).

Viene considerato un risultato mediocre, un esperimento quasi fallito, soprattutto da Rutelli, in lite aperta con Prodi e con gli ulivisti della Margherita. Alla festa del partito rutelliano in Puglia il Professore attacca per la prima volta con cattiveria l'ex sindaco di Roma, da lui scelto nell'estate 2000 come candidato premier del centrosinistra: «Di lui invidio quello che ha detto Sophia Loren: a me che sono 'nu bello guaglione non lo diranno mai». Rutelli un guaglione? E Prodi appartiene a un'altra epoca, replica il numero due della Margherita Dario Franceschini: «C'è una voglia di cambiamento nel Paese che attende di essere interpretata. Fra due anni saranno chiamati a votare elettori che nel '96 all'epoca del primo scontro Prodi-Berlusconi avevano otto anni. Gli stessi candidati, gli stessi dirigenti, gravati dagli stessi rancori del passato. Eppure una nuova generazione politica ci sarebbe: Walter Veltroni, Pier Luigi Bersani, Enrico Letta».

È il periodo in cui, dirà Veltroni, «mezza Italia è venuta da me, è passata da quella porta»[4], quella del suo ufficio del Campidoglio,

[4] M. Damilano-M. Gerina-F. Martini, *Veltroni il Piccolo Principe*, Sperling & Kupfer, Milano 2007, p. 313.

per offrirgli di candidarsi al posto di Prodi. In testa alla fila c'è Rutelli: è lui che ha individuato in Veltroni il nome giusto per eliminare il Professore, visto ormai come un nemico, e mettere in difficoltà i Ds. In più, Veltroni richiama l'Ulivo e il progetto del Partito democratico, garantisce che l'elettorato non vivrà il cambio di cavallo come l'ennesimo complotto. Un progetto che può trovare l'appoggio anche negli ambienti dei grandi elettori fuori dal partito. Alla fine del 2005 Rutelli e Veltroni si ritrovano insieme in un convegno con Carlo De Benedetti: «Fate il Partito democratico, fatelo subito», incalza il presidente del gruppo Repubblica-Espresso. «Se ci riuscite, chiederò la prima tessera». Il sindaco di Roma, però, resiste alle pressioni. Paolo Gentiloni, in quel momento il consigliere più stretto di Rutelli, confermerà: «C'era la guida rossa per accogliere Veltroni, ma lui non è mai sceso».

È il momento più difficile per Prodi, è tornato in Italia ma non ha ruolo o incarico, è il parafulmine di ogni tensione. E l'Ulivo è intrappolato in un labirinto di sigle: la Fed, che sta per Federazione, giornalisticamente chiamata Triciclo (ne fanno parte i Ds, la Margherita e i socialisti di Boselli) e la Gad, che sta per Grande alleanza democratica, allargata anche a Rifondazione: a differenza del '96 non ci sono desistenze, questa volta Bertinotti chiede di entrare a tutti gli effetti nella coalizione, in caso di vittoria rivendicherà ministeri e ruoli istituzionali. Stretto tra Gad e Fed, l'Ulivo soffoca, assomiglia sempre di più a un cartello elettorale di partiti, leader, singoli capicorrente. Nel modello del patto di sindacato, mutuato dai salotti buoni del capitalismo italiano, da Mediobanca a Rcs, in cui le quote si pesano e non si contano, la conflittualità non sfocia mai nella vittoria o nella sconfitta totale di uno dei contraenti del patto. Così anche nel centrosinistra, ha scritto Alessandra Sardoni, «la forma amministratore delegato è il massimo della leadership tollerabile, perché presuppone la possibilità di negoziare le deleghe e l'esistenza di un consiglio di amministrazione, di una proprietà, di un presidente. Per cui l'obiettivo non è far vincere il migliore o il più forte, ma restare membri del consiglio di amministrazione, qualsiasi cosa accada»[5].

[5] Sardoni, *Il fantasma del leader* cit., pp. 11-13.

Eppure, fuori dai partiti, ai confini delle forze politiche, il simbolo dell'Ulivo continua a mobilitare energie e intelligenze. Come il tentativo più compiuto di organizzare movimenti e associazioni, la rete I cittadini dell'Ulivo, promossa da Pietro Scoppola e Iginio Ariemma, che nella loro biografia personale già riassumono un'idea possibile di soggetto politico. Scoppola è l'intellettuale cattolico più prestigioso, studioso di De Gasperi, amico personale di Prodi. Ariemma è un uomo del Pci berlingueriano, è stato accanto a Occhetto negli anni della Svolta come suo portavoce, ne ha interiorizzato tutti i limiti e le aspirazioni. La rete dei cittadini raccoglie 15mila adesioni, si batte per l'Ulivo originario, «soggetto politico nuovo, non la riedizione del centrosinistra o della solidarietà nazionale, fondato su una doppia ipotesi: fine dell'unità politica dei cattolici, fine dell'unità a sinistra», chiede le primarie e un albo degli elettori, prova a ridare respiro all'albero soffocato dai mille partiti.

Eppure, nonostante tutto, l'Ulivo vince, trionfa alle elezioni regionali dell'aprile 2005, diventa governatore anche il deputato di Rifondazione Nichi Vendola in Puglia che ha conquistato la candidatura sconfiggendo Francesco Boccia della Margherita con le primarie. È un comunista, omosessuale, con l'orecchino, cattolico, gioca tutta la sua campagna elettorale sulla diversità. È la prima esperienza di gazebo, votano in oltre 70mila, al freddo di gennaio. Parisi è il presidente del comitato nazionale per le primarie, gira per i seggi, annota, appunta, è felice: le primarie mettono in moto elettori non previsti e fanno vincere l'outsider, dunque funzionano.

L'alleanza Berlusconi-Bossi invece ha mantenuto solo la Lombardia e il Veneto. Nel centrodestra si apre la resa dei conti con Fini e con Casini, il governo Berlusconi si dimette per cambiare qualche ministro. Ancora una volta, il centrosinistra è riuscito a vincere un importante turno elettorale e potrebbe godersi la crisi dell'avversario, stabilire le alleanze migliori per le elezioni politiche, preparare in tutta calma uomini, programmi, strategie di comunicazione. E ancora una volta, lo spirito di auto-distruzione e di difesa dei propri apparati prevale su tutto.

Il 19 maggio la Margherita convoca la sua assemblea in un albergone sull'Aurelia con un solo punto all'ordine del giorno: la presentazione alle elezioni successive del proprio simbolo nella scheda proporzionale, il rifiuto di sciogliersi e di dare vita a un partito dell'Ulivo. «Oggi nasce un leader: Rutelli», dicono alla vigilia gli uomini di Franceschini. La leadership, o l'illusione della leadership, si promuove distruggendo l'Ulivo. L'ex sindaco ammette che la Margherita «è uno strumento, non un fine in sé, ma non uno strumento usa e getta». L'Ulivo unitario alle elezioni regionali è andato bene, «ma le liste separate sono andate bene più qualcosa, plus, better, meglio...». C'è l'elettorato di Forza Italia in uscita che può essere intercettato da una forza di centro come la Margherita. E poi, i Ds vogliono «incorporarci», l'ha detto anche D'Alema, «a queste condizioni noi non possiamo starci». Il Partito democratico? «Forse ci sarà, forse un giorno quel ragazzo sarà un campione, ma se lo mandiamo in pista oggi imbottito di farmaci non sarà né un campione né un uomo».

La battaglia si apre subito, ruvida. Interviene il prodiano Santagata: «Stiamo cambiando il dna della Margherita». Franceschini si ritaglia il ruolo di sempre, il sostegno del capo di turno: «Non siamo un partito a sovranità limitata». Franco Marini si rivolge al vecchio De Mita: «Cirì, ma quanti anni hai? Stai attento, ne abbiamo ancora di tempo per parlare insieme...». Rosy Bindi dà torto ai duellanti: «A Prodi chiedo perché non ha trovato il tempo di discutere con noi. A Rutelli dico: è vero, gli atleti non vanno dopati, ma attenti a non cambiare sport». Enrico Letta, al contrario, dà ragione a entrambi, è già allora uomo di larghe intese: «Io mi sento rutelliano e mi sento prodiano, rivendico il diritto di essere rutelliano e prodiano. Scissioni non ne farò né da protagonista né da comprimario».

Parisi parla seduto, distrutto da un'influenza: «Cos'è l'Ulivo?». Perché è sempre questa la domanda su cui il centrosinistra si avvita da un decennio. «Quella che vince oggi è una politica che abbiamo lasciato alle spalle, in cui la tattica viene scambiata per strategia, l'affabulazione scambiata per pensiero. Una politica che ha portato il paese indietro nelle graduatorie della storia. Con la scelta di oggi l'Ulivo perde senso, i cittadini se ne accorgeranno». Un discorso che fa infuriare Rutelli. Il leader della Margherita ormai ha conquistato il partito, la platea accaldata e nervosa è quasi tutta dalla sua parte: «Io per tre anni ho tirato la carretta, ho mangiato pane e cicoria per consegnare a Romano questa forza e ora mi ripagate così?». Si vota, ogni componente dell'assemblea deve sfilare davanti al tavolo della presidenza, dire sì o no, davanti a Rutelli e a Marini, in 224 dicono sì, 58 no, 16 astenuti tra cui Bindi e Letta. La Margherita ha chiuso l'Ulivo. Il commento di Prodi, in visita in Cina, è lapidario: «Un suicidio».

Lo psicodramma è appena all'inizio. Berlusconi pensava di aver già perso le elezioni e invece assiste all'incredibile auto-dissoluzione degli avversari. Il 29 maggio è la giornata del lancio delle cicorie in piazza Santi Apostoli contro Rutelli e Marini davanti alle telecamere. «È una vita che magnamo pane e cicoria e non lo diciamo a nessuno», urlano i manifestanti. Spintoni, botte, vaffa, «io sto con voi, non salgo su, mo' glielo dico», estrae il mestiere del sindacalista Marini. Ma intanto l'Ulivo si avvolge, è un campo di battaglia, Fassino offre a Prodi la possibilità di fare una lista insieme ai Ds ma il Professore non è convinto, è tentato di fare una lista sua, i sondaggi la danno altissima, oltre il 15 per cento, uno la quota addirittura al 22 per cento, con Ds e Margherita polverizzati. Un rischio troppo alto per Fassino: alla fine riesce a superare le tentazioni prodiane di mettersi in proprio, al candidato premier che chiede di essere legittimato viene offerto un premio di consolazione, un contentino. C'è il metodo finora sperimentato solo in Puglia: le primarie.

«Sto formando una P2 sobria, una setta, gli aggrillati...», scherza e non fa paura a nessuno Beppe Grillo al telefono con il cronista quando racconta di aver pensato davvero di correre alle primarie. «Se mi candido prendo il doppio dei voti di Berlusconi e Prodi messi insieme. E poi mi ci vedi in Parlamento? Sarebbe uno sputtanamento, vincerei io...». È l'estate del 2005, il Movimento 5 Stelle è ancora lontano, ci sono i primi meet up amici di Grillo che si riuniscono attorno agli spettacoli del comico ligure, «andrò a qualche riunione, finora non l'ho mai fatto, voglio vedere se mi piacciono. Cercare ancora un leader è infantile, è da bambini, serve un nuovo modo di pensare».

Il palcoscenico su cui far girare volti, progetti, storie, nonostante tutto, è ancora il campo largo del centrosinistra, il mare magnum *delle primarie in cui si candidano Prodi e Bertinotti, il verde Pecoraro Scanio, Antonio Di Pietro e Clemente Mastella, trova le firme per partecipare lo sconosciuto manager della Citigroup londinese*

Ivan Scalfarotto, alla fine si iscrive perfino l'attivista di Action e del movimento dei Disobbedienti Simona Panzino, a nome della galassia no global e dei senza volto che si presentano alle manifestazioni incappucciati, come il subcomandante Marcos in Chiapas, anticipando di anni il movimento Occupy Wall Street e la rete degli hacker Anonymous.

Il 16 ottobre 2005, una domenica di sole, gli elettori del centrosinistra votano per la prima volta per scegliere il loro candidato premier nelle piazze, nelle librerie, nelle palestre, nei negozi per gli animali. I gazebo sono il simbolo delle primarie. È una giornata importante, lo capisce anche la 'ndrangheta che a Locri uccide il vice-presidente del consiglio regionale calabrese Franco Fortugno, appena uscito dal seggio dove aveva votato. In fila si vedono Giovanni Bazoli, Alessandro Profumo, Corrado Passera, suore, vecchiette, ragazzi con le treccine rasta. Un popolo imprevisto. Ancora il giorno prima gli organizzatori prevedevano un milione di votanti, «se è così sarà un successo». Ma già a metà mattinata le schede sono esaurite, bisogna ristamparle, sono due, tre milioni in serata, quando è quasi l'alba vengono superati i quattro milioni, alla fine i votanti saranno quasi quattro milioni e mezzo. Piazza Santi Apostoli torna a riempirsi di bandiere dell'Ulivo, il popolo si riprende la scena dopo anni di vertici inutili e di gelate. Prodi ha cercato la legittimazione popolare che gli era sempre stata negata e l'ha avuta. Parisi con i piedi su una poltrona già ragiona sulle contromosse dei partiti. Come nel '96, ha vinto ma raffredda gli entuasiasmi: «Ora ci chiederanno di fare qualcosa che ha le sembianze dell'Ulivo, ma non è l'Ulivo...». La situazione è cambiata, Prodi non si tocca più. Mastella, fino alla mattina precedente con un piede fuori dalla coalizione, giura fedeltà: «Giobbe era uno che non faceva politica, io non sono Giobbe». Rutelli è ancora più svelto nella conversione: a maggio ha spaccato il partito per difendere il simbolo della Margherita, in una notte scavalca tutti e chiede che si lavori, da subito, per costituire il Partito democratico. Come vuole «la nostra gente», naturalmente. Peccato che nelle stesse ore il centrodestra stia per approvare la nuova legge elettorale. Il Porcellum.

«La campagna elettorale del 2006 è solo in apparenza la replica di quella di dieci anni prima. In realtà, è l'esatto contrario», testimonia Giulio Santagata che nel 1995-96 era il curatore del tour di Prodi in pullman e nel 2006 è il coordinatore di tutta la macchina elettorale. Sua l'idea della Fabbrica del programma, un capannone industriale in zona Corticella alle porte di Bologna, un quartiere che è l'Emilia in miniatura, pedane di legno, pareti colore arancio e verde, schermi televisivi, un set cinematografico, lo studio di un reality show che però serve a comunicare l'idea di Paese del Professore, concreto, aperto al mondo ma senza vergognarsi di una radice provinciale, l'industria e le autostrade informatiche, solidità e virtualità, Prodi tiene anche un blog. Arrivano esperti, imprenditori, analisti, studenti, una modica quantità di uomini di partito. Apertura il giorno 17, come quando giurò il governo, nel mese di febbraio, come quando partì il pullman. Ma il successo non si ripete. Il blog chiude quasi subito, la Fabbrica è lontana, comunica distanza.

«E poi è arrivato il Porcellum, il ritorno alla proporzionale, mentre stiamo per organizzare la campagna fondata sul simbolo dell'Unione nei collegi uninominali e dell'Ulivo nella quota proporzionale», spiega Santagata. «Salta tutto. Nel 1996 era scontato che la coalizione contasse più dei singoli partiti, nel 2006 corrono i partiti, alla coalizione vengono date pochissime risorse. Nel 1996 c'erano le 88 tesi votate dalle assemblee dell'Ulivo, nel 2006 c'è il volume del programma, preparato nei tavoli dei partiti e firmato dai segretari, lungo 279 pagine». Firmano in otto, la mattina dell'11 febbraio al teatro Eliseo, con il librone in mano con copertina gialla, Bertinotti giura: «Dureremo cinque anni», Mastella è ancora più severo: «Non ci sarà nessun ribaltone!». A condurre la mattinata c'è l'attrice Sandra Ceccarelli: «Sono contenta di essere qui, tra gente per cui una stretta di mano indica un impegno serio e duraturo, senza notai né firme...».

«Nel 1996», torna a dire Santagata, «Berlusconi non prendeva Prodi sul serio, nel 2006 succede l'opposto. Il centrosinistra pensa di aver già vinto, all'inizio ci sono dodici punti di vantaggio, quando si chiudono le urne la domenica sera ancora ci danno cinque o sei punti di sopra, perfino gli exit poll del lunedì pomeriggio assicurano lo stesso vantaggio. È una campagna elettorale tutta televisiva, con i due faccia a faccia, Berlusconi ci frega, nell'ultima risposta si gioca la promessa dell'abolizione dell'Ici. Noi rispondiamo con una comunicazione un po' fighetta, un solo manifesto con il faccione di Prodi e la scritta "La serietà al governo". A un certo punto salta completamente la cabina di regia, tutti si sentono titolati a mettere la loro pezza, nell'ultima settimana cambiamo una decina di volte la soglia di esenzione per la tassa di successione. E nella sede di piazza Santi Apostoli man mano che si avvicina il voto ci lasciano soli...».

Un pezzo di establishment continua a puntare sul centrosinistra: c'è l'endorsement di Paolo Mieli sul "Corriere". Ma i sondaggisti segnalano che la coalizione prodiana è in difficoltà tra i ceti popolari, nell'Italia profonda. «Sta succedendo qualcosa nella pancia del Paese», segnala Roberto Weber della Swg a sette giorni dal voto. «E tra le categorie più misteriose e indecifrabili ci sono i cattolici praticanti». Sottoposti all'assedio della stampa cattolica. «Guida nell'urna. Principi non negoziabili», titola "Avvenire" il 6 aprile, a tre giorni dal voto. «Ci è chiesto un voto meditato», è l'editoriale della vigilia, affidato a Eugenia Roccella, ex radicale che sarà portavoce del Family Day e poi deputata del Pdl e sottosegretaria con il governo Berlusconi nel 2008.

Più di tutto pesa la divisione tra i partiti. «Marini ripeteva: più liste facciamo più voti prendiamo», ricorda Santagata. Con questo principio l'Ulivo si presenta con una sola lista alla Camera e si sdoppia tra Ds e Margherita al Senato. Prodi si infuria: «Questi mi vogliono far perdere!». Quando si aprono le urne alla Camera l'Ulivo conquista quasi 12 milioni di voti (11.930.983, il 31,2 per cento), al Senato i Ds raccolgono cinque milioni e 977mila voti (il 17,5 per cento) e la Margherita tre milioni e 664mila voti (il 10,7). Fatti i conti, nove milioni e 600mila voti, quasi due milioni e 300mila voti in meno della lista unitaria alla Camera, che non si spiegano solo con la diversa composizione dell'elettorato.

Un errore? Sì, un altro errore che priva l'Ulivo di seggi preziosi al Senato, ma una manna per i partiti che si vedono garantiti cinque anni di rimborsi elettorali, 35 milioni di euro ai Ds, 25 alla Margherita, fino al 2011, tra cui i 13 milioni che il tesoriere Lusi sottrarrà alle casse del suo partito. Ecco perché, scoppiato lo scandalo, Prodi dirà agli amici: «A me il caso Lusi ha cambiato la vita». Meglio perdere (o pareggiare) le elezioni che perdere i finanziamenti.

La mazzata da cui non ti riprendi arriva alle otto di sera. Al Senato è in vantaggio il centrodestra, alla Camera è un pareggio virtuale. Prodi è nella casa degli amici Marisa Garito e Claudio Pancheri in piazza Rondanini dove aspettò anche nel '96, c'è il portavoce Silvio Sircana che si esibisce alla chitarra per sdrammatizzare, ma la tensione è altissima. «Basta, vado», sbotta il Professore, arriva nella piazza Santi Apostoli piena di gente, clima luttuoso, tragico: sta vincendo il Caimano. Prodi sale da solo sul palco, è uno spettro che si muove abbandonato al buio, neppure la luce di una telecamera illumina la notte del centrosinistra. «Vi chiedo scusa per il ritardo... a quest'ora avremmo dovuto conoscere i risultati, non si capisce cosa sia successo...». Qualche applauso di circostanza, più che il Professore la piazza ascolta il maxi-schermo su cui scorre il tabellone dei voti, voci di brogli, i risultati della Campania che non arrivano. Alle 2.43 Fassino va in tv a proclamare il risultato: «Possiamo dire che il centrosinistra ha vinto...», ma appare più morto che vivo, è una maschera di terrore per quello che potrà avvenire, l'immagine della sconfitta, solo 24mila voti separano i due schieramenti alla Camera, al Senato bisognerà trovare una maggioranza con gli eletti all'estero o con i senatori a vita. Al secondo piano di piazza Santi Apostoli possono finalmente tirare fuori dal frigo lo spumante e la torta preparata da due giorni che ha rischiato di finire nella spazzatura, c'è Palazzo Chigi in miniatura sulla glassa, le lettere di cioccolato: «A Romano Prodi il nostro liberatore», le dita di Angelone Rovati affondano nella panna. Il vincitore si avvicina a D'Alema: «Massimo, dobbiamo fare una riflessione». Lui ha già riflettuto: «Uno schieramento dove ci sono Vladimir Luxuria e Caruso uno normale non lo vota».

La breve e tormentata vita del governo Prodi comincia qualche giorno prima del giuramento, la notte del 29 aprile 2006, nell'aula del Senato, con la prima seduta del nuovo Parlamento per eleggere i presidenti delle Camere, e terminerà la sera del 24 gennaio 2008 nello stesso luogo, a Palazzo Madama. Segnata, come tutta la storia del prodismo e dell'ulivismo, da voti segreti, pacchetti di senatori che si spostano da qua a là. Strano destino, il premier che più di ogni altro si è identificato con il bipolarismo e con la possibilità per i cittadini di scegliersi premier e maggioranza di governo finisce più di ogni altro vittima delle imboscate parlamentari. Colpa, certamente, di una maggioranza precaria e dell'incapacità del centrosinistra di cambiare gioco, affidando per esempio la presidenza del Senato a un esponente dell'opposizione come Giuseppe Pisanu. E c'è chi, anche nel centrosinistra, propone senza grande convinzione le larghe intese. Ma colpa anche di un sistema politico impazzito, in cui il Porcellum è piombato come lo sciogliete le righe finale. Salta ogni vincolo di coalizione, rimane solo la fedeltà al partito che fa le liste, la politica è un incastro di accordi tra i capicorrente. E poiché Bertinotti ha ottenuto la presidenza della Camera e i Ds puntano al Quirinale, per D'Alema o per qualcun altro, non c'è nulla da discutere, la presidenza del Senato, nell'incastro, tocca a Franco Marini. Come risarcimento per la mancata elezione a presidente della Repubblica nel 1999. O come trampolino per le elezioni quirinalizie che verranno.

«Mi avete affidato una bella responsabilità», finge di stupirsi Franco Marini la mattina della prima seduta. «Ti consegno i voti dei nostri 27 senatori!», lo ossequia il capogruppo di Rifondazione Giovanni Russo Spena. Appare divertito, perché il centrodestra si è inventato contro di lui la candidatura di un grande vecchio democristiano, il Divo che nel 1992, al momento della nomina a senatore a vita, gli consegnò le chiavi della cassaforte, il pacchetto dei voti del Lazio. Giulio Andreotti, 87 anni, è all'ultima corsa e si gode lo spettacolo. Seduto sul suo scranno in prima fila, sullo schienale si è formata una fossetta, l'impronta andreottiana, mette le lunghe punte delle dita a triangolo, ride di gusto quando un altro veterano del Parlamento, Marco Pannella, prova a interrompere i lavori dalla tribuna gridando: «viva la Costituzione abbasso la mafia!», applaude il discorso di Scalfaro, suo collega alla Costituente, che da senatore anziano presiede la prima seduta. Quando vota Napolitano, agilissimo ed elegante, qualcuno gli urla: «Giovanotto!». Ma in che anno ci troviamo, con i due dc Andreotti e Marini che si contendono la presidenza, Scalfaro che presiede, Pannella che urla, Cossiga con il collare e la stampella che arranca fino a Giulio strappandogli finalmente un'emozione. Dov'è finita la rivoluzione italiana? E il mito del nuovo, il bipolarismo... Con i giochi dei franchi tiratori che stanno per cominciare. Marini si ferma a 157 voti, cinque in meno della maggioranza, ci sono cinque schede bianche e quattro schede nulle. I senatori dell'Udeur si riuniscono nella pausa pranzo con Mastella nel ristorante simbolo della Prima Repubblica, Fortunato al Pantheon. Il leader detta le condizioni: «Adesso devono darmi il ministero della Difesa, senza Mastella non vanno da nessuna parte. Volevano fare la guerra-lampo? Bene, l'ipotesi non c'è...». Nel po-

meriggio seconda votazione: alle 18.45 scoppia un applauso, Gavino Angius dei Ds alza il pugno chiuso che non agitava da anni, Marini eletto presidente, perfino la neo-eletta in Italia dei Valori Franca Rame lo bacia. E invece no: tra le schede contestate ci sono due voti per Francesco Marini. E poiché c'è un altro senatore Marini (Giulio di Forza Italia) e Franco non è Francesco, alle 19.43, i voti non possono essere attribuiti. Dopo un'ora di bagarre, la votazione viene annullata e ripetuta in nottata, alle 22.

«Adesso ci hanno rotto il cazzo!», esplode il colonnello di Marini (Franco) Giuseppe Fioroni. Ma niente, sulla scheda rispunta un Francesco Marini, Scalfaro legge con il professionismo assoluto di chi ha visto tutto nella vita, «sono l'unico tranquillo, non mi conoscete», ma all'una e mezzo passata l'elezione del candidato del centrosinistra salta ancora per un solo voto, gli manca la scheda nulla, e l'aula esplode. Il leghista Castelli attacca Scalfaro e Marini: «Quel voto è un pizzino, vi mandano a dire che dovete trattare». Parla Storace, rivolto al candidato impantanato: «Da oggi ti chiameremo Marini Francuccio». Il senatore Luiz Del Rojo di Rifondazione si toglie le scarpe in aula, si stende su tre scranni di velluto e si addormenta. Alle due di notte Scalfaro sbatte il campanello sul tavolo: «Invocate il rispetto delle regole e non avete rispetto umano! Ma è un Parlamento questo?». Già, è un Parlamento questo, il Parlamento dei voti fantasma, appeso ridicolmente ai Franceschi Marini? Nell'inizio è contenuta la fine.

Marini ce la fa, dopo che i gruppi del centrosinistra hanno diviso i senatori in gruppetti per controllare il voto (Marini Sen. Franco, Marini senatore Franco, senatore Franco Marini...), Bertinotti viene eletto presidente della Camera, il centrosinistra deve ora superare l'ostacolo rappresentato da D'Alema, che punta sul Quirinale o sul ruolo di capo delegazione dei Ds nel governo, lasciando fuori il segretario Fassino. Il segretario della Quercia si espone sulla candidatura D'Alema con un'intervista al "Foglio" in cui lo definisce il garante delle riforme. Il tavolo del centrosinistra si riunisce il 1° maggio, l'ex premier detta le condizioni: «Posso contare su duecento parlamentari pronti a tutto. Sia chiaro, se non faccio il presidente entro nel governo ma non faccio il secondo di nessuno: il partito al governo lo faccio io». In realtà D'Alema sa bene che dopo le reazioni scatenate dall'intervista di Fassino la sua candidatura spaccherebbe il centrosinistra e gioca da kingmaker. Propone il nome di Napolitano, fin dall'inizio il candidato preferito da Prodi: eletto presidente alla quarta votazione, come candidato di tutta l'Unione, non solo dei Ds. La partita, almeno in questo caso, è stata giocata bene. Parisi, però, non è per nulla ottimista. Le votazioni per il Quirinale si sono appena concluse, l'inventore dell'Ulivo valuta i primi passi della legislatura: «Il rischio è che duriamo un anno, Romano da Palazzo Chigi non potrà fare politica e spingere sul Partito democratico, ci daranno la colpa del disastro e avremo davvero chiuso».

Centouno, per gli amanti della cabala, è un numero che ricorre nella biografia di Prodi e nella storia del centrosinistra. Centouno sono i Prodi, i parenti del Professore, la tribù dei figli e dei nipoti, che si riuniscono ad agosto sulla collina di Bebbio per festeggiare il compleanno di Romano. Centouno saranno i franchi tiratori del Pd contro la candidatura di Prodi al Quirinale il 19 aprile 2013. Centouno sono, nel 2006, i ministri e i sottosegretari del secondo governo Prodi che giura, ancora una volta, il 17 maggio, come dieci anni prima. Solo che questa volta non ci sono Napolitano, Ciampi, Flick, Andreatta, ma Mastella alla Giustizia, Ferrero di Rifondazione alla Solidarietà sociale, l'ignoto Alessandro Bianchi dei Comunisti italiani ai Trasporti (oltre a Tommaso Padoa Schioppa all'Economia, Parisi alla Difesa, Amato agli Interni, Rosy Bindi alla Famiglia, che però non è la Sanità), non c'è un unico vice legato a Prodi come era stato nel caso di Veltroni ma due vice-premier politici in rappresentanza dei due maggiori partiti di governo, D'Alema e Rutelli. Nel primo governo Prodi c'erano cinque partiti, 21 ministri e 52 viceministri o sottosegretari, nel secondo i partiti da accontentare sono 12, 17 ministri più otto senza portafoglio e 77 tra vice e sottosegretari che si aggiungono nei giorni successivi. La carica dei 101, anzi dei 102, provoca i fischi di una platea ulivista riunita dal neo-ministro Santagata. Ma il problema è diventato strutturale, le poltrone parlano di una guerra persa. Dieci anni sono passati invano. Non è più il governo dell'Ulivo, è il governo delle segreterie. Il ritorno c'è stato, ma non è quello di Prodi a Palazzo Chigi: è quello dei partiti.

Dramma. Calvario. Via Crucis. Incubo. Quando a distanza di anni si parla di quei venti mesi del secondo governo Prodi tra i collaboratori e gli uomini dello staff ritornano questi termini. Eppure all'inizio il Professore prova a pedalare, a trasformare la debolezza in forza. In estate c'è la sorpresa del decreto Bersani sulle liberalizzazioni. C'è la missione militare in Libano, con il premier italiano nei panni del mediatore-facilitatore. E c'è la vittoria degli azzurri ai Mondiali di Germania, con Prodi in tribuna a fianco di Angela Merkel nella sfida decisiva contro i padroni di casa, serve a dare morale anche alla squadra di Palazzo Chigi.

«All'insostituibile attuale inquilino di questo Palazzo». Altra festa, altra torta, altra scritta. Nove agosto 2006, il presidente del Consiglio compie 67 anni, come sempre a Bebbio. Non si capisce Prodi senza arrampicarsi fin qui, per i tornanti che da Reggio Emilia portano a Carpineti e poi nella frazione dove c'è casa Prodi, il castello, la chiesetta dove, racconta il Professore, una volta rubarono dal presepe la statuetta di Gesù bambino e fu sostituita con Sant'Antonio. Un luogo lontano, periferico, silenzioso, che fa imprecare i cronisti abituati alle estati berlusconiane di Porto Rotondo. Stefano, il caposcorta, gira in bermuda, vigila sulla serenità delle gite in bici del premier, dentro il festeggiato si aggira in jeans e camicia scura, qualche filo bianco tra i capelli, un dito di barba, il ritratto dell'italiano medio in vacanza. Si fa la foto con i sette fratelli, si aggira con un coltellino in mano per tagliare il sigaro, c'è una tribù di bambini, bottiglie, panini, vespe e mosche, il premier mangia la fetta con Palazzo Chigi e la Colonna Antonina.

Non è affatto insostituibile, i giochi per eliminarlo sono cominciati subito, al momento di votare per le presidenze delle commissioni parlamentari, quando al Senato il dipietrista Sergio De Gregorio è stato eletto alla Commissione Difesa con i voti della destra. «Al Senato siamo in bilico di uno-due voti? Meglio, è più sexy», si lascia andare il Professore. Che si affida al fattore C. reso famoso da Edmondo Berselli («un monstrum smisurato e stupefacente, come un prodigio preternaturale, una chimera, una fenice, una cometa»). Fortuna? «Una cosa vera c'è, io sono ottimista fino a rasentare l'incoscienza», ammette il premier. «In un paese di scettici il fattore C. è l'ottimismo. Mi ricordo che mio padre e mia madre facevano la lista dei caduti in guerra. Mi raccontavano che quelli andati al fronte con la paura erano morti. Quelli partiti sereni, sono tornati. Se misuri ogni tuo passo non sarai mai aiutato dalla fortuna. Sono abituato ad affrontare sfide impossibili con serenità e con l'altissimo rischio di perdere. Qualche volta, però, vinco io. Sarà questo il fattore C.?».

La guerra, però, questa volta è spaventosa, a tutti i livelli. Nella maggioranza, dove ogni occasione è buona per distinguersi, e fuori. Il cannoneggiamento parte subito, durante il viaggio di settembre in Cina, cui Prodi attribuisce grande importanza e che invece si rivela disastroso per l'immagine del capo del governo, rovinato da litigi, gaffes e polemiche a distanza con Tronchetti Provera sulla Telecom e culminato con le dimissioni di Rovati da consigliere economico in un sottoscala del palazzo dell'Assemblea del Popolo mentre Prodi è a colloquio con il premier cinese Wen Jiabao. Segue un autunno di contestazioni e di fischi, perfino a Bologna, durante il Motor Show, una prima crisi di governo sulla politica estera, provocata dal voto contrario dei senatori a vita Andreotti, Cossiga e Pininfarina.

L'opposizione reale è guidata dalla Cei che il 12 maggio 2007 porta in piazza i cattolici contro la legge sulle unioni civili, il Family Day in piazza San Giovanni, davanti alla basilica del vescovo di Roma il papa, con i pagliacci sul palco, Berlusconi presentato come il difensore dei valori della famiglia fondata sul matrimonio indissolubile tra uomo e donna in prima fila e le magliette contro i cattolici adulti Prodi e Rosy Bindi, firmataria della legge con il ministro ds Barbara Pollastrini. Due settimane dopo, il 24 maggio, è il Montezemolo Day, il giorno dell'ultima assemblea del presidente uscente di Confindustria, che l'avvocato Luca Cordero utilizza per sparare a zero su tutta la politica, anche se, al solito, il vero obiettivo è il governo. Prodi è seduto vicino a Mario Monti, gli chiede: «Ma secondo te è una relazione da tecnico o da politico?». Fuori è più ruvido: «Parole che si commentano da sole». A settembre arriverà il primo Vaffa-day di Beppe Grillo: ma il primo a scatenare le sirene dell'anti-politica è stato Montezemolo, campione dell'establishment, che Prodi scherzosamente chiama Pm: Primo ministro.

Nell'estate 2007 il piano per sostituire Prodi prende forma: riunioni riservate, pressing sui giornali, l'ipotesi di un «governo dei migliori», i cosiddetti riformisti di destra e di sinistra, guidato da Montezemolo, con l'appoggio della Chiesa. Mentre in Parlamento al Senato il governo riesce nel miracolo di approvare la Finanziaria senza neppure un voto di fiducia. Nonostante la compravendita dei senatori sia in pieno svolgimento: a De Gregorio si aggiunge nella cerchia berlusconiana un'altra lista di senatori di maggioranza disponibile o almeno avvicinabile, come ammetterà anni dopo il giornalista-faccendiere Valter Lavitola con i magistrati: «Il mio compito era comprare senatori per Berlusconi». E perfino l'ottimista Prodi ha qualche momento di cedimento. Un giorno mentre preparano un'intervista con un giornale straniero i collaboratori si accorgono che il Professore indossa una cravatta vistosa, insolita per lui. «Sono così triste che ho sentito il bisogno di qualcosa di allegro», spiega. Come in un film, tocca a un oggetto inanimato rivelare lo stato d'animo del presidente del Consiglio.

La fine arriva con il nuovo anno. Quando l'arresto della moglie Sandra ordinato dalla procura di Santa Maria Capua Vetere provoca le dimissioni di Mastella da ministro della Giustizia. Ma in realtà la coalizione dell'Unione si era virtualmente sciolta con l'intervista di Bertinotti che aveva dichiarato il governo Prodi «il miglior governo morente», con la dichiarazione di Orvieto del nuovo segretario del Pd Veltroni («alle prossime elezioni non faremo alleanze, correremo da soli») nel bel mezzo della crisi, con le manovre berlusconiane che arrivano a compimento.

Ancora una volta, come nel 1998, il delitto ordinato a destra viene eseguito dalla sinistra, con lo spostamento trasformistico al centro. Quando Mastella sta per buttare giù il governo, il 21 gennaio 2008, il cardinale Bagnasco, presidente della Cei, attacca la Finanziaria del governo lamentando le scarse risorse per gli incapienti. «La Cei attacca Prodi, Mastella lo silura», titola quel giorno "La Stampa" di Giulio Anselmi. Il premier cattolico chiama il presidente dei vescovi: «Anche la Finanziaria mi volete dettare? E quando agli incapienti non si dava niente non avevate nulla da dire?»[6].

Tre giorni dopo il governo cade, ancora una volta in un'aula del Parlamento, al Senato, dopo che in tanti, come nel 1998, hanno consigliato a Prodi di evitare la sfida, di dimettersi prima. Anche con il Quirinale c'è tensione: Napolitano vorrebbe che

[6] Brancoli, *Fine corsa* cit., p. 171.

Prodi si dimettesse senza un voto. Nei riti antichi l'uscita dalla maggioranza bastava a provocare una crisi di governo. E il presidente eletto un anno prima dalla maggioranza del centrosinistra comincia a interpretare il suo ruolo di arbitro delle crisi politiche in senso estensivo, come si vedrà negli anni successivi. Ma cadere nel Parlamento che gli ha dato la fiducia per Prodi corrisponde a un'idea della politica, lo ripete il premier nella sua ultima relazione parlamentare in cui la polemica sottile con il Quirinale si legge in controluce: «Rileggiamo la Costituzione. Non vi troviamo la debolezza dell'esecutivo che paralizza chiunque segga a Palazzo Chigi, né la prassi delle crisi extraparlamentari, né l'asservimento dell'informazione pubblica al potere politico [...] Nella prima Repubblica vera sede del potere erano i partiti, i governi non erano scelti dai cittadini ma da strutture di partito sottratte al controllo e ai rischi del voto popolare, la composizione dei governi era stabilita dalle segreterie dei partiti. Oggi quelle prassi sono residui del passato che impediscono al sistema politico di operare in modo efficace al servizio dei cittadini».

Prodi è felice e incattivito, ormai libero dall'incubo, le labbra chiuse a salvadanaio, gli artigli sguainati. Cade in piedi, per la seconda volta, da hombre vertical, *come diceva Sandro Pertini, da uomo che non si piega, a fronte di una destra oscura e di una sinistra fin troppo inchinata. Osserva dai banchi del governo la sua ultima seduta parlamentare. Rita Levi Montalcini, quasi 99 anni, puntualissima in abito scuro, ancora una volta è venuta a votare per lui, accompagnata dalla collega senatrice Albertina Soliani che la assiste in aula. Il premier, come sempre, si alza e bacia cavallerescamente la mano alla Signora della scienza. Il vanesio Domenico Fisichella, senatore della destra poi passato nella Margherita rutelliana, è l'altro volto dell'intellettualità, mosso da un'alta, inutile considerazione di sé. Arriva il mastelliano Nuccio Cusumano, non ha partecipato al pranzo con il suo leader che ha deciso di votare contro il governo, le senatrici verdi Anna Donati e Loredana De Petris lo abbracciano: «Non sai quanto siamo contente che tu sia qui!», il massiccio senatore verde Bulgarelli lo scorta. Lui chiede di parlare, apre la cartellina verdina con gli appunti del discorso in blu e le correzioni in rosso. Mentre finisce di dire: «Non scelgo il percorso della convenienza, scelgo quello della coscienza e della coerenza, scelgo il governo Pro-*

di...», in aula entra come un razzo un altro senatore dell'Udeur, Tommaso Barbato, salta sulle scale, si avventa come una belva sul collega: «Testa di cazzo, pezzo di merda, venduto!». Il senatore di An Nino Strano si aggrega al convivio filosofico: «Squallida checca!». Sputi. Cusumano piange, si porta le dita al collo, sviene.

Alle 18, dopo una lunga interruzione, c'è la replica di Prodi, il suo ultimo discorso parlamentare: «Stare qui non è testardaggine, è coerenza, non si fugge davanti a un giudizio [...] Dobbiamo toglierci di dosso questo fango, anche per questo sono qui».

Cominciano le votazioni. Turigliatto il trotzkista vota no, tra le ovazioni della destra. Vota no anche Fisichella, fuori con i colleghi si vanta del suo intervento, «avete sentito che bello?», come no, professore, proprio bello. Vota no Mastella, citando un decadente, barocco, pseudo-Neruda, «lentamente muore chi non rischia», ha chiuso l'accordo con Berlusconi per ricandidare dieci senatori e venti deputati nelle liste azzurre: non passerà, grazie anche allo spettacolo offerto dai mastelliani in questa giornata che fa crollare nei sondaggi chiunque lo ospiti. «L'ho reso inacquistabile», si consolerà Prodi. Vota no Lamberto Dini, si astiene il napoletano Giuseppe Scalera (ma al Senato vale come voto contrario). Vota no Sergio De Gregorio, «cade il peggiore governo della Repubblica, ispirato a pure logiche di potere», tuona il senatore che ha messo all'asta il suo seggio e il suo onore per tre milioni di euro, come rivelerà ai magistrati di Napoli che indagano su Berlusconi per compravendita di parlamentari.

Alle 20.34 ci sono i risultati: votanti 318, i no alla fiducia sono 161, i sì 156, un astenuto, il governo è caduto. L'ex missino Gramazio stappa lo spumante in aula e tira il tappo, Nino Strano agita una fetta di mortadella. Marini scampanella furibondo: «Colleghi, non siamo in osteria!».

Il Parlamento dei Franceschi Marini muore così, con un'orribile sbornia di senatori comprati e venduti. Ma il crack è interno alla sinistra: «Quando fallisce due volte lo sforzo di costruire un'alternativa riformista, per molti anni sarà verosimilmente impossibile tornare a governare», profetizza Prodi. Segno che il suo dramma personale è terminato, ma quello politico del centrosinistra è appena all'inizio.

«La mia più grande delusione»

*«L'Ulivo delle origini aveva una base teorica e una risposta popolare che sono state poi distrutte dalle divisioni...». Nella palazzina nel cuore di Bologna, sotto le due torri, per le scale c'è un via vai di operai, dentro bambini che giocano, ogni tanto squilla il cellulare del Professore con la suoneria dell'*Inno alla gioia *di Beethoven. «Si è molto parlato dei miei governi, ma è dell'Ulivo che bisogna parlare...». Nella casa di Bologna dove sono nate tante svolte, i primi incontri con D'Alema, la scelta del simbolo, i rifiuti clamorosi e le fiammate, Romano Prodi ripercorre la parabola del centrosinistra, dalla vittoria alla discordia alla caduta, il pomeriggio che il suo nome per il Quirinale è stato affossato dai franchi tiratori dopo gli attacchi di Berlusconi. «La mia più grande delusione però in quei giorni non è arrivata da lui, ma dal partito che ho contribuito a fondare. Nei miei confronti non c'è stata una parola di difesa da chi doveva farlo», ricorda il Professore. «Cosa voleva essere storicamente l'Ulivo? Cosa si proponeva? Un obiettivo che io sentivo in modo fortissimo per la mia storia politica e per la mia formazione religiosa: concludere l'eterno conflitto tra ghibellini e guelfi che ha guidato tutta la storia politica italiana, costruire una coalizione dei riformisti laici e cattolici uniti da un programma politico di sviluppo del Paese. Era questo il fondamento dell'Ulivo: il raggiungimento del bipolarismo, la costruzione di un paese normale, moderno in cui i cattolici fossero divisi tra gli schieramenti secondo le loro preferenze, esercitassero una funzione di lievito, e non di bastone». Oggi ammette con amarezza: «Quel progetto è fallito».*

«Nel 1994 mi aspettavo la vittoria di Berlusconi, vinsi qualche scommessa. Avevo sentito il tam tam tra la gente, faceva lo stesso rumore di Beppe Grillo nel 2013, più tenue, senza gli aspetti urticanti della campagna di Grillo, ma più diffuso. Quando Berlusconi arrivò a Palazzo Chigi gli presentai subito le mie dimissioni da presidente dell'Iri. Tra me e lui c'era una distanza solo politica, lo conoscevo bene, conoscevo gli obiettivi, gli strumenti e i personaggi che utilizzava. Mi dimisi in modo non plateale, tornai a casa, in un momento in cui tutti, come ha scritto Montanelli, si davano da fare per soccorrere il vincitore».

«Tra la gente comune ci fu un entusiasmo superiore alle aspettative, la formazione dei comitati avvenne in molti casi istintivamente. A livello popolare si avvertiva che l'obiettivo poteva essere raggiunto, dalle parrocchie alle sezioni dell'ex Pci. C'era la sensazione che attraverso il mio impegno si stesse riempiendo un vuoto. Berlusconi aveva organizzato un esercito secondo idee liberiste e di puro anti-comunismo. All'epoca criticavo la signora Thatcher perché con le sue idee aveva spaccato l'Inghilterra, ma mi sbagliavo, stava spaccando il mondo. Reagan le ha messe in pratica, ma l'ideologia era la sua: attacco alla leva fiscale per la redistribuzione del reddito, ai sindacati, ai *checks and balances* democratici. Il suo slogan "non esiste la società, esistono gli individui" ci ha fatto entrare nella stagione dell'individualismo assoluto. Sull'altro versante, quello riformista, c'era un vuoto. L'Ulivo aveva alla base del suo riformismo l'economia di mercato corretta da elementi redistributivi, lo spostamento delle risorse verso scuola, ricerca e salute. Dare a tutti lo stesso punto di partenza, ripetevamo, anche se non possiamo garantire a tutti lo stesso punto di arrivo. E poi, fondamentale, un elemento di metodo: il coinvolgimento della società. Le tesi dell'Ulivo nel 1996 furono discusse in assemblee in tutta Italia da decine di migliaia di persone».

«Fu una valanga del tutto inaspettata, vincemmo le elezioni perché fu una sorpresa: Berlusconi non si era preparato, non si aspettava che noi potessimo farcela. Come una parte dei nostri, nel centrosinistra. Ho sentito con le mie orecchie, da dietro un paravento, la frase: "Lasciali andare quei due lì, che vanno a sbattere", pronunciata da uno dei massimi dirigenti. Si riferiva a me e a Veltroni. Ci fu il tentativo di rinviare le elezioni, all'inizio dovevano essere dopo pochi mesi, furono rimandate di un anno, poi ci fu la crisi di governo e l'incarico a Maccanico. Ci fu il primo duro momento di dissenso tra me e D'Alema, una scena che si è ripetuta. Nonostante la stima personale che ho sempre avuto nei suoi confronti, se Maccanico avesse avuto successo l'Ulivo si sarebbe immediatamente dissecato. Le operazioni nuove devono sempre dimostrare di essere vincenti, altrimenti sono finite. Una proposta che stava crescendo in mezzo alla gente ma che non aveva sostegni forti nei partiti di fronte a un blocco di quel tipo sarebbe morta. Forse sarebbero nate forze alternative in un fitto bosco di alberi, ma non ci sarebbe stato più l'Ulivo».

«Quando la cosa ha cominciato a marciare, i partiti misero le mani avanti sostenendo che senza la loro capillare organizzazione non ci sarebbe stata possibilità di vittoria. Nelle riunioni iniziali, talvolta senza ostilità, si chiariva continuamente che io ero un mandatario dei partiti. La destra diceva che io ero la maschera di D'Alema, in quanto egli rappresentava la parte più forte della tradizione dei partiti. Ogni volta che si è presentata una novità nella politica italiana per i partiti l'opzione più comoda è stata dire: la forza però è nostra. Questo spiega, ad esempio, la difesa di fondo del Porcellum, mantenuto in vita perché, pur essendo indifendibile, ha il grande vantaggio di garantire la fedeltà degli eletti, un sistema molto buono per un leader, se non avesse il difetto di fargli perdere le elezioni... È il grande errore che si è perpetrato in tutti questi anni, una mentalità che ripete: rimanga il partito, perdano tutti coloro che cercano vie nuove. Meglio perdere le elezioni che perdere il partito. Pareggiarle è ancora meglio».

«I poteri forti, nel loro complesso, hanno sempre guardato con ostilità all'Ulivo e al mio governo. Non potevano accettare una rivoluzione senza reagire. In Italia amano presentarsi come modernizzatori, europeisti, ma quando mai lo sono stati davvero? La società italiana è molto più conservatrice di altre nelle sue istituzioni e tradizioni e questo ha un peso nella vita politica rispetto ad altri paesi. Ogni potere costituito rifiuta il nuovo, premia le scelte a breve termine. L'Ulivo, invece, era un progetto di lungo periodo. Quando faremo la storia degli oligopoli che hanno dominato l'Italia, capiremo finalmente cosa è successo in questi anni. Io all'inizio ero la voce dei piccoli imprenditori, erano loro la mia base, avevo dato loro un'identità, partecipavo a tutti i convegni delle organizzazioni. A Treviso, Vicenza, Modena, si spellavano le mani per applaudirmi. Poi Berlusconi con il terrore delle tasse li ha ripresi. Usava come spauracchio il comunismo, gli faceva comodo per spaventare i piccoli industriali perché i Tronchetti

Provera, al contrario, non hanno mai avuto problemi a preferire D'Alema a me... Il punto di partenza comune era la spartizione all'interno dell'oligopolio, non una visione della società italiana. Dissi che non avrei lucidato le maniglie di casa Agnelli a una festa dell'Unità, con la massima semplicità. Non perché avessi problemi con Agnelli ma perché con questa espressione intendevo sostenere che il futuro dell'Italia doveva essere costruito fuori dai salotti buoni».

«Lo stesso accadde nel mondo cattolico: nei miei confronti c'era una fortissima simpatia in molti parroci e molta parte del laicato attivo, ma una grande diffidenza da parte dei vertici della Conferenza episcopale. In Francia "La Croix" mi ha dedicato pagine intere, ma non ho mai avuto un'intervista su "Avvenire". Mi hanno invitato alla Settimana sociale francese, ma non a quella italiana. Ho interloquito con la Conferenza episcopale tedesca, ma non con i nostri vescovi... E alla fine il progetto dell'Ulivo di superare la divisione tra i laici e i cattolici è fallito. La gerarchia ha spostato una consistente parte dei cattolici praticanti contro di me. Qualcuno ha calcolato il 13 per cento tra le elezioni del 1996 e quelle del 2006. Questa tensione ha ad esempio bloccato (durante il mio secondo governo) la legge Bindi-Pollastrini sulle unioni di fatto, una legge che avrebbe contribuito a pacificare gli animi, salvando i principi della Chiesa e riconvocando in modo serio i diritti civili. La Conferenza episcopale si è schierata da una parte politica e non ha accettato la sintesi del nostro governo, concreta, accettabile e politicamente tesa a guardare in avanti che avrebbe evitato i guai successivi. Ha radicalizzato anche le posizioni del mondo laico fino a trovarsi in seguito in forte difficoltà».

«C'era un processo di cambiamento. Una lotta tra l'Ulivo, il nuovo, il programma comune e i partiti, le correnti, le strutture. La conseguenza fu di impedire la vittoria dell'Ulivo. Garantirsi la sopravvivenza a discapito della vittoria. La grandezza dell'Ulivo era anche nella possibilità della vittoria».

«Che Italia ho ritrovato quando sono rientrato dopo la Commissione europea nel 2005? Non si era risolto niente, anzi, si era tornati indietro. Una cosa è certa: io non avevo nessun disegno di tornare a guidare il centrosinistra in Italia, è un'altra mistificazione costruita a posteriori. Sarei rimasto volentieri a Bruxelles per un secondo mandato. La Commissione lavorava bene, e vi devi stare dieci anni per lasciare un'impronta indelebile. Ma erano cambiate le maggioranze. In Italia, in Francia e in Germania aveva vinto la destra: il passaggio dai socialisti ai popolari rendeva più difficile una mia conferma. L'unico grande partito di centrosinistra che avrebbe potuto appoggiarmi, il Labour Party, era guidato da Tony Blair, con cui c'era stata una rottura sul concetto stesso di Europa e sulla guerra in Iraq. La guerra in Iraq per l'Europa è stata deflagrante, ha immesso nell'Unione europea nazionalismi contrastanti».

«Contro di me è stata schierata una Commissione parlamentare, la Telekom Serbia, poi la Mitrokhin: sono stati acquistati parlamentari. Putin una volta scherzando mi ha detto: "Dovevi dirmelo che eri del Kgb, avremmo fatto insieme cose bellissime!". Si riferiva al caso Mitrokhin, evidentemente. Più di recente mi ha chiesto: "Mi dicono che diventerai presidente della Repubblica". "No", gli ho risposto, "perché il tuo amico non vuole". "Hai proprio ragione" mi ha risposto. Nei confronti di Berlusconi, la cosa che più ha scandalizzato all'estero è stata la compravendita dei parlamentari per far cadere il mio governo. Nel mondo anglosassone il caso Ruby fa affondare nel ridicolo e nella vergogna, ma l'accusa di aver pagato parlamentari è inammissibile. La curiosità che mi è sempre rimasta è sapere quanto hanno speso per costruire lo scandalo Telekom Serbia. Quando fai una cosa del genere spendi una quantità di denaro immensa per costruirla. Quando fui interrogato su Telekom Serbia il magistrato mi disse: "Lo sanno tutti che lei non sa di cosa si tratta, ma si ricordi che lei ha avuto la mano di Dio sulla testa perché è arrivata con tempestività la rogatoria da Montecarlo che prova la sua innocenza". Ancora un'altra settimana e poi il magistrato sarebbe stato obbligato a spedire le carte al Tribunale dei ministri. Mi avrebbero assolto, ma intanto mi sarei dovuto dimettere dalla Commissione europea e ne avrei avuto un danno irreparabile. Ma non sono riusciti a farmi fuori.

Credo che anche questo, oltre alle due sconfitte elettorali, abbia spinto Berlusconi dopo il voto del 2013 a dichiarare a Bari che avrebbe cambiato Paese in caso di una mia elezione al Quirinale. La mia più grande delusione però non è arrivata da lui. Ovunque quando qualcuno dall'esterno ti attacca la tua organizzazione ti difende: è una regola elementare. Nei miei confronti non c'è stata una parola di difesa arrivata dalla mia parte dopo l'attacco di Berlusconi di Bari. È stata questa la mia più grande delusione».

«L'errore politico che rimprovero nella mia vita è di non aver fatto un partito dopo la notte delle primarie del 2005. Non l'ho fatto perché volevo unire e non dividere. Il più grande rimpianto? Non aver mai approfondito davvero il tedesco. Lo parlavo abbastanza bene da studente. Nel 1958 feci anche un lungo campo di lavoro in Germania, sapevo e ancora so tutte le parole del muratore: carriola, piccone, badile, livella e le parolacce, naturalmente... Kohl mi consigliò di andare quindici giorni estivi a rinfrescare il tedesco alla scuola della Wehrmacht. La prospettiva mi entusiasmava, ma non ho mai avuto tempo...».

Capitolo 8
Il treno di Walter

«Non credo alla formuletta dei riformismi che si incontrano perché di riformismo in questo Paese ce ne è stato poco per molti decenni: prima è stato bloccato dal conflitto ideologico con il comunismo, poi, nel centrosinistra, è stato travolto dalle logiche di partito. Il riformismo italiano più che una espressione di grandi e forti tradizioni politiche è stato un fatto di élites illuminate [...] in questa forma, come fenomeno culturale, è riemerso dopo il crollo delle ideologie e contribuisce oggi indubbiamente ad offrire utili elementi al Pd. Ma da solo sarebbe poca cosa, certo insufficiente a dare vita ad un partito nuovo. Il Pd ha davvero radici profonde nella storia del Paese? O, al contrario, nella storia del Paese vi sono motivi profondi di resistenza, di incompatibilità, rispetto al progetto del Pd?».

(Pietro Scoppola, Il manifesto del Pd e le attese dei cittadini, *17 marzo 2007)*

«Come si sa, la politica ricomincia di continuo. Occorrerà vedere se il Pd è in grado di ripartire. Se i suoi membri punteranno sulla costruzione paziente di un partito vero. Se affioreranno o no nostalgie per le vecchie identità e per le vecchie appartenenze. Se qualcuno si prenderà l'impegno di delineare una cultura unificante, che al momento non esiste. Se ci sarà la capacità di fare leva tra le contraddizioni implicite della coalizione di Berlusconi. Come si vede, i se sono numerosi e l'elenco potrebbe continuare.

Per ora, il Pd assomiglia a un partito ipotetico».

(Edmondo Berselli, Partito democratico o partito ipotetico, *in "Il Mulino", n. 3, maggio-giugno 2008, pp. 420-431)*

«Il cinema è un treno che passa veloce, lo prendi o non passa più». È il 20 giugno 2007, per Walter Veltroni è in apparenza una giornata di routine, tanti giri per i quartieri e le scuole, tanti incontri, la sera l'appuntamento per la presentazione del libro di Antonio Monda *La magnifica illusione. Un viaggio nel cinema americano*, quasi una pausa di felicità nella giornata del sindaco di Roma dai ritmi massacranti. Sveglia alle sette, nell'ufficio in Campidoglio che affaccia sui fori prima delle otto con i giornali già letti e la prima telefonata al questore e al prefetto per accertarsi che la notte nella metropoli romana sia stata tranquilla. Alla presentazione Veltroni appare identico a come lo ha descritto Ian McEwan, il suo scrittore preferito per la circolarità tra il passato e il presente che fa da sfondo ai romanzi: «A quiet, civilized man, with a passion for jazz». Un uomo tranquillo, civile, con la passione del jazz. Con un treno che sta passando veloce, e bisogna decidere se prenderlo o lasciarlo andare.

Il treno si è fermato da Veltroni la mattina precedente, alle 8.30 del mattino. In Campidoglio, per prendere un caffè, c'è il ministro degli Esteri e vice-premier Massimo D'Alema. Come sempre nei momenti decisivi, per tutti gli anni Novanta e Duemila, le grandi svolte del centrosinistra sono una partita a due, tra Walter e Massimo. Ancora qualche mese prima, in un'intervista al "Corriere della Sera", D'Alema si è dimostrato ostile all'ascesa nazionale di Veltroni (con toni e parole molto simili a quelle che userà nel 2013 con la candidatura di Matteo Renzi alla guida del Pd): «Io ritengo che questa condizione di candidato predestinato così fortemente sponsorizzato dai giornali danneggi moltissimo Veltroni. Se fossi in lui mi preoccuperei, ma sono convinto che siccome è un uomo intelligente questo lo capisca bene. A Walter mi sono sempre permesso di consigliare calma e prudenza, di non mettersi nelle mani frettolose di qualche kingmaker...». Quella mattina di giugno, invece, è D'Alema ad avere fretta: «Ti devi candidare, subito, alla guida del Pd. Noi ti appoggeremo tutti».

Da mesi i capi del centrosinistra giochicchiano intorno al Partito democratico che verrà. C'è stato il convegno di Orvieto nell'ottobre 2006, una due-giorni in cui è stata messa a punto la road map di Ds e Margherita per arrivare alla fondazione del nuovo partito. Caratterizzata, al solito, dallo scontro sulle procedure, le primarie, le date di scioglimento dei vecchi partiti, la leadership. E dalla relazione di Pietro Scoppola, uno degli ultimi interventi del grande storico (morirà un anno dopo, il 25 ottobre 2007), il solo a mettersi all'altezza del contesto epocale in cui nasce il Pd: la crisi della democrazia. «Cosa può rappresentare di nuovo il Partito democratico?», si chiede. «Quali interessi, quali valori, a quali domande dovrebbe rispondere?». Ma non se ne parla neppure. Anche i congressi dei due partiti scorrono via tra psicodrammi ed esigenze di posizionamento tattico. A Firenze nella Quercia c'è l'addio drammatico della sinistra del partito e di Fabio Mussi, dopo quarant'anni di militanza comune con D'Alema, Veltroni e Fassino: «Qui si propone la fine della sinistra, questa svolta è figlia di un fallimento che sento anche mio. Ma voi dove andate esattamente, compagni? Con il Pd l'asse si sposterà al centro, sarà un partito centrista e all'americana. Una rete di correnti super-organizzate all'interno, una miriade di piccoli partiti all'esterno. Non riesco a rassegnarmi che questo sia il nostro futuro». E quando Mussi saluta, «buona fortuna, compagni!», finalmente nella sala arancione che il giorno prima ha ospitato la visita di Berlusconi la platea si scuote, piangono tutti, Fassino e Veltroni, Marco Fumagalli e Franca Chiaromonte, i ragazzi di Berlinguer si dividono, la ferita è la certificazione che stavolta si fa sul serio. Perfino D'Alema si abbandona all'amarcord: «Io e Mussi simpatizzavamo per il Manifesto, salimmo sui monti intorno a Pisa sulla motocicletta di Fabio per decidere se lasciare il Pci o no. Dopo la discussione politica, solo dopo, Fabio mi disse che aspettava una figlia. Ora è una scienziata, mentre noi stiamo qui come due vecchietti a far baruffa...».

A Cinecittà, al congresso della Margherita, secondo contraente del matrimonio, c'è meno pathos, tutto si svolge nello studio accanto a quello di "Amici" di Maria De Filippi, dentro la sala l'*old sytle* democristiano, sigari, facce sudate e pigia pigia, convive con la fighettudine rutelliana e il dibattito ruota su un punto più prosaico: chi guiderà il nuovo partito? «Se freno io, non si fa niente», rivendica Franco Marini: «Non ho neppure il computer, a questa storia del nuovo e della società civile non credo per nulla, siamo rimasti in pochi ad avere il coraggio di dirlo, tra un po' convincerete anche D'Alema ad attaccare i partiti, io resisterò... Ma sappiate che nel Pd non mi accontenterò di una citazione di Sturzo o di De Gasperi, io voglio molto di più!». Il più esplicito, però, è il non più giovane sottosegretario alla presidenza del governo Prodi, Enrico Letta: se il Pd non sarà guidato da un uomo del centro fallirà. «Non possiamo avere ambizioni basse, noi che veniamo dai popolari e dalla Margherita dobbiamo candidarci alla leadership del nuovo partito. Nel Pd non faremo i numeri due!». Suona come un pro-memoria, per tempi futuri.

«Oggi», scrive in quei giorni il direttore del "Corriere della Sera" Paolo Mieli, «ancora non sappiamo chi possa capeggiare il nuovo partito e candidarsi alla guida del governo (un'idea ce l'avremmo, ma non spetta a noi dare questo genere di indicazione). Sappiamo in ogni caso che quel leader deve essere una sola persona – sottolineiamo: una sola persona – e che dovrà uscire allo scoperto nel giro di poche settimane...». Il nome del salvatore della patria è uno: per la Swg il sindaco di Roma sarebbe il leader preferito dal 27 per cento degli elettori dell'Ulivo.

Il padre fondatore del Partito democratico, Romano Prodi, interviene nei due congressi, stanco, logorato da mesi di mediazioni nel governo e dall'impopolarità. Dopo tanto lavoro il Pd nasce senza Prodi, forse addirittura contro Prodi, sicuramente per andare oltre Prodi. Per gli uomini del Professore è una beffa, il partito nuovo è dominato dalla stessa identica classe dirigente che hanno combattuto per anni. In poche settimane, tutti i contrari sono diventati favorevoli: principi, alti feudatari e poi giù giù in periferia valvassori e valvassini. Il Pd nasce non per convinzione ma per conversione: *cuius regio eius religio*. Come dimostra la strepitosa inversione di Massimo D'Alema: «Non c'è un'ora X in cui tutti si sciolgono, vanno al gazebo e nasce il Partito democratico», aveva avvertito a Orvieto nell'ottobre 2006. «Dobbiamo eleggere una Costituente del Pd dove i cittadini vanno, votano, pagano una quota e ricevono una tesserina. Io spero che siano più di un milione», si corregge appena sei mesi dopo a Firenze. Ma intanto si va avanti con rinvii, comitati promotori (il comitato dei 45: tra loro, oltre ai leader, Gad Lerner, Carlo Petrini, Tullia Zevi, Marcello De Cecco), ritardi. Finché tutto accelera.

La primavera del 2007 si apre con sondaggi disastrosi, per il governo Prodi e per il nascente Partito democratico. Il 3 aprile, alla vigilia dei congressi dei Ds e della Margherita, l'istituto di ricerche Ipr dà il Pd al 25 per cento, con Forza Italia che da sola lo supera di due punti. L'11 aprile, nuovo sondaggio: il Pd perde altri due punti e crolla al 23.

Il vero shock, però, arriva qualche settimana dopo. Ed è un doppio trauma. Prima la pesante sconfitta alle elezioni amministrative del 27-28 maggio, con il centrosinistra in rotta al Nord, ad Alessandria, Asti, Gorizia, Verona, e il Pd non ancora nato e già paurosamente in calo rispetto alla lista dell'Ulivo delle elezioni precedenti: meno 9 per cento a Genova, meno 10 a La Spezia, al 30 per cento ad Ancona, come i Ds da soli senza la Margherita. Il crollo è accompagnato dall'ennesimo sondaggio, questa volta on line, su repubblica.it. Il 30 maggio il sito del quotidiano dà Veltroni al 46 per cento con 26mila votanti, seguito a lunga distanza da Bersani all'11 e dalla Finocchiaro al 10.

Lunedì 11 giugno arriva il secondo schiaffo. Quella mattina il rituale pellegrinaggio dei dirigenti Ds in visita alla tomba di Enrico Berlinguer nell'anniversario della morte è più mesto del solito. Nel cimitero romano di Prima Porta Fassino e D'Alema, accompagnati dal padre nobile Alfredo Reichlin, avanzano lividi nelle prime ore della giornata in cui quel che resta dell'antica diversità morale del Pci è andato perduto. Spazzato via dalla pubblicazione delle telefonate di D'Alema, di Fassino e del superdalemiano senatore Nicola Latorre con l'amministratore dell'Unipol Giovanni Consorte. Risalgono all'estate del 2005, due anni prima, ma fanno clamore. Il ministro degli Esteri D'Alema è chiamato in causa come regista della scalata Unipol. Il segretario Fassino capisce di essere definitivamente tagliato fuori dalla corsa per la guida del Pd. Così, alla fine del giorno più lungo e angosciante per la Quercia, per trovare un diessino non spaventato dal terremoto che si sta abbattendo sul partito, bisogna ancora una volta salire in Campidoglio.

In quel momento nessuno ancora ha deciso che alle primarie convocate per il 14 ottobre sarà eletto un segretario, un leader, «una sola persona», come ha scritto Mieli. Perché è a tutti chiaro che con quell'elezione Prodi non sarebbe più la guida della coalizione, quanto potrebbe durare a Palazzo Chigi? È lo stesso Veltroni, insieme a Rosy Bindi, a porre il problema nel comitato dei 45: «Attenzione, perché se diamo la stessa legittimazione al presidente del Consiglio investito dalle primarie del 2005 e al segretario del partito eletto dalle prossime primarie, può crearsi un cortocircuito democratico». E per spiegarsi meglio, unisce le dita delle mani a mimare i fili dell'alta tensione.

Il 17 giugno c'è il gran consulto dei notabili dell'Ulivo: D'Alema, Fassino, Marini, Franceschini, Fioroni. Il Caminetto si sposta in blocco su Veltroni, decide che sarà lui il primo segretario del Pd da eleggere ad ottobre con le primarie. Dopo il caffè in Campidoglio, tocca a D'Alema andare in tv, a "Ballarò", a tenere il discorso di investitura, simile a quello che fece per l'allora professor Prodi nella sala del teatro Umberto: «Veltroni è una risorsa del centrosinistra, un potenziale candidato alla segreteria del Pd, ma anche alla guida del governo». Come dire: io lo benedico, sono io che lo nomino.

È la legge che guida il centrosinistra dal '95 in poi: se esci dalla foto di gruppo ti combattiamo, se rientri ti facciamo eleggere. Ancora una volta è il patto di sindacato a decidere. Dopo Prodi, dopo Rutelli, anche Veltroni sarà un leader investito dall'alto e confermato dal basso. Il via vai sulle scale del Campidoglio di notabili nei giorni successivi conferma: il treno è stato preso. E dire che fino a quel momento il sindaco aveva giurato di voler andare in Africa al termine del suo mandato. Niente da fare, il continente nero può attendere. Come dirà Veltroni qualche giorno dopo, «la politica non è una passeggiata solitaria nella quale puoi scegliere i percorsi e le soste che più ti piacciono».

L'accordo non può più essere messo in discussione, come dimostra il ritiro di un altro big che fino a qualche giorno prima aveva spiegato di volersi candidare, il ministro dello Sviluppo economico Pier Luigi Bersani. Al congresso Ds di Firenze aveva svolto una relazione da aspirante segretario: «Il vero realismo è quello di chi vola basso. Liberalizzare è di sinistra. Serve un partito del lavoro e della cittadinanza. Un partito nuovo in modo non declamatorio, ma concreto, fattuale...». Un partito alternativo a quello di Veltroni, composto della materia dei sogni. Bersani prepara con cura la sua candidatura, incontra gli emiliani, le regioni rosse, i quadri del Nord che lo preferiscono a Walter, troppo romano. «Se serve un contributo mi candido», annuncia il 21 giugno. «Io candidato? Vedremo», ripete il 26. Il 9 luglio, invece, il ministro si ritira dalla corsa. Con una lettera inviata ai suoi sostenitori, in gran parte iscritti ai Ds: «Carissima, carissimo, insieme con molti altri, che ricevono questa lettera, mi hai invitato a candidarmi alla segreteria del Partito democratico. Dopo aver riflettuto a fondo voglio dirti che non lo farò. Per come si sono svolte le cose, quello che avrebbe potuto essere un arricchimento del nostro percorso rischierebbe oggi di diventare un elemento di disorientamento di una parte del mondo a cui ci rivolgiamo...».

Il conflitto, la competizione tra idee e uomini, considerato come un male da evitare: peggio, un disorientamento. Un marchio di cultura politica cui Bersani resterà sempre fedele: meglio disorientare gli elettori che disorientare il partito. Meglio blindare «il mondo a cui ci rivolgiamo» che rivolgersi al mondo esterno... La sfida delle primarie 2012 con Renzi, lo snervante confronto sulle primarie aperte o chiuse, altrimenti incomprensibile, è già contenuto in questo gran rifiuto di Bersani di correre contro Veltroni da cui lo separano molte cose ma lo unisce una più forte di tutte: l'Appartenenza.

A candidarsi alle primarie saranno così due esponenti della ex Margherita, entrambi e in modo diverso vicini a Prodi: Rosy Bindi e Enrico Letta. E a opporsi allo schema "Tutti per Veltroni" resta Arturo Parisi che aveva chiesto al sindaco di candidarsi, ma in uno schema opposto, competitivo: «Una scelta affidata ai vecchi partiti, figlia di una dinamica di tipo verticistico. Ci vedo l'antica regola di tutte le sinistre italiane: meglio sbagliare insieme che avere ragione da soli».

«Fare un'Italia nuova. È questa la ragione, la missione, il senso del Partito democratico. Riunire l'Italia, farla sentire di nuovo una grande nazione, cosciente e orgogliosa di sé. Unire gli italiani, unire ciò che oggi viene contrapposto: Nord e Sud, giovani e anziani, operai e lavoratori autonomi...». L'appuntamento alla Sala Gialla del Lingotto di Torino è alle cinque della sera, il Candidato arriva con la proverbiale puntualità, questa volta senza colonne sonore e presentatori, c'è solo lui sul palco, neppure un foglio per gli appunti, il discorso scorre su due schermi trasparenti e invisibili al pubblico, pensati per un pubblico televisivo, per rimandare l'immagine di un leader che parla senza leggere.

È il giorno più importante della carriera politica di Walter Veltroni, il 27 giugno 2007, sei giorni dopo compirà 52 anni, non ci sono effetti speciali, le emozioni cui ha legato tutta la sua immagine pubblica, il sindaco in questo pomeriggio vuole dimostrare solidità, robustezza, concretezza programmatica. Alle sue spalle, messo a punto dall'architetto Roberto Malfatto che curerà tutte le scenografie del Pd veltroniano, ci sono le mura di un centro storico, la bellezza italiana. Ma la vera novità è che Veltroni non vuole più piacere a tutti. Non è il leader che vuole unire riformismo e radicalismo. O meglio, intende farlo dentro il Pd, il suo Pd. Fuori, c'è una linea di confine da mettere tra i riformisti e la sinistra radicale, Bertinotti, i fuoriusciti di Mussi con cui sarà più difficile camminare insieme. Contro il manifesto di Rifondazione, «anche i ricchi piangano», costato parecchie migliaia di voti al centrosinistra, Veltroni cita la frase del premier socialdemocratico svedese Olof Palme, ucciso nel 1986: «La battaglia da sostenere non è contro la ricchezza, ma contro la povertà». Contro i «benpensanti di sinistra» riprende il Blair degli esordi, «duri con il crimine, duri con le cause del crimine»: «Nessuno scrolli le spalle o definisca razzista un padre che si preoccupa per una figlia in un quartiere che non riconosce più. Chi viene qui per fare male agli altri va assicurato alla giustizia, senza se e senza ma. La sicurezza è un diritto fondamentale che non ha colore politico, non è di destra né di sinistra». Contro i sindacati ricorda che non si combatte la precarietà «senza spostare le ingenti risorse impegnate per far fronte agli squilibri del sistema pensionistico verso i giovani e la loro inclusione». E, altra bandiera inedita a sinistra, invoca «una consistente riduzione della pressione fiscale nei prossimi tre anni».

È la nuova Italia di Veltroni, la nuova sinistra, la «nuova stagione», come si intitolerà il suo libretto (arancione). Un'ora e 34 minuti in cui Veltroni non cita mai il nemico storico, Berlusconi. Anticipo del tormentone della campagna elettorale dell'anno successivo: niente Cavaliere, sempre «il principale esponente dello schieramento a noi avverso». Un'Italia in cui non c'è posto per «gli scontri feroci, i veleni». Alla fine l'accettazione della candidatura arriva, in punta di piedi. Per quale carica? Quello di Veltroni è un programma di governo, non di un segretario di partito. Figlio di una cultura politica ormai affinata da anni di presenza nelle istituzioni: il partito è uno strumento per arrivare al governo, altrimenti non ha senso. Nell'inizio dell'avventura veltroniana c'è già la fine. «Il Pd non sarà un partito di ex, sarà la casa dei democratici, dovrà esserci una indistinguibilità organizzativa». Ma la presenza di Dario Franceschini a Torino dimostra già che non è così: accanto al numero uno ex Ds deve esserci un numero due della Margherita. Franceschini, numero due di professione, vice di Marini, Rutelli e ora di Veltroni, funzionerà benissimo.

«Da oggi deve far paura la parola conservazione. Il Pd dovrà durare decenni, non nasce da un leader e per un leader, ma dalle persone reali di questo Paese». Domenica 14 ottobre 2007, Veltroni è stato eletto da poche ore segretario del Pd da tre milioni e mezzo di cittadini: il primo pensiero va a loro, «le persone reali di questo Paese». La piazza è cambiata: non più Santi Apostoli ma piazza di Pietra, dove c'è il tempio di Adriano. Al centro il regista dell'operazione, il romano Goffredo Bettini, che conosce Walter dall'epoca della Fgci romana ed è stato il gran tessitore delle giunte Rutelli e Veltroni in Campidoglio, si aggira massiccio in camiciona rossa, si gode il successo: «Sono come un pistolero, lavoro a contratto. Il mio compito è finito».

È, in apparenza, l'elezione di un leader di partito, il primo segretario del Partito democratico. La conclusione di un processo storico durato più di dieci anni, quasi venti se lo si legge dal punto di vista della storia della sinistra, degli ex Pci. Partito democratico, era il nome più votato al posto del Partito comunista tra i lettori dell'"Espresso" in un sondaggio del gennaio 1990. Non è stato facile, ma ora l'obiettivo è raggiunto e a guidare il partito c'è il giovane dirigente che meglio di ogni altro ha interpretato la svolta di Occhetto e poi l'Ulivo di Prodi verso questo traguardo. Un modello di successo, dato che un mese dopo le primarie di Veltroni anche Berlusconi apre i suoi gazebo per raccogliere firme contro il governo Prodi (lui in quei giorni, si saprà poi, stava raccogliendo senatori di centrosinistra per farlo cadere), sale su un predellino e annuncia che Forza Italia si scioglierà nella lista unica di centrodestra: il Popolo delle libertà.

E invece non si può rifiatare. Perché più della storia, in quei giorni, conta la cronaca. E la cronaca è quella che riporta il senatore Giorgio Tonini, vicinissimo a Veltroni, alla vigilia del voto per le primarie, il 12 ottobre sul quotidiano trentino "L'Adige": «Dobbiamo votare per Veltroni segretario, perché è necessario "resettare" il quadro politico italiano», scrive Tonini. «La politica italiana assomiglia sempre più ad un computer bloccato: Veltroni è il tasto "reset" del centrosinistra». L'operazione è «rischiosa, qualcosa potrebbe andare perduto», riconosce Tonini, ma «giunti a questo punto, non c'è altro da fare»: «Se Veltroni sarà segretario, a gennaio, dopo l'approvazione della Finanziaria, il Pd chiederà a Prodi un chiarimento politico e programmatico nella coalizione:

un programma essenziale di cose da fare, in modo convinto e disciplinato, nei prossimi tre anni. Altrimenti, meglio staccare la spina e tornare al voto. E stavolta, qualunque sia il sistema elettorale, il Pd si presenterà al giudizio degli elettori soltanto con gli alleati con i quali sia possibile lavorare in modo serio e costruttivo: anche a costo di andare da solo». È l'annuncio, già a ottobre, di una doppia svolta: o Prodi cambia, o si va a votare.

Qualche settimana dopo, Mastella spalanca la porta della stanza di Prodi a Palazzo Chigi urlando: «Se mi volete fare il culo, ve lo farò io prima!». «Era fuori di sé», ricorda Prodi, «e deve aver pensato: se qui non ho più il paracadute, lo trovo di là. Mi venne poi detto autorevolmente che Berlusconi aveva garantito a Mastella, perché tradisse, dieci deputati e cinque senatori. Poi è stato cacciato perché ha tradito, non l'hanno voluto perché faceva perdere voti»[1].

La nascita del Pd e la minaccia di «staccare la spina» al governo Prodi senza «reset della maggioranza», già esplicita nell'ottobre 2007 nelle parole di Tonini, fa precipitare la situazione. Quando si arriva a gennaio la maggioranza che sosteneva il secondo governo del Professore non c'è più: tra Mastella e Rifondazione si è aperta la gara a chi molla prima, la retata della procura di Santa Maria Capua Vetere ai danni dell'Udeur mastelliano arriva alla vigilia del convegno di Orvieto in cui Veltroni annuncia che la grande coalizione è finita, l'Unione che tutto contiene appartiene a un'altra epoca, da ora in poi «qualsiasi sia la legge elettorale il Pd andrà alle elezioni con le sue liste», da solo. D'Alema capisce che il governo è finito, chiama Bettini: «Siete impazziti?». «Accelerazione, Massimo», risponde l'uomo forte della segreteria Veltroni. «Le elezioni saranno un referendum, il Paese dovrà scegliere tra Berlusconi e Walter. E noi vinceremo». È il 20 gennaio, il tasto reset è stato schiacciato, il governo Prodi sarà sfiduciato in Senato quattro giorni dopo.

Corre da solo, Veltroni. Solo nella campagna elettorale, solo nel partito. Corre da solo, come il cecoslovacco Emil Zátopek nel magnifico romanzo di Jean Echenoz, Correre*: «Nessuno avrebbe il coraggio di conservare tutta la velocità per sfoderarla all'ultimo rettilineo, di*

[1] Brancoli, *Fine corsa* cit., p. 267.

mostrare quello che vale a fine corsa»[2]. *La campagna elettorale è una corsa senza sosta, su e giù per l'Italia, di piazza in piazza, di teatro in teatro, per centodieci tappe, come faranno, dopo di lui, soltanto Matteo Renzi per le primarie del 2012 e Beppe Grillo per le elezioni del 2013. In pullman, naturalmente, diverso da quello ulivista e prodiano del '95-'96, iper-tecnologico, con il nome del leader e la scritta «Si può fare», traduzione italica del «Yes, we can» con cui Barack Obama si candida alla presidenza degli Stati Uniti. Pullman verde, perché tutto è verde in questa campagna elettorale. Un verde riposante, tranquillizzante, ansiolitico in una Italia agitata e sempre più rabbiosa, con la recessione che sta per travolgere posti di lavoro e certezze. Verde è il Centro Italia, lo sfondo di Spello, in Umbria, da cui parte la campagna elettorale di Veltroni. Verde è il fondale alle spalle di Veltroni che l'organizzazione sposta di città in città, montato, smontato e rimontato, per risparmiare, come se fosse un Festivalbar della politica.*

Solo, sempre solo il Leader sul palco. Il format prevede un saluto del sindaco locale, l'intervento di una ragazza o di un ragazzo, la canzone di Jovanotti in apertura, Mi fido di te *(«cosa sei disposto a perdere...»), i cartelli con la scritta «Veltroni presidente. Si può fare» da alzare a favore di telecamere all'ingresso del leader, l'inno nazionale alla fine, che Walter canta a mani giunte, come una preghiera, le bandiere dell'Italia e del Pd sul palco.*

Treviso, Venaria, Rovigo, Ravenna, Sassari, pioggia, sole, Veltroni è sempre lì, sognando «cani randagi, cammelli, re magi», e soprattutto la Grande Rimonta. Arginare o addirittura sconfiggere Silvio Berlusconi nella campagna elettorale più dura. E costruire un nuovo partito, una nuova identità, a immagine e somiglianza di Walter l'americano che ha portato in tournée le lezioni della bella politica, i discorsi di Kennedy e di Chaplin, e che ora finalmente può portare in giro se stesso. Una corsa a perdifiato, la solitudine del leader è un valore, tutti i riformisti vincono e a volte muoiono da soli. Nel circolo appena nato 02PD di Milano fanno un video con il remix di YMCA *dei Village People e cantano: «noi corriamo da soli», con una ragazza che si allena in un parco, citazione della scena finale dell'*Ultimo bacio *di Gabriele Muccino... Anche se, nella corsa elettorale, almeno un alleato Veltroni l'ha voluto con sé, per pareggiare il tandem Pdl-Lega: Di Pietro.*

[2] J. Echenoz, *Correre*, Adelphi, Milano 2009, p. 29.

Veltroni arriva fino all'ultima tappa di Roma, in piazza del Popolo, dove c'è tutto il Walter-land, il magico mondo di Walter, il «fantabosco», come l'ha definito Francesco De Gregori. Nel backstage ci sono Gigi Proietti, i fratelli Paolo e Vittorio Taviani, Fiorella Mannoia, Luigi Magni, Isabella Ferrari, Laura Morante, Sabrina Ferilli, Pippo Baudo. Paolo Virzì con una scoppoletta in testa è allegramente angosciato: «Ma noi siamo una forza in più o una palla al piede? Io propendo per la seconda ipotesi, ho indossato una faccia tristanzuola, se la gente ci vede qui tutti a ridere un po' si incazza...». Nella piazza, in effetti, la pazienza della folla è messa a dura prova, c'è l'incontro ravvicinato tra il popolo della sinistra e il conduttore della serata, Tiberio Timperi. Dario Franceschini, interamente veltronizzato, cita il Piccolo Principe. *Walter ci crede: «Basta con questa aria tetra, lunedì pomeriggio il Pdl non ci sarà più e non si farà nessun governo di larghe intese. Io sono ottimista!».*

Anche in questo, da solo.

Sul palco ritornano la sera del 14 aprile, in una grande sala accanto al loft del Circo Massimo, la sede del Pd: salgono tutti insieme. D'Alema, Bindi, Fassino, Fioroni, Bettini, dovrebbe essere un'immagine solidale con il leader che ha perso le elezioni, invece è la chiusura plastica di una breve stagione. L'abbraccio letale di chi si è messo da parte e ora ritorna. Berlusconi ha vinto in modo schiacciante, maggioranza inattaccabile alla Camera e al Senato, la Lega sfonda nelle regioni rosse, in Emilia, Toscana, Marche, la sinistra di Bertinotti non arriva al 4 per cento e resta fuori dal Parlamento. Una giornata luttuosa, «per il Pd si apre una stagione di opposizione, vedremo quanto lunga», dice quella sera l'uomo che ha fatto la corsa da solo e che, nelle intenzioni dei capicorrente, non guiderà più il partito senza ascoltare gli altri. Anche perché le vecchie formazioni sono ancora vive e godono di ottima salute, almeno sul piano economico.

C'è la dote immobiliare: almeno 2399 immobili di proprietà della Quercia, per un valore di circa mezzo miliardo di euro, calcolano Gian Antonio Stella e Sergio Rizzo sul "Corriere", affidati a 55 fondazioni in tutta Italia, create appositamente dai Ds un minuto prima dello scioglimento nel Pd. Cimeli e opere d'arte, Mario Schifano, Piero Dorazio, Bruno Munari, Carlo Levi, più l'affrescone di Renato Guttuso sui funerali di Togliatti. Ma il piatto forte è un altro: case, palazzi, uffici, ex sezioni, in centro e in periferia, in ogni regione. In Sardegna, per esempio, gli ex compagni hanno deciso di dedicare il loro patrimonio a Enrico Berlinguer: dalla diversità comunista alla diversità immobiliare.

Come se non bastasse, ai cari estinti (sulla carta) Ds e Margherita continua ad arrivare il finanziamento pubblico. Nel 2007 35 milioni di euro al partito di Fassino e 25 milioni a quello di Rutelli. I due tesorieri diessino e margheritino, Ugo Sposetti e Luigi Lusi, hanno deciso la linea comune al momento dello scioglimento. «Luigino e Ughetta hanno fatto come due poveri in canna che si sposano. Ughetta ha un po' di patrimonio, Luigino ha un po' di soldi, quel che abbiamo detto al sindaco è: facciamo la separazione dei beni», sogghigna «Ughetta», che poi sarebbe Sposetti, l'inventore delle fondazioni con cui ha portato al riparo le proprietà della Quercia. Un'uscita di sicurezza nel caso in cui il Pd dovesse fallire e fosse necessario tornare al punto di partenza, ai partiti d'origine, sospettano nella segreteria Veltroni.

A sentire l'uomo che controlla la cassa rutelliana, il senatore Lusi, il Pd non avrebbe neppure una casa: nella sede nazionale del Pd di largo del Nazareno, il palazzone nel centro storico di Roma che ha ospitato fino a pochi anni fa un'ala del collegio fondato nel 1630 da san Giuseppe Calasanzio, il nuovo partito è solo un ospite. Quando i nuovi inquilini provano a rimuovere la targa imbarazzante che accoglie i visitatori all'ingresso, dove c'è scritto il nome del vecchio proprietario (Democrazia è libertà-La Margherita), Lusi s'infuria: «Noi siamo i padroni di casa che gentilmente ospitano il Pd. Non pagano affitto, né luce, né gas, né telefono, come si sono permessi di togliere la targa? Almeno un minimo di educazione!». Il giorno dopo la targa ritorna, una di «nuovo conio», ordinata da Lusi. E non sarà più svitata neppure quando il fondatore della Margherita Rutelli lascerà il Pd. E neanche dopo la scoperta che Lusi si è appropriato di 13 milioni di rimborsi elettorali dal suo vecchio partito, neppure dopo il suo arresto. Sono passati tre, quattro segretari, Veltroni, Franceschini, Bersani, Epifani. La targa è ancora lì, come si dice, a imperitura memoria.

Non è solo questione di affitti e di targhe. Il partito nuovo stenta a nascere perché il corpo del Pd va in un'altra direzione. Non solo i partiti fondatori sono duri a morire, ma come nelle matrioske, dentro Ds e Margherita ci sono scatole infinite. Correnti di pensiero. Correnti personali. Fedeltà e rivalità, amici e nemici che restano immutati, che si tramandano di partito in partito senza cambiare indirizzo.

Due mesi dopo le elezioni del 2008, il 24 giugno, ricorrenza di San Giovanni Battista che la massoneria festeggia come giorno di nascita, nel cinema romano Farnese in Campo de' Fiori si riunisce l'associazione Red: la prima corrente ufficiale del nuovo partito. Con tanto di presidente, l'ex ministro Paolo De Castro e un banchetto per iscriversi: la tessera costa 100 euro. A metà pomeriggio arriva il nume ispiratore, Massimo D'Alema, al suo esordio come capocorrente, passa sotto la locandina del film in programmazione: *Tutto torna*. E infatti tutto torna dentro la sala. Qualche giorno dopo, alla festa dell'Unità di Roma, D'Alema estrae orgoglioso dalla giacca la tesserina di Red: «Sono costretto a portare in giro questa perché del Pd non esistono ancora gli iscritti». Qualche mese dopo l'associazione si dà anche una tv satellitare, Red tv, affidata al giovane Matteo Orfini, esordio il 4 novembre, mentre gli americani votano per scegliere il nuovo presidente, D'Alema si aggira negli studi dell'Ostiense un po' a disagio nei panni dell'imprenditore televisivo, costretto a portare sul satellite la rivalità con Veltroni che invece si è inventato YouDem. Durerà poco l'era dei demo-tycoon: il tempo di scalzare il segretario e chiuderanno Red e la tv dalemiana.

In area cattolica c'è Quarta fase, l'associazione di Dario Franceschini e dell'ex ministro Giuseppe Fioroni. Rosy Bindi, ex candidata alla segreteria, ha fondato Democratici Davvero. L'altro sfidante di Veltroni nel 2007, Enrico Letta, guida l'associazione 360, e si concederà anche un think tank d'area, Vedrò. Arturo Parisi riunisce gli ultimi mohicani ulivisti attorno a lui nell'ex sede dei Democratici in piazza Santi Apostoli. Ci sono i teodem di Paola Binetti e Luigi Bobba, i cattolici fedeli a Ruini, cui inizialmente aderisce anche Matteo Renzi. E il leader Rutelli si riscopre ecologista, rispolvera il Centro per un futuro sostenibile, da lui fondato vent'anni prima, «aperto anche ai contributi del centrodestra»: tendenza green, la nuova reincarnazione del leader.

Bersani? Si muove nell'associazione Nuova Economia Nuova Società e in Red. Fassino? Dopo l'incarico di inviato Ue per il Myanmar, i suoi seguaci nel Pd li chiamano i Birmani. Veltroni sulla sua lapide vorrebbe che fosse scritto: «Non fondò nessuna corrente», ma a metterla su ci pensa Goffredo Bettini, capo del «partito romano» che circonda il segretario. Nel momento di massimo splendore le correnti nel Pd veltroniano arrivano a diciannove. Il blogger romano Diego Bianchi, meglio noto come Zoro, che nei suoi video in tv e su Internet dà voce alla base disorientata, inaugura un surreale think tank (la fondazione Daje) presentato come «un gruppo di auto-aiuto politico in costante equilibrio tra cazzeggio e serietà, perfetto per democratici afflitti dalla sindrome da Pd moscio». C'è poco da scherzare, però: finisce inserito tra le correnti ufficiali, lo danno in coppia con il presidente della Provincia di Roma Nicola Zingaretti per scalare la leadership. E poco ci manca che qualcuno lo candidi davvero alla segreteria.

Se il corpo è saldamente in mano ai vecchi apparati, Veltroni prova almeno a lavorare sull'anima: il pensiero, l'identità. Ma ogni volta che si va sul terreno ideologico le divisioni tornano a farsi sentire. Come si vede nella commissione chiamata nel gennaio del 2008 a scrivere il manifesto del Pd, la carta dei valori del nuovo partito.

Si riuniscono in cento: ex diessini, ex popolari, clericali, laici, la senatrice con il cilicio, gay. Dovrebbero, nelle intenzioni, buttare giù un documento agile, pochi punti, la carta d'identità del Pd. Invece le riunioni si incartano in disquisizioni degne del concilio di Nicea. Sottigliezze teologiche. Impuntature verbali. Scomuniche reciproche. E i valori diventano un oggetto contundente: ognuno cerca di inserire il suo e lo scaglia contro gli altri. Così il Pd, che dovrebbe rappresentare una nuova sintesi tra le culture, si rovescia nel suo contrario: una Babele. Per ore i costituenti del nuovo partito discutono se mettere nel manifesto la parola «famiglia» al singolare, come vorrebbero i cattolici, o «famiglie» al plurale, come auspicano i laici. «Sto con il mio compagno da quattro anni, allo scadere dell'anniversario andremo a convivere», annuncia il mite Andrea Benedino che si batte per inserire nel testo il riferimento alle coppie omosessuali.

Fuori della sala il matematico Piergiorgio Odifreddi, pizzetto luciferino, portabandiera del laicismo hard, fraternizza con la senatrice Binetti, numeraria dell'Opus Dei, che nelle interviste ammette di indossare il cilicio e considera l'omosessualità una malattia di cui liberarsi. Per il presidente della commissione, l'ottantenne Alfredo Reichlin, aristocratico rosso cresciuto alla scuola di Togliatti, tutta quella discussione per lui è una bestemmia. Afferra il microfono, paonazzo in volto: «Qui stiamo facendo un par-ti-to. Avete capito? Un par-ti-to! Una grande impresa culturale, non si fa la Doxa!», scandisce con un filo di voce. «Il Pci non si comprende senza Gramsci e Togliatti, la Dc non si può capire senza Sturzo e Maritain. Se preferite scrivere quattro paginette piene di *I care* e *I want*, fatele da soli!». Tutti in piedi, qualcuno grida: «Restiamo calmi, sennò chissà cosa scrivono i giornalisti qui fuori!». «Ma i giornalisti sono già dentro...» sospira Cuperlo, un po' depresso.

Una settimana dopo la scena si ripete. Questa volta la commissione Valori scivola sui fondamentali: l'antifascismo, la Resistenza. I costituenti del nuovo partito si sono dimenticati di scrivere nel manifesto che il Pd sarà un partito antifascista. «Una cazzata», riassume il senatore Antonio Polito con Francesca Schianchi della "Stampa". «Qui siamo tutti preoccupati chi degli omosessuali, chi della famiglia, chi del mercato, e ci siamo dimenticati l'antifascismo». «Io ho prestato la mia attenzione ad altri temi», spiega la Binetti, «ognuno presidia il settore che gli interessa di più». Alla fine l'antifascismo rientra: sta a cuore a tutti, per fortuna.

A volte l'identità del Pd si crea così: per addizione. Per esempio la doppia candidatura in Veneto dell'imprenditore di destra Massimo Calearo (tornerà con Berlusconi) e del sindacalista della sinistra Cgil Paolo Nerozzi. È il «ma anche» di Veltroni imitato da Maurizio Crozza: «Noi democratici dobbiamo convincerci che il tempo delle scelte nette è finito: in trattoria dovremo dire che vogliamo la Coca-Cola, ma anche la birra. Vogliamo Madre Teresa, ma anche Veronica Lario: perché non si può lasciare Berlusconi al centrodestra, non si può lasciare Berlusconi a Berlusconi. Vogliamo essere uomini, ma anche donne, ma anche altro, ma anche no... E se fossimo donne passeremmo il tempo a toccarci le tette. Ma anche il culo». Quando il comico lo fa vedere al vero Veltroni, Walter non si scompone: «Nella politica moderna il "ma anche" è l'unica soluzione per affrontare i problemi nuovi: la sintesi di più cose che possono apparire diverse tra loro», rivendica. Anche se, nel discorso dell'addio dopo le dimissioni, dirà l'opposto: «Non si può mettere insieme tutto e il contrario di tutto».

In altri casi ideologi e propagandisti del Pd preferiscono puntare a eliminare, togliere, alleggerire il pantheon delle idee, dei personaggi, dei simboli. Con il rischio opposto: la parete bianca. Un partito dell'assenza, del vuoto. Un partito per sottrazione. È la sensazione che hanno i visitatori quando arrivano alla prima festa nazionale del Pd alla Fortezza da Basso a Firenze, nel settembre del 2008. Al posto della vecchia festa dell'Unità c'è il nome nuovo, festa democratica. E al posto dei leader più amati, come una beffa, nel dibattito inaugurale piombano inattesi i ministri del governo Berlusconi: Giulio Tremonti, Roberto Calderoli, Umberto Bossi.

Qualche settimana dopo, in vista della manifestazione nazionale del 25 ottobre 2008 al Circo Massimo, i dirigenti del Pd cercano una foto per il manifesto che invita a partecipare al corteo, si rivolgono a un'agenzia fotografica su Internet, acquistano un'immagine di popolo, la stampano in migliaia di manifesti che attaccano in ogni città. Non si accorgono che nell'ingrandimento è visibile un sacerdote in collarino bianco con macchina fotografica, una suora di colore attaccata al cellulare, una bandiera del Portogallo e una della Polonia. Gli addetti all'immagine del Pd hanno sbadatamente scelto come testimonial della loro iniziativa la folla in preghiera a piazza San Pietro, forse scattata ai funerali di papa Wojtyla. «Non importa», si giustifica il responsabile della propaganda Alberto Losacco. «Volevamo una foto di gente, senza simboli e senza bandiere di partito, perché per un partito nuovo come il nostro rappresentano il passato». Ma se il passato di una comunità politica viene rimpiazzato con un tratto di photoshop dai funerali del papa, non si può dare torto al compagno bolognese Federico Colinucci, restauratore in zona Ponticella, che nel suo stand alla festa del partito vende uno stock di bandiere rosse comprate su eBay: 25 euro l'una. Vanno a ruba in poche ore.

In realtà, almeno un riferimento ideale ci sarebbe. Per Veltroni Barack Obama è qualcosa di più del leader che promette di aprire una nuova stagione per il mondo. E per il Pd a corto di simboli unificanti, parole d'ordine comuni, Obama è molto più che il candidato democratico per cui fare il tifo. La prima sede del Pd è un loft, un ex grande magazzino, stretto e scomodo, con la stanza riunioni incastrata in un cubo di vetro e i ragazzi dell'ufficio stampa appesi su un soppalco. La web tv del partito si chiama YouDem. Un'Obama-mania che suscita il sarcasmo degli altri leader: «Abbiamo due slogan pronti. Se vinciamo, yes we can, si può fare. Se perdiamo, yes weekend: fine settimana liberi, avremo un sacco di tempo a disposizione», sogghigna D'Alema prima delle elezioni

2008. Perfino il palco del comizio del 25 ottobre al Circo Massimo ricalca l'originale afroamericano: una lunga pedana che finisce in mezzo alla folla, per dare la sensazione «calda» che il leader è uno di noi. È il punto più alto della segreteria Veltroni, l'abbraccio tra il leader e il suo popolo: «È il tempo del coraggio riformista, non della pigrizia conservatrice...». Ma anche il momento in cui andrebbe presa la decisione di sfidare i capicorrente, la nomenclatura stretta alle spalle del leader in un congresso vero per non continuare a subire la progressiva erosione del progetto originale.

Succede il contrario. La direzione del 17 dicembre, dopo le elezioni in Abruzzo provocate dall'arresto del presidente Ottaviano Del Turco e perse catastroficamente, si trasforma in un processo dei notabili di sempre al Pd di Veltroni. «È messa in discussione la tenuta del progetto, la possibilità che il Pd fallisca», attacca Cuperlo. «Abbiamo scambiato per nuovo il deficit di autorevolezza dei dirigenti, la scommessa di una cooptazione virtuosa ha premiato fedeltà e appartenenze che non sono sinonimo di merito». Il dalemiano Nicola Latorre è ancora più duro: «Rischiamo di costruire un partito con una cultura all'americana e un apparato alla sovietica». Bersani invoca «una discussione seria e fraterna», ma poi spara sul partito di Walter: «Le primarie stanno alla partecipazione come la finanza all'economia reale. Noi pronunciamo troppo poco le nostre antiche radici. Non vorrei che avessimo tanti nuovi arrivi che non arrivano e tanti abbandoni silenziosi». Evidentemente la paura di disorientare la base non esiste più, ora che c'è da bruciare un leader che appena tredici mesi prima tutto il gruppo dirigente aveva invocato come il salvatore della patria. A chiudere la discussione ci pensa ancora una volta il capo indiscusso, nella veste di semplice iscritto: «Nella crisi serve una guida che dia autorevolezza, forza, rassicurazione», non può essere Veltroni, spiega Massimo D'Alema, prima di emettere la sentenza definitiva: «Il progetto si è appannato per ragioni più complesse del correntismo: se avessimo le correnti non sarebbe bello a vedersi, ma sarebbe almeno un ordine. No, il problema è generale: l'amalgama è mal riuscito». La segreteria Veltroni, la leadership dell'amalgama mancato, finisce qui. Il treno è arrivato al capolinea.

Un pacco di tesserine magnetiche giace malinconicamente abbandonato in uno scatolone al pianterreno di largo del Nazareno.

Sopra c'è un'immagine della manifestazione del Circo Massimo del 25 ottobre 2008. Tanta gente, mille bandiere, la scritta «Grazie» e la firma di chi aveva desiderato quella giornata particolare: Walter Veltroni. Di fronte alla sede del Pd auto blu sfrecciano di qua e di là, scendono volti sconosciuti, fotografi, cameraman, peones. «Cosa succede?» chiede un bambino che passeggia con il papà. Lui lancia un'occhiata alla targa sul muro, ai giornalisti che bivaccano per terra, vede Fassino con un berrettino verde che parla ad alta voce con se stesso. E risponde: «C'è un funerale».

Veltroni si dimette da segretario dopo la sconfitta elettorale in Sardegna di Renato Soru. Lascia la mattina del 17 febbraio, gettando nello sconforto gli uomini e le donne più vicine. Ma Walter appare finalmente liberato da un incubo, si espone alle telecamere senza cravatta. «Il Pd che volevo l'ho visto al Lingotto, in campagna elettorale, alla manifestazione del Circo Massimo. Non ce l'ho fatta a fare il partito che volevo, non ho corrisposto alla spinta che c'era, chiedo scusa», si mortifica il giorno dopo nella sala del tempio di Adriano da cui era iniziato il suo viaggio appena sedici mesi prima. C'è il rimpianto di non aver fatto il Partito democratico quando il centrosinistra vinceva, molto tempo prima, ai tempi del governo Prodi: «Se l'Ulivo fosse diventato un partito all'epoca il corso degli eventi sarebbe stato molto diverso». Un solo lamento nei confronti di chi non lo ha aiutato: «In che situazione fossimo quando mi fu chiesto di correre alle primarie tutti la ricordano. Ho avuto un riflesso unitario, è stato un limite, non può esserci l'unità senza la solidarietà tra di noi». E l'appello finale: «Ora dobbiamo mettere al sicuro il progetto. Non c'è un ieri migliore di oggi. Ai dirigenti dico: amatelo di più questo partito».

Sembra sereno, ma i mocassini che ballano sotto il podio rivelano un'angoscia incontrollabile. Veltroni è stato eliminato in un anno e mezzo, divorato dal Pd, il partito che stritola i suoi capi. Il leader ragazzo che entusiasmava le platee non c'è più, il suo ciclo politico si è chiuso, un anno dopo quello di Prodi. Il partito del Ventunesimo secolo, nato per durare cento anni, rischia di spegnersi dopo pochi mesi. E per l'Italia c'è il pericolo di entrare in un'interminabile era berlusconiana. Cosa pensa davvero Veltroni l'ha detto in una strana conferenza stampa, qualche mese prima. Era ancora estate, quando il segretario si lasciò andare a un'oscura profezia: «Il mio Pd ha preso il 34 per cento. Vi accorgerete presto di quale risultato straordinario sia». Sì, i capi del Pd se ne accorgeranno presto.

«Quando tutto si è spezzato»

«La mattina della presentazione alla stampa del nuovo simbolo del Pds, era il 1990, andai da Eugenio Scalfari a farglielo vedere in anteprima. Il grafico Bruno Magno aveva creato un simbolo che non apparteneva alla nostra tradizione iconografica e aveva collocato la falce e il martello del Pci alle radici. Era un'idea geniale e coerente con la Svolta: noi venivamo da lì, dal Pci, non lo nascondevamo, e al tempo stesso andavamo verso una direzione nuova. Scalfari lo guardò con interesse, poi mi disse: "Bello, ma quando diventerà soltanto Partito democratico?"...». Walter Veltroni all'epoca era un ragazzo di 35 anni, l'uomo dell'informazione di Botteghe Oscure, il Partito democratico era il progetto che vale una vita e una carriera politica. Tutto comincia lì, dalla Bolognina e dal 1989, tutto finisce, oggi Veltroni può dirlo con distacco, nell'ottobre 1998: «È quello il momento in cui tutto si spezza. Tra il '96 e il '98 con il governo Prodi avremmo dovuto fare il passo successivo, trasformare i comitati dell'Ulivo in partito, poi è diventato tutto più difficile. Abbiamo provato a riannodare quel filo nel 2008, con il Partito democratico. E si è ancora spezzato».

«Un primo passaggio importante per me è la filosofia con cui si è interpretata la svolta del Pci. Una parte di noi voleva che ci trasformassimo in un partito socialista di varia natura, perfino Craxi ci fece sapere che se il nome fosse stato Partito comunista per il socialismo democratico per lui sarebbe andato bene. Occhetto, Petruccioli, Piero Fassino, io eravamo invece molto determinati a fare un salto che riconoscesse cos'era successo davvero nell'89: la chiusura di un tempo storico che non consentiva più di pensare alle ideologie del Novecento come laboratori utili per il tempo nuovo.

Con i referendum Segni prese forma la nostra idea bipolarista: un progetto istituzionale e politico. Uno strappo storico, una rivoluzione copernicana nella storia della sinistra che veniva dal Pci. Il secondo passaggio per me fondamentale è il libro su Robert Kennedy del 1993, in cui sostenevo che la tradizione democratica fosse l'unica valida per il nuovo secolo. Ho sempre pensato che in Italia sarebbe stato necessario un Partito democratico, in quel libro provavo a dirlo con uno sforzo di compiutezza e di analisi. Andai da Romano Prodi che era presidente dell'Iri dopo aver partecipato alla Convenzione democratica di New York del 1992 che aveva nominato candidato presidenziale Bill Clinton, mi aveva colpito l'idea del pullman con cui Clinton e Gore avevano attraversato l'America e ne parlammo. Avevo conosciuto Romano molti anni prima, l'avevo sempre considerato l'interlocutore normale di questo progetto».

«Poi arriva il 1994 e lo scontro con D'Alema per la segreteria del partito. Io e Massimo abbiamo sempre avuto due visioni politiche diverse. Sulla società italiana, sulla funzione dei partiti, sul rapporto tra partiti e società... Io e Prodi pensavamo che già alla metà degli anni Novanta, erano ormai passati sette-otto anni dalla Svolta, ci fosse un basso grado di appartenenza ideologica, una possibilità di movimento elettorale consistente, una democrazia in cui l'equilibrio tra partiti e società dovesse essere riscritto a favore della società. Pensavamo a partiti che fossero capaci di raccogliere e di esprimere il meglio della società civile: se si pensa alla composizione del primo governo Prodi, da Ciampi a Flick, da Maccanico a Di Pietro, si capisce cosa volessimo dire. Pensavamo, infine, che la prospettiva dovesse essere un soggetto dell'Ulivo.

L'idea di D'Alema (e di altri) era invece che il primato fosse dei partiti, che l'elettorato fosse immobile e che dunque il massimo che si poteva fare era allearsi di volta in volta con Bossi, con Dini... C'era una grande intelligenza politica in questo disegno, intendiamoci: a casa mia con Dini e Bertinotti costruimmo nel '96 il meccanismo chiamato desistenza che portò al successo elettorale anche se avevamo preso meno voti del centrodestra. Massimo e altri avevano il disegno di rifare il compromesso storico tra gli eredi del Pci e della Dc. Io invece, durante la Convenzione elettorale dell'Ulivo a Milano nel 1996, dissi che il nostro non poteva limitarsi a essere il compimento del sogno di Moro e di Berlinguer perché nell'Ulivo c'era molto di più, le culture ambientaliste, civili, il riformismo azionista. Per D'Alema il centrosinistra si scriveva con il trattino, il centro più la sinistra, per noi l'Ulivo era un'idea molto più aperta, dinamica, in grado di fare incursioni in aree di elettorato lontane dalla sinistra tradizionale. Per questo sostenevo la necessità di fare un partito dell'Ulivo in una dimensione sovranazionale, un'apertura dell'Internazionale socialista a una molteplicità di culture, un'Internazionale dei socialisti e dei democratici. Questa discussione tra noi, come si sa, è andata avanti a lungo...».

«Della campagna elettorale del 1996 ricordo la partenza dei due pullman in piazza Santi Apostoli, uno verso il Nord e uno verso il Sud, eravamo circondati dallo scetticismo generale. Con Prodi ci incrociammo a Catanzaro, con la piazza piena, poi a Castellammare per un'iniziativa sul lavoro e capimmo che stava avvenendo qualcosa. Fu una campagna elettorale felice e perfino divertente. Roberto Morrione era una persona colta, intelligente, curiosa, la squadra sembrava quella dei Blues Brothers, ci si contaminava, ci si scopriva. La composizione del governo l'abbiamo fatta io e Romano su un foglietto. Incontrammo Di Pietro a Firenze in un albergo per convincerlo a fare il ministro, in quel momento aveva ancora il carisma dell'ex pm eroe di Mani Pulite, anche Berlusconi nel '94 lo aveva corteggiato per farlo entrare nel suo governo. Andammo a casa di Ciampi, lui all'inizio era perplesso, non voleva fare il ministro, poi si convinse a guidare in prima persona la battaglia per l'euro. C'era Napolitano agli Interni, Andreatta alla Difesa... Nel Consiglio dei ministri nessuno diceva la parola "noi" senza riferirsi all'Ulivo. Io mi rifiutavo di partecipare alle riunioni dei ministri della delegazione Ds che si facevano al partito. Nei partiti, invece, cresceva l'idea che noi fossimo un governo di transizione necessaria per entrare nell'euro, ma che poi avremmo dovuto passare la mano».

«Quel governo in un anno e mezzo ha fatto una quantità di cose immense. Nonostante l'insofferenza dei partiti, i Ds e il Ppi, per l'autonomia di quel governo, penso ad esempio al boicottaggio esplicito del referendum del 1999 che non passò per pochi voti e che avrebbe cancellato la quota proporzionale del Mattarellum. Se devo riconoscere un errore che abbiamo fatto noi, mi rimprovero un eccesso di sospetto nei confronti della Commissione Bicamerale. Può darsi che dietro la Bicamerale ci fosse un disegno politico che non ci convinceva, ma a tanti anni di distanza, è venuto il momento di riconoscere che le riforme di cui si discuteva corrispondevano all'interesse del Paese. Non è stata una responsabilità del governo Prodi il fallimento della Commissione, noi eravamo su un binario parallelo, mai ne abbiamo intralciato i lavori. Ma abbiamo sbagliato a non considerarla fino in fondo un'opportunità. Siamo stati più attenti a vedere il disegno politico per costruire un nuovo equilibrio che superasse l'anomalia dell'Ulivo che la necessità di procedere. E invece c'era sulle questioni istituzionali, e pesa tuttora, un conservatorismo della sinistra che andava combattuto con una battaglia culturale. È stato un errore non farlo, un governo come il nostro doveva semmai spingere ancora più a fondo, chiedere che la Commissione D'Alema facesse davvero le riforme. Sapendo che era difficile farle con Berlusconi e che la contraddizione prima o poi sarebbe esplosa, come infatti fu».

«Nella crisi del 1998 la regia politica fu di Francesco Cossiga. Odiava Prodi, voleva fare un governo di solidarietà nazionale, organizzò l'operazione. Bertinotti si sentiva stretto nella maggioranza, ricordo che Enrico Micheli, il sottosegretario di Prodi, passava le ore a discutere con Fausto, doveva marcarlo a uomo, anche Ciampi si sottoponeva alla stessa missione... Fino a un minuto prima del voto siamo andati tutti a cercare di convincere Tiziana Valpiana, deputata di Rifondazione, in lacrime mi disse che non se la sentiva di votare contro Bertinotti. L'esperimento dell'Ulivo finì così. Subito dopo la crisi eravamo più deboli, dal banco del governo Prodi e io rifiutammo le trattative con la Lega, ma non potevamo intestarci il precipitare verso le elezioni anticipate. Forse è stato un difetto essere stati troppo responsabili, troppo unitari, ma non c'erano alternative. Di tutti i passaggi successivi ho parlato con Romano, non mi ha mai detto di non fare il segretario dei Ds, gli spiegai che era un modo per far ripartire la prospettiva dell'Ulivo. Non fu un complotto, fu un'operazione politica dichiarata: il governo era stato logorato e poi finì».

«Giudico la segreteria dei Ds come il passaggio più debole del mio percorso politico. Cercai di dare almeno tre segnali. Il primo fu l'inizio, la visita sulla tomba di Dossetti, il secondo è stato l'elezione di Ciampi in cui si rimise in moto il meccanismo ulivista: al momento di formare il governo D'Alema c'era stata un'intesa non scritta per eleggere presidente della Repubblica un esponente popolare, Mancino o Marini, io mi comportai come se l'intesa non ci fosse, ne discussi con Fini e con Casini, oltre che naturalmente con Prodi e candidai Ciampi. Ricordo le telefonate di Giorgio Napolitano che insisteva moltissimo su questa soluzione, la migliore in assoluto. In mezzo c'era stata la guerra in Kosovo, ne avevo parlato a lungo con Vittorio Foa, da direttore dell'"Unità" anni prima, sulla base di un articolo di Adriano Sofri, aveva titolato: "Bombardate Sarajevo" per sostenere la necessità di un intervento militare. Il terzo segno fu il congresso di Torino dei Ds: la mattina dell'apertura trovai su "Repubblica" l'intervista di Arturo Parisi che amichevolmente ci chiedeva di scioglierci... Un segretario di un partito a congresso non poteva che rispondere in modo negativo, ma nella mia relazione cercai ugualmente di dare un segno di rottura dalla tradizione, mi schierai con i fratelli Rosselli contro Togliatti, entrando nella carne viva di una memoria mai affrontata. Nel contesto di un'obiettiva difficoltà queste tre cose sono contento di averle fatte».

«Il secondo governo Prodi del 2006 è molto diverso da quello dell'Ulivo. Era nato da una non corretta lettura del risultato elettorale, se invece di infilarci nella serie dei Franceschi Marini si fosse eletto presidente del Senato Giuseppe Pisanu forse la situazione sarebbe stata diversa. Si è fatto come se si fosse ottenuta una vittoria elettorale che invece non c'era stata. E quell'errore portò a un governo con i 101 sottosegretari, con Mastella ministro della Giustizia, solo la forza e l'autorevolezza di Prodi e di Padoa Schioppa riuscivano a tenerlo insieme. Il governo faceva fatica, molti ministri non lo sostenevano, era caduto una prima volta sulla politica estera, c'era stata la manifestazione di Rifondazione contro la riforma del welfare, le elezioni amministrative del 2007. Al comitato dei 45 sulle regole del futuro Partito democratico, i segretari dei partiti chiesero subito l'elezione diretta di un nuovo leader, ad opporci restammo in due, Rosy Bindi e io. Io pensavo che una leadership forte in presenza di un governo così fragile fosse complicata. Ma subito dopo partì la pressione su di me. Già un anno prima mi avevano chiesto di farmi avanti per guidare il centrosinistra. Dissi di no per lealtà nei confronti di Romano e perché avrei faticato a tenere insieme una maggioranza di tredici partiti. Nessuno mi propose di guidare uno schieramento riformista più stretto, mi chiedevano di candidarmi alle primarie con

Rifondazione e con Mastella. Volevano sostituire una persona con un'altra, Veltroni a Prodi, senza cambiare politica, io dissi di no».

«Nel 2007 tornano tutti da me, ci pensai a lungo se accettare di correre, mi resi conto che non si poteva dire di no mentre c'era un fatto nuovo, la nascita del Partito democratico, per cui mi ero battuto per una vita. Fossi stato più cinico avrei dovuto rifiutare. E non capii Romano Prodi in quel momento: lui era stato a favore di quel passaggio, invece fece capire che alle primarie avrebbe sostenuto la Bindi. La prima cosa che feci fu nominare i coordinatori regionali del Pd: Paolo Fresu in Sardegna, Simona Mafai in Sicilia, Simona dalla Chiesa in Calabria, Sandra Bonsanti in Toscana, per spedire il messaggio che il Pd era una cosa nuova. Quel governo era finito quando Bertinotti lo aveva definito miglior governo morente, non c'erano più i numeri al Senato, De Gregorio era passato con Berlusconi, lo fece anche Mastella, per ragioni diverse, il fatto che tutto questo venga dimenticato per dire che fui io a far cadere Prodi con il discorso di Orvieto in cui annunciavo che saremmo andati alle elezioni da soli, beh, è l'unica cosa che ancora oggi mi fa infuriare. Leggo che oggi Enrico Letta sarebbe nella situazione di Prodi nel 2008 e Renzi in quella di Veltroni, ma io per provare a salvare quel governo ho rinunciato a una parte del progetto, a realizzare un rinnovamento della classe dirigente più radicale e profondo».

«Non ho mai pensato di potercela fare a vincere. Dovevo trasmettere l'idea di riuscire, lo slogan "Si può fare" era quello. Dovevo dare un segno di discontinuità e assicurare un solido consenso elettorale al progetto del Pd. Il primo obiettivo lo realizzammo con la vocazione maggioritaria: dopo quello che era successo con il governo Prodi non si poteva più salire su un palco con i segretari di undici partiti, quella scelta fu l'unica possibile. La campagna elettorale è stata un crescendo, nel cuore del mio viaggio ci fu il dramma dei rifiuti a Napoli, chiamai Antonio Bassolino chiedendogli di fare un gesto, cosa che non avvenne. In queste condizioni il mio 34 per cento fu un miracolo. Impostai l'opposizione sul governo-ombra, l'idea di un sistema bipolare, tendenzialmente bipartitico. La manifestazione del Circo Massimo fu avversata perfino da una parte del gruppo dirigente. Quando sul palco vidi una folla gigantesca dissi a uno di loro: "Mi dispiace per te, è andata così". Poi ci furono le sconfitte in Abruzzo, la crisi della giunta Jervolino a Napoli, le elezioni sarde. Avevo già deciso di dimettermi, avevo capito da settimane che l'aria era cambiata, dopo il Circo Massimo si erano messi in moto meccanismi di reazione, si lavorava per tornare all'antico, a due strutture o due partiti separati. La frase di D'Alema sull'amalgama non riuscito significava anticipare il ritorno alle case antiche, si preparavano a scindersi di nuovo. E se io fossi rimasto al mio posto avrebbero provato a farlo».

«Confermare in questi anni la pesantezza delle macchine di partito è stato un suicidio. A che punto è ora la notte? Siamo tornati di nuovo al 1996, il problema è sempre lo stesso: vuole la sinistra italiana diventare maggioranza nel Paese? Se vuole farlo deve essere il Pd riformista. Davanti a sé il Pd ha una prateria quasi vuota e deve ancora una volta decidere cosa essere. O hai un progetto grande o continuerai a essere parte del problema anziché della soluzione».

Capitolo 9

Nella Palude

Il 6 ottobre 2012 la missione sembra compiuta, dopo anni di oscurità il Pd può finalmente tornare a vincere. Tutta la politica italiana ruota su loro due, le sagome cartonate di Pier Luigi Bersani e di Matteo Renzi abbracciati che accolgono i delegati dell'assemblea Pd all'ingresso dell'hotel Ergife fin dalle nove del mattino. Uniti nella lotta, per questa mattina, una creatura mitologica metà segretario e metà sfidante: Matteo Bersani.

Matteo è il Salinger, il Battisti del Pd, è il Leader Absconditus, nascosto, come nella canzone di Franco Battiato («nelle cadute c'è il perché della Sua Assenza/le nuvole non possono annientare il Sole»), si vede e non si vede. Non partecipa alle riunioni di partito. Ma a parlare con la sua lingua, a impossessarsi dei suoi temi, a sostituirlo, si direbbe, è l'uomo che nell'assemblea dovrebbe essere più lontano da lui. Bersani, qualche mese fa, definì il Pd e se stesso «l'usato sicuro», ma ora butta via quell'espressione e ripete con forza lo slogan più naturale per il Pd che è stato per quattro anni all'opposizione e che sostiene senza suoi ministri un governo di grande coalizione: cambiamento.

Attacca «il rischio della palude», accusa «chi celebra i riti dentro il fortino e non ha capito nulla», riversa sull'uditorio una raffica di parole nuove: apertura, novità, coraggio, rischio, «non si governa senza il popolo»... Più prende forma il Grande Azzardo di Bersani e più la platea degli oligarchi Pd segue sconcertata. D'Alema silenzioso, Marini inquieto. Rottamazione no, non lo dice mai, il segretario è persona educata. Ma tra Pier Luigi (presente) e Matteo (assente) sarebbe difficile oggi trovare una differenza. Stessa diagnosi sulla malattia di cui soffre il sistema politico: il discredito dei partiti presso l'opinione pubblica. E stessa medicina: ridare la parola al popolo. «So che molti di voi non condividono», aggiunge Bersani guardando in faccia le prime file, «ma io penso che sia una buona cosa per l'Ita-

lia e per noi. Quando i problemi sono piccoli si possono rimuovere, ma quando sono grandi bisogna accettare il combattimento. E se ne usciamo bene non ci ammazza più nessuno!».

L'operazione Bersani prende forma nell'inverno 2008-2009, quando a governare il Pd c'è ancora Veltroni, per breve tempo, decolla nell'estate, arriva a conclusione il 25 ottobre quando l'ex ministro viene eletto segretario alle primarie, con il 52,3 per cento su circa tre milioni di votanti contro il segretario uscente Dario Franceschini e l'outsider Ignazio Marino. Per la prima volta un emiliano arriva alla guida del Partito: non del Pd, ma di quello fondato a Livorno nel 1921.

Nell'idea di chi l'ha pianificata e pazientemente progettata, la segreteria Bersani viene da lontano e deve portare lontano: «Il Pd non è il nuovo. Il Pd è la grande forza erede di 150 anni di storia italiana», spiega D'Alema una sera di luglio durante un incontro a Firenze nello splendido cortile dell'ex carcere delle Murate. Per gli eredi del Pci significa chiudere una parentesi durata venti anni, dal 1989 al 2009, dalla svolta della Bolognina di Achille Occhetto al Pd di Walter Veltroni, perché identici sono gli errori attribuiti all'uno e all'altro: nuovismo politico, scorciatoia mediatica... «Perché il Pd ha deluso le aspettative che aveva suscitato, perdendo voti, invece di allargare i consensi in tutte le direzioni?», si chiede la mozione congressuale di Bersani. «È successo perché la vocazione maggioritaria si è ridotta alla scorciatoia del nuovismo politico, mentre avrebbe richiesto un paziente lavoro di radicamento [...] È successo perché si è preferita la suggestione mediatica alla definizione di una riconoscibile identità politica [...] Non si dica che i nostri problemi sono venuti dal presunto tradimento di un'ispirazione originaria. Sono venuti dal non aver collocato il progetto su basi solide».

Quel cambiamento del 1989 si fondava sulla consapevolezza della crisi dei partiti e sulla necessità di un sistema politico nuovo, legato alla possibilità per i cittadini di scegliere maggioranze e governo: la democrazia dei cittadini, contrapposta alla Repubblica dei partiti, che aveva portato il cattolico Scoppola a incontrare i post-comunisti nella battaglia sui referendum Segni e nella travagliata costruzione dell'Ulivo e del Partito democratico.

Tutto sbagliato, per chi sostiene Bersani ora bisogna finalmente chiudere quella parentesi. Restaurare il sistema dei partiti, appoggiando le proposte di riforma elettorale che riportano in Parlamento la scelta delle maggioranze e del governo. Restaurare il Partito: l'organizzazione, i simboli, le liturgie. E conquistare la segreteria vincendo le primarie con un «figlio di un dio minore», un esponente del partito che non si vergogna delle sue radici, anzi, le ostenta. Per arrivare al traguardo storico di portare finalmente un iscritto al Pci alla guida del governo senza manovre di Palazzo, dallo scalone principale delle elezioni. «Dare un senso a questa storia», come spiega Bersani nel suo slogan del 2009 citando Vasco Rossi e sfidando il testo della canzone che nel verso successivo recita: «anche se questa storia un senso non ce l'ha». Non ce l'ha più, almeno.

«Il riformismo non è andar per funghi», spiega Bersani, ed è già una metafora, nel colloquio con Goffredo De Marchis di "Repubblica"[1] in cui annuncia di voler correre contro Veltroni in un congresso futuro. «Nel 2007 ho fatto una grandissima cavolata a non candidarmi alle primarie», ammette. «Questa volta ho deciso di espormi subito perché sento il disamore dei nostri elettori. Hanno bisogno di un punto di riferimento, altrimenti se ne vanno». Bersani sceglie la Sardegna per il suo j'accuse più violento: «Walter si riduce a fare il leader dei supporter, non può bastare. È necessario motivare gli iscritti, farli partecipare. Sennò tanto vale mettere nei circoli quei manifesti che si appendevano dal barbiere: vietato parlare di politica».

Bersani è quel che resta del vecchio, glorioso Partito di un tempo. Modello emiliano: «Un individualista che crede nel gioco di squadra, un concreto legato ai valori e ai fatti», si racconta nel 2009 l'uomo di Bettola, il comune della valle del Nure in provincia di Piacenza dove Bersani è nato nel 1951, figlio di un benzinaio. «Il nostro primo carattere è l'espressività. Un po' inelegante, eppure assai efficace, che si esprime nel canto. L'Emilia ci ha consegnato Verdi, Vasco Rossi e Pavarotti. Di Verdi si diceva che era banale, di Vasco che è elementare, di Pavarotti che è approssimativo. Può darsi che sia vero, ma la loro efficacia espressiva supera

[1] G. De Marchis, *Pd, Bersani prepara la sfida di ottobre*, in "la Repubblica", 6 febbraio 2009.

di gran lunga i limiti», racconta Bersani. «Un carattere generoso, legato alla terra». E poi «l'immaginario libertario, il sogno della frontiera», tra la via Emilia e il West. Un po' confusionario, come il suo idolo: «Nella sua chiarezza, nella sua onestà comunicativa, nella sua capacità di essere normale... beh, mi sembra che Vasco sia senza dubbio di sinistra».

Il Pd bersaniano è di sinistra e nazional-popolare. È un altro Pd, il suo Pd. Più rosso che tricolore. Più laburista che democratico. Ad alto rischio di autoreferenzialità. «Pier Luigi deve togliersi di dosso quella patina di continuismo che lo avvolge», riconosce nell'estate 2009 Cuperlo, che pure è uno degli ideologi del nuovo corso. La critica più dura arriva dallo storico Miguel Gotor che sulle colonne del "Sole 24 Ore" analizza il linguaggio di Bersani, le metafore («il maiale non è tutto prosciutto», «la mela attaccata al ramo viene giù quando c'è un cestino nuovo che la prende su») che fanno la felicità degli imitatori e del comico Maurizio Crozza, il bersanese. «La bocciofila, la cascina, la bottega sartoriale, l'officina. Il candidato del Pd sembra rivolgersi a una platea di cattolici e di socialisti dell'Ottocento, ma il pubblico che lo ascolta si sente come estraniato, quasi fosse in un museo davanti a un Pellizza da Volpedo», scrive Gotor. «Ciò può forse bastare a Bersani per motivare il recinto del proprio elettorato tradizionale, ma certo non gli sarà sufficiente se vorrà davvero vincere la sua partita, ovvero raggiungere pezzi di società (si pensi soltanto la piccola e media impresa) che oggi non votano il Pd»[2]. Dopo l'uscita dell'articolo Bersani chiamerà Gotor e nascerà un'amicizia che porterà lo storico a diventare il principale consigliere del segretario nella campagna per le primarie per il 2012 e nelle elezioni del 2013. Questi saggi consigli saranno dimenticati, però.

Succede anche qualcos'altro, nel 2009. Nella notte tra il 15 e il 16 febbraio, mentre in Sardegna si continua a votare per le regionali e gli elettori stanno decidendo sul futuro di Renato Soru e, senza saperlo, di Walter Veltroni, a Firenze un ragazzo in maniche di camicia nella sede dell'associazione NoiLink viene portato in

[2] M. Gotor, *Il "bersanese" non è moderno*, in "Il Sole 24 Ore", 12 settembre 2009.

trionfo. Urla: «Abbiamo vinto!». Arrivano le prime telefonate di congratulazioni da Roma, a denti stretti. Entra il segretario del Pd toscano Andrea Manciulli, con la sciarpa annodata al collo, gli occhi acquosi, lo sguardo assente, il sorriso tirato. Colpa dell'influenza, dicono. Matteo Renzi, trentaquattro anni, presidente della Provincia di Firenze riesce nell'impresa: vince le primarie per la candidatura a sindaco della città senza passare dal ballottaggio, sconfiggendo gli altri candidati, il deputato Lapo Pistelli, il ministro ombra Michele Ventura, veltroniani, dalemiani, ex Ds, ex Margherita, i vertici nazionali e locali, tutti insieme. Vince, stravince in cinquantadue seggi su cinquantacinque, nelle zone popolari, nei seggi roccaforte della sinistra. «C'è uno sfaldamento totale degli ex Ds», impreca il vicesindaco Giuseppe Matulli, che appoggiava Pistelli. «Un'efficienza straordinaria di Renzi, uno stile berlusconiano in un contesto di uno strumento democratico di stile americano».

Le primarie di Firenze sono un caso da studiare per capire cosa diventerà, o cosa potrebbe diventare, il Pd: un'incredibile sequenza di colpi bassi, pasticci regolamentari, arroganza dei vecchi notabili e sfrontatezza dei nuovi arrivati, da cui alla fine emerge l'outsider, quello che ha avuto il coraggio di sparare sul quartier generale.

Il film inizia in estate, quando gli uomini di Veltroni cominciano a sondare i toscani sulla candidatura a sindaco di Firenze. Il Pd fiorentino è spaccato, «balcanizzato», secondo la definizione del sindaco uscente Leonardo Domenici. Il designato di Roma, appoggiato da Veltroni e Franceschini, è il quarantenne Lapo Pistelli. Un nome importante in città: il papà Nicola era uno dei giovani più brillanti della sinistra Dc, strappato a un grande futuro nazionale da un incidente d'auto. E Lapo fa la campagna per le primarie con il piglio del predestinato. Il secondo candidato che conta si chiama Graziano Cioni: è l'assessore alla Sicurezza, lo Sceriffo, autore di tutte le ordinanze contro immigrati e lavavetri, esponente storico del Pci fiorentino.

*Il terzo uomo delle primarie è lui, il presidente della Provincia. Ciuffo alla Bobby Solo, cattolico, boy scout, arrivato alla politica dalla scuola, a soli trentaquattro anni è già stato segretario fiorentino dei Popolari, poi della Margherita, guida la Provincia da oltre quattro anni. Amico di Pistelli, con cui ha scritto un libro (*Ma le giubbe rosse non uccisero Aldo Moro*) dove i due dialogano sulla politica e i giovani. «Voi politici siete maestri nel non farvi capire, nell'esprimervi con discorsi fumosi e inconcludenti», dice Matteo* che nel libro si firma Jonas. «Un mio amico è andato alla "Ruota della fortuna", da Mike Bongiorno, e la gente l'ha fermato per strada per un mese di fila», racconta. L'amico è lui: concorrente nel programma del signor Rischiatutto a diciannove anni, nel febbraio 1994, sulle tv Mediaset, nelle settimane in cui Berlusconi entra in politica. «Vorrei comprare una vocale, la E di Empoli...» chiede Matteo, magrissimo, con gli occhiali e il nome spillato sulla giacca. Vince 48 milioni di gettoni d'oro. «Sei un ragazzo bravo, simpatico...», lo benedice Mike. Un ragazzo fortunato, soprattutto.

Renzi capisce che nel caos fiorentino può vincere solo chi meglio di altri cavalca il rinnovamento: «Voglio sconfiggere le idee urbanistiche che sono state espresse negli ultimi dodici anni da persone del Pd che non a caso sono tutte contrarie alla mia candidatura». Modernità, Internet, blog, YouTube, interviste tipo Iene, pullmini anni Trenta che girano per Firenze. Un programma in cento punti, stile Berlusconi. Marketing, che per Renzi è anche un mestiere, dato che il primo lavoro è stato in un'agenzia di comunicazione. Ma anche la costruzione di un rassemblement di sostenitori trasversale che va da Wanda Ferragamo a Bona Frescobaldi, dal magistrato Piero Luigi Vigna agli intellettuali Aldo Schiavone e Sergio Givone e al rettore dell'università Augusto Marinelli, da una parte della curia e di Comunione e Liberazione ai fratelli Fratini, industriali dei grandi alberghi e delle ristrutturazioni edilizie di lusso: sinistra e moderati, intellettuali e imprenditori, cattolici e nobildonne, una coalizione che spacca, rimescola, va oltre i recinti tradizionali. Renzi il Nuovo è anche un professionista della politica cresciuto alla scuola democristiana, uno che stringe le mani e che si ricorda il tuo nome anche se ti ha incontrato una sola volta nella vita, dieci anni prima. Sa che cos'è la politica: una lotta dura, spietata, palmo a palmo.

Quando da Roma provano a sospendere le primarie, la reazione di Renzi è furiosa: «Veltroni ci ha fatto solo perdere tempo, sembrava san Filippo Neri di State buoni se potete. La relazione di Beppe Fioroni mi ha ricordato un vecchio titolo di "Cuore": "Severo monito di Scalfaro: Buongiorno a tutti". Non ci ha detto niente di reale». E giù botte, su Facebook: «Il Pd è un vero casino. A Roma litigano dalla mattina alla sera tra dalemiani e veltroniani. Io non partecipo a cordate romane, appartengo a un progetto che nel mondo fa vincere Tony Blair e Barack Obama». Altri due ragazzi baciati dalla fortuna e irriverenti con i notabili del loro partito. «Se perdo *torno a lavorare in azienda». E se vince? «Se vinco io un bel pezzo di classe dirigente di Firenze se ne va a casa!».*

Nell'ex Quercia fanno l'ultimo errore, quello fatale. Tolgono dalla corsa Cioni e lo sostituiscono con Michele Ventura, già vicesindaco della città all'inizio degli anni Novanta («quando io ero in quarta elementare», spara Renzi), dalemiano doc. Negli ultimi giorni arriva a suo sostegno un big nazionale: Bersani. Ma così l'elettorato rosso si divide in tre: i veltroniani con Pistelli, i dalemiani con Ventura, una parte della base con l'assessore Daniela Lastri. A urne aperte per Matteo il Ribelle è un trionfo, per l'ex partitone rosso è un disastro. Renzi supera il 40 per cento, 15mila voti, Pistelli si ferma al 26, Ventura prende la miseria di 4653 voti, superato pure dalla Lastri. «La città ci ha detto che dobbiamo andare tutti via», commenta lapidario l'ex capogruppo del Pd Alberto Formigli. Nella notte della vittoria il renzismo è già una parabola nazionale: il Ragazzo che sfida i capi del Pd ha vinto. «È stato D'Alema a convincermi a rischiare tutto», rivela Renzi. «Mi disse: "Dovete avere il coraggio di prendervi lo spazio". Voleva la sfida? Eccola!».

Il periodo che va dal 2010 al 2012 per il Pd dovrebbe essere una stagione favorevole. Anni in cui una forza di opposizione e di sinistra dovrebbe aumentare i consensi, allargare la rete delle alleanze, prepararsi a vincere le elezioni. Il Pdl, fondato alla Fiera di Roma nel marzo 2009, un mese dopo le dimissioni di Veltroni, per raccogliere i voti di metà degli italiani e durare decenni, si sgretola nello scontro di potere tra Berlusconi e Gianfranco Fini. Le inchieste giudiziarie assediano il premier. Il processo Mills si conclude con la prescrizione dell'imputato Berlusconi ma per la maggioranza di centrodestra significa tempo perso in Parlamento ad approvare leggi sulla giustizia sempre più dettagliate, minuziosamente escogitate dagli avvocati del premier per garantire l'impunità politica al loro assistito eccellente. E dopo Mills si apre il fronte del Rubygate, con l'immagine internazionale dell'uomo di Arcore devastata. Intanto la Grande Recessione fa sentire i suoi effetti: dal 2008 fino al 2012 i posti di lavoro persi sono un milione, il prodotto interno lordo va in rosso nella seconda metà del 2011 e non torna più il segno positivo, la crisi dei debiti sovrani dell'estate 2011 e la lettera della Banca centrale europea che impone riforme urgenti spingono il governo Berlusconi verso la caduta.

L'Italia appare come una zattera alla deriva nel cuore del Mediterraneo che va letteralmente in fiamme: nella Grecia stremata dagli interventi della troika e del Fondo monetario internazionale si scagliano le molotov contro l'edificio del Parlamento, in Tunisia, Egitto, Libia si moltiplicano le rivoluzioni, le guerre civili, i colpi di Stato militari, ambigui e feroci come ogni cambio di regime, in Spagna il Partito socialista di Zapatero che aveva rappresentato un modello per una parte della sinistra italiana esplode come la bolla immobiliare che ha creato e ritorna all'opposizione. Un'Apocalisse, anti-europea e anti-establishment, che in Italia assume le sembianze dell'anti-politica, ma anche della richiesta di un'altra politica. Emerge in tutte le competizioni elettorali, nelle primarie del centrosinistra, dove gli outsider spesso vincono contro i nomi ufficiali: il primo a farlo è Nichi Vendola, nel gennaio 2010, confermato candidato alla Regione Puglia di cui è presidente uscente, nonostante l'impegno personale di D'Alema, sceso nella sua regione d'elezione a sostegno del candidato del Pd Francesco Boccia. Nichi il rosso stravince, nella giornata in cui si abbatte un altro trauma sul Pd, le dimissioni del sindaco di Bologna Flavio Delbono travolto da uno scandalo a sfondo sentimentale. Ed è il primo di una serie: dopo di lui vinceranno le primarie Massimo Zedda a Cagliari, Marco Doria a Genova, soprattutto Giuliano Pisapia a Milano, sulla spinta della vittoria riusciranno anche a conquistare le loro città.

Per la segreteria Bersani ogni primaria si trasforma in un incubo: partito spaccato, vittoria del candidato senza tessera, spesso appoggiato dall'ala sinistra di Vendola. Exploit che giustificano la domanda per nulla satirica di Michele Serra sull'"Espresso": «Come mai il Pd non riesce mai a vincere le primarie del Pd?»[3]. Negli ultimi anni, scrive Serra, hanno vinto «il marchese ottantacinquenne, fautore dello scambio di coppie e coltivatore di cannabis», «il prete operaio appena tornato dalla Bolivia dove era comandante guerrigliero». E perfino «Igor, un labrador di tre anni che era stato indicato da Vendola per scherzo ma ha ottenuto lo stesso il 70 per cento dei voti, e oggi fa il sindaco con discreti risultati». In comune i candidati vincenti hanno un segreto: «Nessuno di loro è del Pd».

[3] M. Serra, *Eletto il labrador targato Vendola*, in "l'Espresso", 19 febbraio 2012.

Todo cambia nella primavera 2011, quando a Milano Pisapia infligge dieci punti di distacco alla manager Letizia Moratti, l'avvocato mite con il sorriso mite, non un trascinatore di folle, che ha indicato alla città una speranza, dopo decenni di candidature di imprenditori, prefetti, aristocratici di dubbia fama. Todo cambia, quando a Napoli vola l'ex magistrato Luigi De Magistris, una valanga di voti fuori dai partiti e dagli schieramenti. Todo cambia, o almeno tutto sembra cambiare, quando il 12 e il 13 giugno 2011 27 milioni di persone escono di casa per votare sui referendum sull'acqua pubblica, sull'energia, sulla giustizia uguale per tutti.

«Mentre tutto questo avveniva, le incomprensioni rimanevano tenaci. Patetici ci appaiono oggi i virtuosi appelli contro il "movimentismo", provenienti anche da persone e ambienti dell'opposizione, che oggi dovrebbe riflettere seriamente sulla realtà rivelata dalle elezioni amministrative e dai referendum invece di insistere nella ricerca di categorie astratte – il centro, i moderati», scrive all'indomani della vittoria referendaria Stefano Rodotà[4]*. «Di fronte a noi sta un movimento che si dirama in tutta la società, prensile, capace di costruire una agenda politica e di imporla [...] Le donne, le ragazze e i ragazzi, i precari, i lavoratori, il mondo della scuola e della cultura hanno creato una lunga catena che univa luoghi diversi, che si distendeva nel tempo, che faceva crescere consenso sociale intorno a temi veri». Non una rivolta anti-politica, ma la richiesta di politica, di un'altra politica.*

Ma il Pd di Bersani è su un'altra lunghezza d'onda. Si è dato come missione la ricostruzione della politica tradizionalmente intesa: alleanze, corteggiamento del centro cattolico moderato (dopo Buttiglione, Dini, Cossiga, Mastella è la volta dell'Udc di Pier Ferdinando Casini, l'alleato più ambito), chiusura nel Palazzo, lettura della società tutta interna alle categorie novecentesche del recinto destra-sinistra, l'anti-berlusconismo come unica parola d'ordine in grado di mobilitare il popolo. Il Pd si fa carico di ricostruire o di restaurare il sistema dei partiti, ma la conseguenza è che ogni segnale di critica, di insofferenza, di movimento finisce per essere

[4] S. Rodotà, *Referendum, una vittoria che viene da lontano*, in "la Repubblica", 16 giugno 2011.

catalogato sotto il termine di anti-politica. Perfino un mite come Gianni Cuperlo sbotta durante un dibattito: «Io non sopporto la corvée per cui il martedì sera a "Ballarò" i nostri dirigenti, segretario compreso, si fanno prendere per il culo da Crozza per parlare dei loro programmi a milioni di persone». I sondaggi, le inchieste giornalistiche, le indagini della magistratura, i comici, le critiche e le denunce contro l'invadenza dei partiti, tutto è anti-politica.

«È in questo perverso intreccio di liberismo e giustizialismo, che nello Stato, nella politica e nei partiti vede solo il trionfo della corruzione e l'umiliazione del merito, il cuore di quell'ideologia anti-politica che ha progressivamente desertificato lo spazio pubblico, anche a sinistra», si legge nel documento più elaborato di questa stagione, pubblicato nel settembre 2010, il cosiddetto manifesto dei Giovani Turchi, i trentenni-quarantenni della segreteria Bersani, Matteo Orfini, Stefano Fassina, Andrea Orlando, Nico Stumpo, ma anche l'euro-parlamentare Roberto Gualtieri, il teorico più strutturato della corrente, cresciuti negli anni dei traslochi, come li definisce Cuperlo, dal Pci al Pds ai Ds al Pd con l'ansia di un pensiero forte e l'obiettivo di ricostruire un partito dopo la devastazione degli anni del berlusconismo. C'è stato in questi sedici anni, iniziati con la discesa in campo di Berlusconi, «un intreccio di conservatorismo e sovversivismo che caratterizza da sempre le nostre classi dirigenti economiche, con il loro seguito abituale nel mondo della cultura, tra gli intellettuali in generale e tra i giornalisti in particolare [...] Di qui l'abbandono dell'idea di partito come organizzazione collettiva, luogo dell'elaborazione e della direzione politica condivisa. Il partito viene considerato come una zavorra, se non addirittura un motivo d'imbarazzo, per l'ascesa di leader caricati di aspettative messianiche, ma sempre più isolati».

Gli obiettivi polemici del lungo scritto sono tutti interni: il Pd di Veltroni, mai nominato ma intuibile in quei «dirigenti che parlano sempre più spesso come divi di Hollywood in tour promozionale, capaci di ripetere soltanto quanto amino l'Italia, le sue bellezze artistiche e i suoi struggenti paesaggi». I sostenitori del bipolarismo, «il cui esito concreto è stato l'esatto contrario di quanto promesso: trasformismo e ingovernabilità». Tutti questi elementi, scrivono i Turchi, «combinandosi con l'ideologia anti-politica della Seconda Repubblica, spiegano la condizione di rachitismo organizzativo, incertezza identitaria e ingovernabilità politica del Pd. Un partito figlio di niente e di nessuno, contenitore post-identitario di tutto, supermercato elettorale di un molteplice nulla». Se questa è l'analisi, proclamano i Turchi, «è giunto il momento di liberare il Partito democratico dall'ipoteca della crisi della Prima Repubblica, dal leaderismo egocentrico, dal vacuo nuovismo e dal politicismo sterile che ne sono il prodotto. Non per "tornare indietro", ma per cambiare strada. Crediamo sia venuto il momento di tornare avanti».

È questa l'ideologia che fa da sfondo alle tante battute di Bersani sul ritorno al Partito, il richiamo alla Ditta, non è un vezzo, un tic comunicativo, è il punto di riferimento di un'intera politica. Eppure la Ditta nel Paese arretra, i turni amministrativi, anche vittoriosi come quello della primavera 2011, stanno lì a dimostrare che in presenza della più grave crisi di consensi della destra berlusconiana e della Lega di Bossi e nel corso della più dolorosa recessione degli ultimi cinquant'anni, il Pd non riesce ad aumentare i suoi voti, anzi, fatica a tenere il suo bacino tradizionale perfino nelle regioni rosse, in Emilia dove nel 2010 il Movimento 5 Stelle, a sorpresa, è volato al 10 per cento.

Nell'autunno del 2011 c'è il crack finale del governo Berlusconi. Alle 16.10 dell'8 novembre il centrodestra non ha più la maggioranza assoluta dei voti alla Camera, il Cavaliere sfoglia disperatamente fogli bianchi, su cui scriverà: «otto traditori». Resta solo, nel momento più amaro: nessuno gli parla ai banchi del governo, né Bossi né Maroni, Tremonti si siede al posto di Gianni Letta, assente, tra i banchi dei sottosegretari, solo la Brambilla gli stringe la mano. Finisce in dramma, con una giornata di guerra sui mercati, con lo spread che il giorno dopo sfonda quota 575, conclusa con la nomina a senatore a vita del professor Mario Monti: il colpo lungamente preparato da Giorgio Napolitano, l'uscita soft dal berlusconismo, la caduta del muro di B. venuto giù il 9 novembre, lo stesso giorno del muro di Berlino.

Un'operazione da manuale, condotta in riservatezza dal vecchio presidente che ha trascorso la vita intera nel Partito comunista e nella corrente migliorista di Giorgio Amendola, in cui ha appreso una concezione della politica che è analisi dei rapporti di forza, movimento nella società ma anche capacità di leadership, cambiamento dall'alto costruito dalle élites illuminate. E che non è estranea agli aspetti manovrieri e di lotta per il potere: «La politica», ha scritto a conclusione della sua autobiografia citando l'autore più amato, Thomas Mann, «racchiude in sé molta durezza, necessità, amoralità, molte *expediency*, ma non potrà mai rinnegare completamente la parte etica e umanamente rispettabile della sua natura»[5]. E serve grande abilità e fantasia per pilotare il passaggio da Berlusconi a Monti. «Il 9 novembre è il 18 brumaio, il giorno del colpo di Stato di Napoleone su cui scrisse Marx. La nomina di Monti è stato il 18 brumaio di Giorgio Napolitano», scrive il suo amico Claudio Petruccioli. Ed è un colpo anche per il Pd, partito di cui Napolitano si considera più che un segretario: il nume ispiratore, la suprema istanza, il padre severo che rimprovera il figlio anche a costo di mortificarlo. «La sinistra sia credibile, altrimenti resterà sempre all'opposizione», bacchetta ad esempio il presidente il 4 maggio 2011 durante una commemorazione di Antonio Giolitti. Puntualizzazioni che fanno male.

La sera delle dimissioni definitive di Berlusconi, il 12 novembre, mentre davanti a Palazzo Grazioli una folla intona cori di insulti e inviti ad andare in galera e di fronte al Quirinale un'orchestra con strumenti e spartiti suona gioiosa l'*Hallelujah* di Haendel, Bersani è in un pub del quartiere Monti a bere una birra per festeggiare. Eppure la svolta che porta al governo Monti è stata sofferta. È passata appena una settimana dalla manifestazione in piazza San Giovanni in cui il segretario del Pd ha chiamato a raccolta il suo popolo. «Non siamo la ruota di scorta, non siamo la salmeria: siamo il più grande partito italiano!», ha gridato Bersani a un certo punto del discorso: un urlo di orgoglio, un avvertimento, un esorcismo. La rivelazione della Grande Paura che attraversa il Pd all'inizio della settimana decisiva per il nuovo governo. La paura di partecipare come massa di manovra a un'operazione politica gestita da altri, molto costosa per il Pd, mentre nel backstage arriva la novità Renzi, reduce dalla seconda edizione dell'incontro alla stazione Leopolda.

Entrare o non entrare nel governo Monti? In piazza e al Quirinale Bersani vorrebbe urlare: elezioni subito! E chi potrebbe

[5] G. Napolitano, *Dal Pci al socialismo europeo*, Laterza, Roma-Bari 2005, p. 331.

dargli torto? È la strada più lineare, quando fallisce un governo in carica e la sua maggioranza si dissolve, in più il Pd è in testa in tutti i sondaggi e se si votasse Bersani avrebbe Palazzo Chigi in tasca. Ma il segretario del Pd non può, il Quirinale ha fatto sapere che in questo momento delicato la parola d'ordine delle elezioni sarebbe dannosa, un bel pezzo di gruppo dirigente del Pd vuole sperimentare le larghe intese con Berlusconi, o almeno la piccola intesa con Casini. Nei giorni in cui si porta a termine l'operazione l'interlocutore privilegiato del Quirinale è il vice-segretario del Pd Enrico Letta, leale con Bersani ma espressione di un'altra sfumatura politica: superare la cosiddetta foto di Vasto, il patto tra Bersani, Di Pietro e Vendola stretto nella cittadina abruzzese che ospita la festa di Italia dei Valori. Quando il governo Monti giura alla Camera il vice-segretario del Pd spedisce nell'aula di Montecitorio un bigliettino al premier a dir poco entusiasta: «Mario, quando vuoi dimmi forme e modi con cui posso esserti utile dall'esterno. Sia ufficialmente (Bersani mi chiede per es. di interagire sulla questione dei vice) sia riservatamente. Per ora mi sembra tutto un miracolo! E allora i miracoli esistono!».

Con Napolitano che pressa e il suo numero due che considera il governo Monti un miracolo e già si accredita per la fase successiva, Bersani deve limitarsi a esprimere i suoi timori in uno scenario da incubo: un governo tecnico da lacrime e sangue e un Pd che paga il prezzo elettorale di misure tranchant, con il centrodestra che si sarà nel frattempo riorganizzato, magari non più attorno a Berlusconi, ma con un leader più presentabile. Ecco la paura di Bersani: smacchiare i giaguari, per conto degli altri. E restare equidistante tra il nuovo Ulivo e l'alleanza con Casini, a metà strada tra la bandiera della riforma della politica e il sentirsi invece parte del vecchio ceto politico. Non è la prima volta che il più grande partito della sinistra italiana finisce per apparire agli occhi degli elettori come parte del vecchio anziché capofila del nuovo. È già successo nel 1992-93, negli anni di Tangentopoli. Solo che in questo caso il nuovo si manifesterà in forme completamente diverse.

Nella divisione dei ruoli della strana maggioranza, l'Abc, acronimo che sta per Alfano-Bersani-Casini, al governo Monti spettano le riforme economiche, ai partiti quelle politiche. Per segnalare la neutralità del governo nessun politico è stato nominato ministro o sottosegretario, l'unico che ha un seggio parlamentare è il neo-senatore a vita Monti. Separazione pericolosa: mentre il governo procede, nei primi tre mesi, con le riforme strutturali tra il plauso di tutta la stampa che vede tornare nell'Italia del Duemila il governo borghese, il governo dei notabili, da Destra storica ma appoggiato dalla sinistra, i partiti si impantanano nelle riforme mancate, a partire da quella elettorale, e negli scandali. Nella tarda serata del 30 gennaio 2012 l'Ansa batte una notizia che suona incredibile: esiste un tesoriere di partito che ha rubato a se stesso. «L'ex tesoriere della Margherita e attuale senatore del Pd Luigi Lusi è indagato dalla Procura di Roma per appropriazione di somme relative ai rimborsi elettorali», riassume l'agenzia. «Non è nota l'entità della somma di cui Lusi si sarebbe appropriato». «Il più grave saccheggio politico della storia repubblicana», lo definisce Arturo Parisi. Compiuto da un senatore del Pd, nel cuore stesso della lunga marcia che ha portato i Ds e la Margherita a sciogliersi nel Pd. In un partito già messo a dura prova dall'inchiesta per tangenti che ha coinvolto uno dei vertici della segreteria Bersani, l'ex presidente della Provincia di Milano Filippo Penati.

L'affaire Lusi riguarda soprattutto Rutelli, tocca a lui difendersi dalle accuse dell'ex tesoriere di aver beneficiato dei rimborsi elettorali per le sue attività politiche. Ma quando, tre mesi dopo, si scopre che anche il tesoriere della Lega Francesco Belsito ha fatto un uso disinvolto dei rimborsi elettorali destinati al Carroccio, finanziando la famiglia del leader Bossi, è ormai troppo tardi per pensare a una riforma del finanziamento pubblico. «Lo capisci o no che se continuiamo così i partiti non ci saranno più? Finiti! L'indignazione popolare ci metterà tutti sullo stesso piano», si sfoga una mattina nel cortile di Montecitorio l'ex tesoriere dei Ds Ugo Sposetti con il suo leader di riferimento Massimo D'Alema.

Il 15 aprile la strana maggioranza presenta un disegno di legge che dimezza i rimborsi, firmato dai tre leader Alfano, Bersani e Casini, affidano i controlli sui bilanci dei partiti ai presidenti della Corte dei Conti, Consiglio di Stato e Cassazione (che rifiuteranno), ma in premessa ripetono che «cancellare del tutto i finanziamenti pubblici destinati ai partiti sarebbe un errore drammatico, che punirebbe tutti allo stesso modo e metterebbe la politica completamente nelle mani di lobbies, centri di potere e di interesse particolare...». Il Pd che sogna di restaurare il sistema dei partiti difende il principio del finanziamento pubblico, considera il taglio «un errore drammatico». Ma è incapace di mettersi in ascolto di un'indignazione che cresce, anche tra il suo elettorato. Una richiesta di cambiamento radicale della politica: rapporti con gli affari, persone. E intanto è già cominciata la campagna elettorale per le amministrative 2012. C'è una novità, in tutta Italia correrà la lista del Movimento 5 Stelle, presentata da un attore che da tempo non fa più il comico: Beppe Grillo.

Il 6 maggio si vota, in tutta Europa: in Grecia, in Francia, in Italia. Nella penisola ellenica ridotta in miseria e stremata dalle misure imposte dall'Europa una legge elettorale molto simile a quella di cui si parla in quelle settimane in Italia produce il caos, l'ingovernabilità, il successo del partito di sinistra Syriza e lo sfondamento dei neo-nazisti di Alba dorata, impossibile fare un governo basato sull'alleanza tra centrodestra e socialisti del Pasok perché le larghe intese si sono ristrette e non hanno più la maggioranza in Parlamento, sarà necessario un secondo turno elettorale in estate. In Francia torna la gauche all'Eliseo, dopo quasi vent'anni di assenza, con il socialista François Hollande. Un politico normale, che non vuole guidare il popolo, ma rappresentarlo, che si è fatto tutta la trafila da portaborse di Jacques Attali a segretario dei socialisti francesi, un elefante del partito, sempre dato in via di estinzione. Un modello abissalmente lontano dai leader carismatici, vicino piuttosto allo stile Bersani, se non fosse che lo slogan della sua campagna elettorale «Le changement c'est maintenant» (il cambiamento è adesso) è esattamente il contrario di quello con cui si è presentato la settimana prima il segretario del Pd: l'Usato sicuro.

Anche le elezioni amministrative italiane sono uno di quegli eventi epocali che si producono una volta ogni venti anni. L'ultima volta accadde nel 1992 e 1993, quando il vero cambiamento era stato rappresentato dalla caduta del muro di Berlino e dalla nascita dell'Europa di Maastricht. Ora finisce quel ciclo, l'Europa viene messa in discussione. E un nuovo muro sembra essersi eretto tra i cittadini del vecchio continente, tra i sommersi e i salvati, tra chi resiste alla crisi e chi non ce la fa, si ritrova impoverito, impaurito, senza lavoro e senza speranza di futuro.

Spaesamento è la parola che descrive il panorama dell'Italia politica. Mappe da riscrivere, bussole impazzite. Milioni di voti in movimento, in cerca di un luogo. Voti nomadi, che abbandonano le vecchie case politiche per lanciarsi verso nuove terre. Lo Spaesamento più grande riguarda la coppia Berlusconi-Bossi che per due decenni ha conquistato l'Italia e che si ritrova nella quasi irrilevanza politica. Spaesato però è anche il Pd, nonostante la conquista di alcune città perdute. «Non è vero che il Pd perde ovunque contro Grillo. A Garbagnate e a Budrio abbiamo vinto», finge di esultare Bersani dopo il secondo turno. Finge, perché la vittoria dello sconosciuto grillino Federico Pizzarotti a Parma fa male e impressiona. Parma è un ritratto dell'Italia: un centrodestra che ha portato la città al dissesto economico ed è stato travolto dalle inchieste, un centrosinistra che ha candidato Vincenzo Bernazzoli, il presidente della Provincia, sperimentato e affidabile, doveva vincere facilmente contro «una squadra di serie B», come ha incautamente definito l'avversario prima del ballottaggio, e invece, la novità del Movimento 5 Stelle trascinato da Grillo ha tolto voti a tutti: a destra e tanti a sinistra.

Grillo, che ha cominciato la sua *second life* di capopopolo intervenendo alle assemblee della Telecom, ha smantellato la Corporation dei partiti. Il primo Vaffa-day di Bologna nel 2007, raccolte di firme, campagne ambientaliste nei piccoli comuni. Percepiti come un pericolo mortale dai partiti, i grillini sono al contrario visti come un rischio salutare dai cittadini (in aumento) che li votano. Nello Spaesamento si fronteggiano un partito che non c'era e ora c'è (il movimento di Grillo), partiti che c'erano e che non ci sono più (il Pdl), e un governo che nelle urne non ha voluto esserci e che ha fatto sapere di non sentirsi coinvolto nella sfida elettorale, un altro elemento straniante e stralunato di questo dopo-voto. In mezzo c'è il Pd.

Il più veloce a comprendere che la situazione è completamente mutata è proprio Bersani. Alla direzione dell'8 giugno il segretario del Pd si presenta con una terapia shock non concordata con gli altri capi del partito: riprendere in mano la vecchia idea delle primarie per scegliere il candidato premier, indispensabile per rilanciare la sua leadership, ormai logorata, dall'alto e dal basso. Dall'alto c'è il premier Mario Monti che continua a giurare di non volersi candidare alle elezioni e assicura che il suo mandato a Palazzo Chigi finirà con la nuova legislatura, ma intanto il pressing internazionale perché la sua esperienza prosegua è asfissiante, mentre crescono i dubbi che Bersani sia adeguato a prenderne il posto. Dal basso c'è Grillo, scatenato, che sul suo blog sfida quotidianamente i partiti e in particolare il Pd, martellando sulla distanza dei politici dalla società. Una doppia morsa che Bersani punta a spezzare ottenendo quello che a Monti manca, una legittimazione popolare, e spingendo il combattimento con Grillo in campo aperto, tra l'elettorato.

La mossa dell'Usato sicuro viene accolta con freddezza dai notabili di largo del Nazareno. Come sempre, è D'Alema che si fa carico di esprimere i dubbi di tutti: «Le primarie non sono un evento salvifico, un camminare sui carboni ardenti. Prima dobbiamo dire per che cosa si fanno, altrimenti tutto si riduce alla scelta del Capo».

Ma è proprio questa concezione della politica, i noi e i loro, il recinto, la frontiera, l'appartenenza, la Ditta che è messa definitivamente in crisi dallo sconvolgimento del 2012-13. Quattordici milioni: è il numero di potenziali votanti in transumanza dalle loro tradizionali appartenenze, destra, sinistra, centro, in cerca di casa politica. Berlusconiani delusi, militanti del centrosinistra in uscita, tentati dall'astensione, indecisi. Il 40 per cento del corpo elettorale (alle ultime consultazioni, nel 2008, votarono 38 milioni di italiani). Elettori indignati, nauseati, furibondi per gli scandali. Indipendenti, li chiama il politologo Roberto D'Alimonte, studioso di sistemi elettorali. Allo spaesamento si risponde con lo sfondamento. Sfondare fuori dal recinto dei propri elettori tradizionali, era il sogno del toscano Amintore Fanfani, il cavallo di razza della Dc, sfondare nell'elettorato di sinistra con le riforme sociali e poi in quello di destra con il referendum contro il divorzio. Ma nella Prima Repubblica della guerra fredda e dell'anti-comunismo lo sfondamento era impresa impossibile, così come nella Seconda Repubblica dell'antiberlusconismo. Per costruire la Terza Repubblica, per sfondare servono elettorati mobili. E un leader di movimento.

Cosa vuole è chiaro, lo dice senza giri di parole: il potere. «Noi siamo quelli che hanno l'ambizione di governare l'Italia per i prossimi venticinque anni». Ma loro chi sono? «Chi è Matteo?», si chiede il sindaco di San Giovanni Lupatoto Federico Vantini introducendo la mattina del 13 settembre sul palco dell'auditorium del palazzo della Gran Guardia nella magnifica piazza Bra di Verona il Bimbaccio di Firenze, l'oggetto misterioso della politica italiana, lo sfidante di Bersani alle primarie del Partito democratico, insomma il Renzi.

Già, chi è Matteo? Al termine di settanta minuti di discorso, mica un tweet, qualcosa in più si saprà. La camicia bianca con le maniche arrotolate e la cravatta scura, stile Obama. I colori rosso e blu del logo elettorale, anche questo modello Usa, con il punto esclamativo di «Adesso!», a metà tra l'imperativo categorico, la missione per conto di Dio dei Blues Brothers e l'sms affettuoso-assertivo. I manifesti con il nome del Candidato distribuiti un'ora prima e sventolati a favore di telecamere. Il tasso di battute ridotto al minimo sindacale. E Matteo il giovane che alla fine racconta di aver scelto Verona per iniziare il suo viaggio in camper perché fu qui, nel 1315, che Dante rifiutò il patto che gli offrivano i notabili fiorentini: torna a casa dall'esilio in cambio di una confessione di colpa. E il Poeta fece il gran rifiuto, per coraggio, non per viltade. «Anche a me ora dicono: lascia perdere, chi te lo fa fare? Hai 37 anni, aspetta il tuo turno. Ma ora, adesso tocca a noi».

Oggi, per la prima volta, un candidato alla premiership non chiede il permesso a nessuno. Non fa come Prodi, Rutelli, Veltroni, che furono candidati dal caminetto dei capi-corrente. Non si presenta come un pezzetto di apparato. «Noi non dobbiamo chiedere il permesso a nessuno per correre. Noi siamo quelli che non devono portare la giustificazione: quando loro erano già in Parlamento noi eravamo all'asilo», scandisce Renzi. In sala c'è un solo volto noto, il sindaco di Reggio Emilia e presidente dell'Anci Graziano Delrio. Sconosciuti esponenti locali. E tanti volti da Italia normale, Italia periferica, Italia sconosciuta e un po' incazzata, a gudicare da come partono gli applausi quando viene spinto il tasto dell'anti-politica, potrebbe essere un meet up grillino degli esordi. Un'Italia che non conta più, tra crisi economica e liste bloccate. E che Renzi corteggia per tutto il discorso, martellando su un concetto in apparenza paradossale: «Sì, c'è la crisi. Ma, attenzione, la crisi è un'opportunità. O la prendiamo o siamo spacciati».

Nelle immagini prima del discorso passano i volti di Reagan, Thatcher, Madonna, Carl Lewis e poi Falcone e Borsellino, il primo Mac rudimentale, i dischetti per il computer presto andati in pensione, Steve Jobs... «Se passiamo il compasso da questa parte ci sono i 25 anni che abbiamo vissuto. Noi siamo l'altro raggio del compasso: siamo i prossimi 25 anni, il futuro». Renzi veltroneggia quando invoca speranza, futuro, sogno, desiderio, passione, «siamo i sindaci che conoscono il dolore». Ma è solo un passo, perché un attimo dopo lancia una terribile accusa alla classe dirigente dell'ultimo quarto di secolo: «Hanno trasformato il futuro in una discarica». È un bersaglio enorme, evocato per la prima volta da un leader politico del centrosinistra quando spiega il significato esatto della parola rottamazione. Non solo far rispettare i tre mandati in Parlamento, non solo svecchiare i gruppi dirigenti. No, c'è qualcosa di molto più grande da rottamare: un'intera generazione di sinistra, la sua cultura, la sua pretesa di dettare modelli di vita, miti e idoli culturali, il sistema delle idee. «Dobbiamo rottamare», ecco il vero avversario di Renzi, «la generazione del '68 che dipinge se stessa come l'unica che ha gli ideali, l'unica meglio gioventù che ci sia mai stata. No, ci siamo anche noi». La Renzi-generation che spinge per conquistare il posto al sole, «non siamo bamboccioni pigri e subalterni».

E dire che Veltroni ha appena scritto un romanzo per ribadire il sogno degli anni Sessanta e che D'Alema l'ha recensito malignando che Walter si è iscritto da giovane agli ideali del Sessantotto, tale era la voglia di esserci nel decennio. Per Renzi una pagina da chiudere, saranno pure stati formidabili quegli anni sì, ma ora sono un equivoco, un tappo, qualcosa da consegnare alla nostalgia. E Berlusconi? Renzi lo nomina una sola volta, al pari di Grillo. E ribadisce in ogni passaggio che la sua casa è nel Pd, nel centrosinistra, nella sinistra, addirittura. «Se perdo resto ad aiutare chi ha vinto». Anche se lui i voti al centrodestra li chiederà eccome: «Amici che avete creduto in Berlusconi, non abbiamo paura di venirvi a stanare nelle vostre delusioni: avete creduto al milione di posti di lavoro, vi ritrovate con i figli disoccupati».

Quando si candida ufficialmente alle primarie per la premiership del centrosinistra recita la formula dei lupetti scout, «pongo il mio onore nel meritare la vostra fiducia», ma il Bimbaccio è cresciuto. È cinico, spregiudicato, conosce e sa praticare le brutalità della politica. E sa di poter vincere, anche se il figlio Francesco gli ha confessato di avere simpatia per Bersani: «ha undici anni, non voterà alle primarie. Ma voglio che quando sarà grande sappia che suo papà non ha avuto paura». Perché «il vero rischio non è sbagliare il calcio di rigore ma restare in panchina». E anche Francesco De Gregori, per ora, è rottamato.

Per la prima volta nel Pd le primarie sono vere e drammatiche, combattute sul territorio e in televisione, senza escludere i *dirty tricks*, i giochi sporchi delle campagne elettorali americane. Contro il rottamatore Renzi, Bersani schiera l'immagine tradizionale-rassicurante. Inizio alla pompa di benzina di Bettola, da cui è partito tutto. Tre giovani volti televisivi a bilanciare l'effetto novità del sindaco di Firenze, il lucano Roberto Speranza, la vicentina Alessandra Moretti, il romano Tommaso Giuntella. Un intercalare che in realtà è la sua parola d'ordine: un po'. Serve un po' di lavoro. Di riforme ne ho fatte un po'. Cambiare, un po'. Adriano Sofri, suo sostenitore, si arrabbia (un po'): «Caro Bersani, non si accontenti di svuotare la barca che va a fondo con il secchiello (tecnicamente: aggottare), la crisi sfugge all'ordinaria amministrazione».

Il colpo migliore è la decisione di D'Alema di ritirarsi dal futuro Parlamento, arrivata due giorni dopo l'addio al seggio di deputato di Walter Veltroni. I due leader che hanno segnato quasi vent'anni di battaglie interne al centrosinistra escono di scena insieme. E la battaglia si fa ancora più furibonda, perché Renzi resta senza la bandiera della rottamazione e i suoi avversari lo possono attaccare su altri fronti: i sospetti sui finanziamenti avanzati da Sposetti («Renzi per la campagna ha già speso due milioni e 35mila euro, di queste cose me ne intendo. Ho calcolato tutto: camper, sale, alberghi, ristoranti...»), le polemiche seguite alla cena di Renzi con il finanziere Davide Serra proprietario della società Algebris con sede alle Cayman («Le primarie vanno in Paradiso. Fiscale», titola "l'Unità"), gli interrogativi sulla reale identità politica del sindaco di Firenze. Un corpo estraneo. Un filo-berlusconiano, non a caso è andato a pranzo ad Arcore e Silvio lo ha invitato a passare con lui. Un anti-democratico. Di «atteggiamento fascistoide» scrive Michele Prospero sulla prima pagina dell'"Unità", schieratissima con Bersani, sostenitore della necessità di limitare il voto alle primarie solo agli elettori del centrosinistra: «Ogni soggetto politico, dinanzi a manovre di sabotaggio, deve aggrapparsi all'istinto di sopravvivenza. Ogni campo ha il diritto di organizzare i suoi confini identitari senza incursioni corsare». Campo, perimetro, confine, nel Pd si sprecano le metafore per segnalare la preoccupazione di tenere unite le truppe al riparo dalle invasioni avversarie. «La nostra gente», come la chiama Bersani.

Eppure già nell'autunno 2012 è evidente l'utilità del fattore Renzi per il Pd e per il centrosinistra che avanza verso il voto del 2013 in una situazione di apparente vantaggio. I faccia a faccia televisivi su Sky e sulla Rai fanno il pieno dei telespettatori, per qualche settimana l'Italia sembra diventata una democrazia all'americana, competitiva, uno che vince e l'altro che perde, e per il Pd che vola nei sondaggi sembra una passeggiata solitaria e trionfale. E invece cammina su un terreno limaccioso, sulle sabbie mobili. Quando al primo turno delle primarie manca una settimana, si riunisce a Roma il *rassemblement* centrista organizzato da Luca Cordero di Montezemolo e dal ministro del governo Monti Andrea Riccardi. Il premier tecnico non c'è, non si è fatto vedere, ma il ciak della creatura montezemoliana negli studi De Paolis è già un anticipo della sua candidatura alle elezioni politiche. Il governo dei senza partito prova a trasformarsi nel partito del governo, con i suoi capi di gabinetto, i direttori generali, il pubblico impiego e l'associazionismo bianco. Un centrismo moderno che punta sulla debolezza del Pd per riproporre una democrazia bloccata, in cui il partito di centro era, per definizione, il partito di governo. E si sa com'è andata, senza ricambio il riformismo di governo si trasforma ben presto nel suo opposto: l'immobilismo.

A Firenze, nelle stesse ore, si riuniscono i comitati Renzi, come sempre alla Leopolda. È la terza edizione, il sindaco aveva cominciato in tandem alla consolle nel 2010 con il consigliere regionale lombardo Pippo Civati, anima progressista e inquieta, ed era stato per la prima volta lanciato il termine rottamazione. Nel 2011 Renzi era rimasto solo, ma nella grande sala della ex stazione fiorentina si era visto Arturo Parisi, a cogliere l'essenza del renzismo: «Nel centrosinistra si mettono al riparo della parola noi, per poter dire Io bisogna diventare vecchi. Tu Matteo sei antipatico solo perché hai avuto il coraggio di dire la parola Io».

Nel 2012 Renzi imbrocca il discorso migliore della sua carriera, nessuna sbavatura, zero battute, tutto all'attacco. Un leader che affronta le primarie non come uno scontro tra caratteri ma tra due modelli: la sicurezza o il futuro, «un piacere e una sfida, l'avventura è un'incognita, ma a noi non piace quello che già c'è». «C'è un'Italia viva, noi abbiamo un solo compito: lasciarla passare». Per questo il nemico di Renzi non è Bersani, è la Palude. Una vittoria di Renzi sarebbe per il sistema uno shock, forse necessario. Chissà, il vero atto di nascita del Partito democratico.

Vince, stravince Pier Luigi Bersani, al ballottaggio, sessanta a quaranta per cento, Renzi ha perso, è apparso «un ragazzetto ambizioso», parole sue. Per Renzi vincere era una possibilità, per Bersani una necessità. «Non sono l'uomo solo al comando», ripete la sera del 2 dicembre, non lo cambia neppure ora che potrebbe permetterselo.

Il teatro Capranica nel cuore di Roma è la sede della festa bersaniana, fuori piove, dentro si esulta, «mettiamoci forza, energia e anche un po' di allegria che è la caratteristica del nostro popolo», invita il segretario-candidato premier, la cravatta al solito slentata, due pugni chiusi per esultare insieme ai suoi ragazzi invitati sul palco, così, all'antica. «Se vinciamo questa a noi non ci ammazza più nessuno», aveva detto Bersani all'inizio dell'avventura delle primarie, nello scetticismo generale, sfidando anche grammatica e sintassi. Invece ce l'ha fatta, sono tutti lì a omaggiarlo, D'Alema e Rosy Bindi, Fioroni e Franceschini. E ora chi lo ammazza? Bersani non sarà l'uomo solo al comando, ma di certo appare come il vincitore annunciato delle future elezioni. Il Pdl senza Berlusconi è ai minimi termini, Mario Monti ha ripetuto che l'ipotesi di una lista con il suo nome alle elezioni è improbabile. E Beppe Grillo sale e scende, il suo movimento a Bologna sta implodendo tra espulsioni e minacce, l'effetto delle elezioni amministrative si è già bloccato.

È la notte del 2 dicembre, il Pd restituisce questa immagine di tranquilla, composta certezza di vittoria. E non c'è nessun indizio che faccia presagire l'opposto, in questa notte di dicembre, nel teatro Capranica di Roma. Dove tra quattro mesi il Pd perderà la strada, sarà preparato un delitto politico contro il padre fondatore dell'Ulivo Prodi. E Bersani verrà a dimettersi pronunciando una parola impensabile in questa sera di felicità. Traditori.

«Uno, Nessuno, Centouno»

«Lei mi chiede come ho votato. Le rispondo: come mi ha permesso di fare la Costituzione. Il voto è segreto, no? Che nome abbiamo scritto sulla scheda quel pomeriggio, mi creda, non si saprà mai...». Ormai è estate inoltrata, siamo alla vigilia di un altro voto decisivo, quello della Cassazione sul processo per i diritti Mediaset a carico di Silvio Berlusconi. L'inseguimento per trovare qualche esponente del Pd disposto a parlare di quelle giornate in cui il partito si suicidò sull'elezione del presidente della Repubblica è durato mesi, il segreto continua a essere ben custodito, eccone uno che è nessuno o forse li rappresenta tutti, davanti a un piatto di orecchiette alle melanzane e ricotta salata, nonostante il caldo, accetta di raccontare cosa è successo in quei giorni, «lei scriva, anche sulla tovaglietta di carta, niente registrazione, nessun nome, ovviamente. Sarebbe irrilevante, così come non interessa a quale corrente io appartenga: quello che le dico io potrebbero confermarlo tutti. Un'altra cosa: eviti, per favore, di ricorrere a categorie come quelle del pentimento. Perché io non sono affatto pentito, nonostante quello che è successo dopo quella giornata rifarei tutto...».

«Quel voto non arriva dal nulla, è la conclusione di mesi di totale assenza di una strategia politica del Pd e del suo segretario», racconta. «Tutti i nostri guai sono cominciati nell'anno precedente, nel 2012, durante il governo Monti, con la gestione politica del Pd della segreteria Bersani. Non abbiamo capito che la rabbia nei confronti della politica e dei politici nel Paese si stava gonfiando come un fiume carsico: sotterraneo ma pronto a esplodere con una violenza inaudita se avesse trovato il canale per emergere in superficie. In Parlamento non abbiamo fatto uno straccio di riforma. Dovevamo fare la riforma della legge elettorale, la riduzione del numero dei parlamentari, l'abolizione delle province, quante volte lo abbiamo

ripetuto in tv, dalla mattina alla sera e dalla sera alla mattina? Eravamo d'accordo tutti, potevamo farlo in tre mesi. E invece niente, ci siamo messi a petto in fuori e ci siamo fatti impallinare sulle questioni della Casta: il finanziamento pubblico, il caso Lusi, il caso Belsito, le feste alla Regione Lazio, il caso Fiorito... Ma anche su episodi che possono sembrare minori solo a chi non conosce il nostro elettorato. Mi ricordo la mattina che ci siamo spartiti le authority con il Pdl, noi come garante della Privacy indicammo Antonello Soro, bravissima persona ma medico di professione e in politica da una vita, cosa c'entrava? Nulla, ma Franceschini aveva deciso così... Quella mattina Staino sull'"Unità" pubblicò la vignetta di Bobo che si impiccava. In più Monti dopo quattro mesi si è rivelato un disastro. Ed è arrivata la crisi, la recessione, a mordere forte la gente, il popolo, a ingrossare l'indignazione per la politica che si spartiva le poltrone, incapace di riformarsi. Ma siamo stati noi, con il nostro immobilismo, noi del Pd a riempire il fiume carsico. Ci è esploso addosso appena gli elettori hanno trovato il pertugio giusto per farcela pagare: il voto».

«In tutta questa confusione Bersani ha pensato di poter diventare premier e di conquistare il partito grazie alle primarie. Renzi aveva una possibilità di vittoria, se l'è giocata quando è andato a cena con il finanziere Davide Serra, quando si è fatto beccare in intimità con gli uomini dei paradisi fiscali, una cosa inaccettabile a sinistra. E poi ha peccato di ingenuità o di presunzione, non si è accorto che con quelle regole che aveva accettato non avrebbe mai potuto vincere... Bersani invece ha usato Renzi per rottamare tutta la vecchia classe dirigente. È stato il suo primo errore: lì c'è stata la prima frattura con Massimo D'Alema. E poi, scusi, l'esigenza del rinnovamento dei gruppi parlamentari c'era, per carità. Ma aver cancellato deliberatamente dal Parlamento personaggi come D'Alema, Veltroni, Marini, ha significato abbandonare i nuovi parlamentari a se stessi e ha creato uno sconquasso. E attenzione, non per fare la rivoluzione, si è rimpinguato anche in questo modo il fiume carsico... Ma lei li vede i nostri giovani parlamentari? In molti casi sono borderline con il grillismo, forse se la macchina delle primarie di Bersani non li avesse catapultati in Parlamento alcuni di loro ce li saremmo ritrovati in 5 Stelle, chissà, o sarebbero stati a casa a spararci addosso sulla Rete...».

«Il secondo errore di Bersani è arrivato dopo il voto. Noi quelle elezioni le abbiamo perse, punto. Però la legge elettorale ci ha con-

sentito di avere la maggioranza alla Camera, dovevamo lavorare a una soluzione nuova. Invece, il segretario ha pensato solo a se stesso, ha fatto come se il voto non ci fosse mai stato. Sapeva bene che mai e poi mai Napolitano gli avrebbe concesso di fare un governo di minoranza, c'erano i precedenti, Scalfaro aveva chiesto a Berlusconi i numeri certi al Senato nel 1994, lo stesso aveva fatto Napolitano con Prodi e poi ancora con Berlusconi, come avrebbe potuto fare un'eccezione per Bersani? E invece Pier Luigi ha sfidato il presidente a dargli l'incarico a tutti i costi! E non è vero che Napolitano gli ha fatto la guerra: dopo il fallimento delle consultazioni poteva costringere Bersani a rinunciare, invece si è inventato la commissione dei saggi e ha tenuto Bersani congelato, sospeso, ma non del tutto eliminato dalla corsa».

«E qui finalmente arriva la vicenda del Quirinale, in cui gli errori diventano una catena. Insomma, questi sono andati in guerra senza aver mai letto un trattato di teoria e tecnica militare! Devi sapere se ti sparano da dietro o da davanti, devi avere il Piano A, ma anche il Piano B e magari un Piano C, devi prevedere mosse e contromosse. Qui c'era solo il Piano A: Bersani a Palazzo Chigi, a tutti i costi. Per questo, quando parte la trattativa per la presidenza, tutti i dirigenti vengono esautorati. A tenere le trattative restano in due, Bersani e Vasco Errani, perfino il fedelissimo Maurizio Migliavacca è stato escluso, Errani parlava con Denis Verdini... Chiudono con Berlusconi l'accordo su Franco Marini, o meglio, lo fanno scegliere a lui, Bersani sperava che Marini presidente con i voti del Pdl gli avrebbe confermato l'incarico di fare il governo. Ma diciamoci la verità, quando mai il Pdl avrebbe potuto davvero votare per Marini? Hanno dato un consenso tattico per vedere che succedeva nel Pd».

«L'assemblea dei grandi elettori del Pd che doveva dare il via libera a Marini è stata un disastro. Quando Bersani ha fatto il nome del candidato e si è capito che a sceglierlo era stato Berlusconi è successo di tutto. Il nome è passato solo perché, siamo ancora alla sera del 17 aprile, quell'assemblea al teatro Capranica vuole ancora bene a Bersani, hanno votato sì a Marini per confermare la fiducia al segretario. Ma intanto dentro e fuori il Capranica era una bolgia. Da fuori arrivavano messaggini di protesta, la Rete si scatena, ma anche un dirigente come il segretario dell'Emilia Stefano Bonaccini invita alla rivolta. Capisce? Perfino l'Emilia! Bersani e Errani sono tornati a casa e hanno scoperto che i figli avevano cambiato la ser-

ratura e li avevano buttati fuori! Per non parlare di Renzi. Dentro c'è lo scontro tra Franceschini e Vendola, di una volgarità inaudita. Franceschini che doveva diventare presidente della Camera rinfaccia a Vendola che lui è andato a calmare i suoi per far votare Laura Boldrini di Sel, "quindi ora Nichi, per favore, ordini ai tuoi di votare per Marini!". I tuoi, i miei, i vostri, i nostri, intanto finisce malissimo, tutti urlano, Vendola con cui dovevamo fare i gruppi parlamentari insieme e il governo insieme annuncia che voterà per Rodotà e abbandona l'assemblea, il centrosinistra già quella sera non c'è più. Votare in quelle condizioni mi sembrava una follia. Dico: ma dobbiamo eleggerlo per forza al primo voto il presidente? Non possiamo aspettare almeno la quarta votazione, quando il quorum si abbassa e intanto votare scheda bianca? Saragat l'hanno eletto dopo ventuno scrutini, Leone dopo ventitré, mica erano matti i democristiani! Invece niente, si va in aula e il candidato ufficiale viene fatto a pezzi. Ricorda cosa diceva l'antico slogan elettorale della Dc? Nel segreto dell'urna Dio ti vede, Stalin no. Ecco, povero Marini, è stato vittima della propaganda democristiana del 1948...».

«Mi hanno raccontato che quella mattina D'Alema si è speso per Marini. Ha telefonato lui di persona ad alcuni ribelli per convincerli. Oh, dico, lui, il leader maximo si è abbassato a chiamare Matteo Orfini, si rende conto? Questo dimostra che non si è mai sentito davvero in corsa, almeno fino a quel momento. C'era un pezzo del Pdl che lo voleva votare. Fabrizio Cicchitto ha teorizzato per mesi che il centrodestra avrebbe dovuto scegliere Luciano Violante, con una motivazione per lui inoppugnabile: nel 1992-93 Violante per conto degli ex Pci aveva organizzato un colpo di Stato, l'eliminazione di dc e socialisti per mano delle Procure, ora avrebbe dovuto organizzarne un secondo, questa volta contro le Procure, per salvare Berlusconi. Ma Berlusconi non si è mai fidato. Per lui e per i suoi elettori D'Alema e Violante sono i nemici, i comunisti. In questo è uguale a Prodi. Una volta mi è stata riferita una sua battuta: i comunisti cinesi li frequento, l'importante è stare alla larga da quelli italiani... E dire che per due volte l'hanno portato a Palazzo Chigi!».

«Il passaggio da Marini a Prodi è gestito ancora peggio. Nella prima votazione c'erano state 104 schede bianche, almeno 40 erano gli emiliani che avevano ricevuto l'ordine di Bonaccini. Bersani ed Errani erano diventati minoranza anche nella loro regione, per recuperarli si sono buttati su Prodi. Nella notte tra il 18 e il 19 i capi

concordano che i grandi elettori saranno chiamati ad esprimersi su un nuovo candidato. Le quattrocento schede erano già pronte. Bersani avrebbe dovuto parlare per Prodi, la Finocchiaro per D'Alema. Il primo a intervenire è Bersani, dice: "Io propendo per Prodi...", a quel punto non si capisce più nulla, le prime due file si alzano in piedi per applaudire. Presiedevano l'assemblea Luigi Zanda capogruppo al Senato, il giovane Roberto Speranza della Camera, avrebbero dovuto calmare gli entusiasmi e far proseguire l'assemblea come previsto. Ma non l'hanno fatto. Perché? Mi sono interrogato a lungo e non so darmi una risposta. Non credo che l'ovazione fosse stata preparata ad arte: Bersani non è così cinico e neppure così astuto. Anche se poi, dati i risultati, si può dubitare dell'intelligenza di chi ha organizzato la standing ovation...».

«Cosa sarebbe successo se si fosse votato in assemblea? Avrebbe vinto Prodi o D'Alema? Difficile dirlo, ci sarebbero state preferenze anche per Rodotà, da parte dei deputati più giovani. I cattolici di Fioroni e di Franceschini avrebbero insistito per Marini. Si sarebbe aperto il confronto tra Prodi e D'Alema, diciamo che avrebbero preso almeno 150-170 voti a testa, su cui aprire una trattativa vera con le altre forze politiche, anche con il Pdl. Non come quella su Marini che era stata una resa di Bersani. In ogni caso, i perdenti sarebbero stati vincolati a votare per il candidato vincente. Invece quell'applauso ha trasferito il voto segreto dall'assemblea degli elettori all'aula, dal Capranica a Montecitorio. Tutto è diventato drammatico».

«Nel primo pomeriggio avevamo tutti capito che Prodi era morto, finito. Non lo votavano i dalemiani, incazzatissimi, i franceschiniani, i mariniani, quelli che volevano insistere su Rodotà eletto con i grillini... Ancora una volta, in quella situazione, una segreteria assennata avrebbe detto: fermi tutti, ripensiamoci, votiamo scheda bianca e poi vediamo. È stata una forzatura priva di senso, organizzata da incapaci. C'era un'altra categoria di elettori che non poteva votare per Prodi, vedo che nelle ricostruzioni successive non viene mai nominata. Quelli che avevano tutto da perdere dall'elezione di Prodi e tutto da guadagnare da una sua sconfitta. I nomi? Giudichi lei, dopo, chi ci ha perso e chi ci ha guadagnato. Per esempio, chi è andato al governo».

«Quando mi sono trovato lì, sotto il catafalco, con la scheda in mano, non ho provato nessuna particolare emozione. Non ho

neanche troppo pensato alle conseguenze. Era saltato tutto, non esisteva più un vincolo di partito. E in ogni caso il Pd non è un ordine religioso, un'associazione ecclesiastica, non esiste un giuramento di obbedienza assoluta a una linea dissennata. L'unica legge che ho osservato è stata la mia coscienza. E la Costituzione, che prevede espressamente la regola del voto segreto, per eleggere il presidente della Repubblica. Perché, evidentemente, è consentita la possibilità di scegliere in modo diverso da quello imposto dall'esterno, senza poi essere costretti a dichiararlo, è tutelata la libertà dell'elettore. E dunque anche a lei non dirò come ho votato, non lo dirò mai a nessuno. Di certo, sul piano personale, non mi è dispiaciuto per Prodi. Una sua presidenza sarebbe stata una catastrofe, non si poteva eleggere quel presidente in quella situazione, avrebbe spaccato il Paese. E i 101 lo hanno trasformato in un martire, sarà contento così».

«Traditore? Lo so che lei mi giudica così, Bersani è stato il primo ad averlo fatto, quando quella giornata interminabile si è finalmente conclusa e siamo tornati al Capranica. Si è dimesso gridando che uno su quattro lo aveva tradito. Ho pensato in quel momento una sola cosa: è un uomo che ha sbagliato tutto, un disperato. Il filosofo Giulio Giorello ha scritto un libro bellissimo sul tradimento, da sempre condannato sul piano morale. Spesso il tradimento, invece, è il motore del cambiamento, solo chi tradisce a volte riesce a cambiare le cose... Ma io, sia chiaro, non mi sento affatto un traditore. Quel voto non è arrivato dal nulla, è stato l'esito di un'assenza della politica. Quello che lei chiama tradimento, al contrario, è stato un tentativo di recuperare il filo della politica in una situazione di follia collettiva. Non esistono i tradimenti, esistono le battaglie politiche, giuste o sbagliate che siano. E io non sono un traditore, in questa guerra sono stato un soldato semplice in un esercito allo sbando. Se io abbia vinto o perso sarà soltanto il futuro a deciderlo».

Terre promesse

«Il popolo è per il realismo, non solo perché fra il popolo ci sono cocciuti e scettici realisti. Il popolo è per il realismo anche perché il ritmo della marcia è regolato dai suoi sentimenti, perché bisogna affrontare le sue ribellioni, perché sceglie i capi al suo interno [...] Il movimento ha luogo nel tempo storico, è il duro e continuo lavoro degli uomini e delle donne»[1]. È la pagina finale di *Esodo e rivoluzione* del filosofo Michael Walzer, la conclusione di un'emozionante interpretazione del libro biblico considerato per secoli la metafora di ogni processo di liberazione umana. Con la certezza, scrive Walzer, che «ovunque si viva, probabilmente si vive in Egitto. E che esiste un posto migliore, un mondo più attraente, una terra promessa» per cui vale la pena attraversare il Mar Rosso.

L'immagine del popolo in cammino nel deserto è stata più volte ripresa nel 2013 nel centrosinistra, nel Pd e all'interno del Pd in quella parte che si riconosce nella sinistra. L'ex ministro Fabrizio Barca, ad esempio, ha annunciato una lunga traversata, magari non quarant'anni ma neppure di breve periodo, per riparare l'esito disastroso degli ultimi due decenni: «Depressione, senso di impotenza auto-inflitto, rischio Pasok», nel senso del Partito socialista greco, condannato all'irrilevanza in coalizione con la destra. Gianni Cuperlo, candidato alla segreteria del partito, ultimo capo della Fgci, la gloriosa organizzazione dei giovani comunisti che fu di Berlinguer, Occhetto, D'Alema, e dunque discendente in linea diretta di quella stirpe, ha messo in epigrafe del suo documento congressuale una frase dello scrittore francese Jean-Michel Guenassia, in *Il club degli incorreggibili ottimisti*:

[1] M. Walzer, *Esodo e rivoluzione*, Feltrinelli, Milano 1986, pp. 98-99.

«Quello che per loro contava nella Terra promessa non era la terra. Era la promessa»[2].

Quale deserto? E quale Terra promessa? Una parte della sinistra italiana vive da più di venti anni, dal 1989 in poi, un sentimento di lutto e di perdita dovuto alla scomparsa del comunismo, sente di vivere nel buio perché il sol dell'avvenire è tramontato. Ma le ultime generazioni hanno sostituito alla palingenesi rivoluzionaria una meta solo in apparenza più vicina da raggiungere: la costruzione di un nuovo partito, il partito del XXI secolo, con la voglia di durare per decenni, almeno quanto la Democrazia cristiana, il Pci, il Psi. E soprattutto di una nuova democrazia, fondata sulla responsabilità dei governanti e sulla partecipazione dei cittadini, la possibilità di vincere o di perdere con le proprie proposte, bandiere, parole, persone.

Quel sogno in Italia si è chiamato Ulivo e poi Partito democratico. Arrivava dai lunghi anni Ottanta cominciati nel 1978 con l'assassinio di Aldo Moro, ha preso forma all'inizio degli anni Novanta, tra il terremoto a sinistra provocato dalla transizione post-comunista e da Tangentopoli, si è spezzato nel 1998, è tornato a rivivere nel 2007, con la nascita del Pd, si è definitivamente interrotto quando per la sua faida interna il Partito democratico non è riuscito a eleggere un presidente della Repubblica e un capo del governo: la crisi del centrosinistra è diventata crisi istituzionale. Dopo le elezioni del 24-25 febbraio 2013, in cui tre milioni e mezzo di elettori hanno scelto la fuga silenziosa: nell'astensione o verso il Movimento 5 Stelle di Beppe Grillo, primo partito tra i giovani, i disoccupati e i ceti popolari, votato in gran parte da quelli che Ilvo Diamanti già nel 2009 chiamava gli «esuli in patria», gli «ex voto del Pd», quelli che «non si sentono traditori, si sentono traditi perché molto hanno creduto in questo soggetto politico, per cui hanno votato alle elezioni e alle primarie»[3].

Non era solo la coda del Pci, come tanti osservatori legati a quella tradizione si sono sempre limitati a considerare. E neppure una semplice reazione all'anomalia berlusconiana che costringeva la sinistra ad allearsi con una parte di centro e a farsi guidare da

[2] J.-M. Guenassia, *Il club degli incorreggibili ottimisti*, Salani, Milano 2010.

[3] I. Diamanti, *Gli ex voto del Pd esuli in Italia*, in "la Repubblica", 1° marzo 2009.

un cattolico come Romano Prodi. Il progetto dell'Ulivo era qualcosa di più di uno schema politologico, il bipolarismo, e di un cedimento al nuovismo, se non addirittura all'anti-politica, come l'hanno sempre etichettato con un certo disprezzo uomini di partito, alcuni intellettuali e giornalisti e un bel pezzo di establishment finanziario ed editoriale, tutti uniti nel credo thatcheriano che la società non esiste, o meglio, come disse D'Alema a Gargonza, nel misconoscere «questa cosa, questa politica che viene fatta dai cittadini e non dalla politica».

Quel progetto era invece qualcosa di tipicamente italiano, come l'albero di cui prendeva il nome, uguale e diverso in ogni regione, e insieme una profonda rottura con centocinquanta anni di storia unitaria fondata sul Grande Centro, dal connubio di Cavour in poi: l'impossibilità di una competizione tra schieramenti alternativi, la definizione di un'area sempre destinata al governo e di una sempre relegata all'opposizione, o a governare stando all'opposizione. Nella vicenda italiana lo schema del taglio delle ali e della grande coalizione si è trasformato nel culto della stabilità governativa accompagnata alla fibrillazione perenne delle maggioranze, come uno sciame sismico, nell'immobilismo come arte. Nel trasformismo, ovvero «il pragmatismo che si pone sfacciatamente come giustificazione di se stesso. Distanza tra i propositi dichiarati e i comportamenti effettivi, abilità nel far propri i temi dell'avversario per svuotarli di contenuto, contrasti in pubblico e accordi in corridoio. Il trasformismo è apparenza, spettacolo, indifferenza al merito delle questioni. Il suo scopo è il potere in quanto tale»[4].

Oggi, a un secolo esatto dall'introduzione del suffragio universale nelle elezioni dell'autunno 1913 e venti anni dopo il tentativo di trasformare l'Italia in un paese anglosassone con l'introduzione del sistema maggioritario, la politica italiana torna a soffrire di questi antichi mali, con numerose aggravanti. La più evidente è la capacità di ricatto di Silvio Berlusconi e la resistenza del suo potere economico, mediatico, politico che neppure una condanna definitiva in Cassazione per frode fiscale e l'interdizione dai

[4] G. Bollati, *L'italiano. Il carattere nazionale come storia e come invenzione*, Einaudi, Torino 1983, pp. XXIX-XXX.

pubblici uffici con decadenza dal seggio parlamentare è riuscita a spezzare. Il Cavaliere condannato continua a essere il dominus assoluto del suo partito, il primo del centrodestra, rifondato in poche ore con un videomessaggio e con un rapido cambio di insegne, dal Pdl a Forza Italia, come venti anni fa, e ha provato in ogni modo a condizionare la vita del governo Letta dalla sua posizione di alleato privilegiato del Pd, trascinando le istituzioni in una scelta drammatica. L'altra aggravante è la mancanza di identità e di futuro cui il Pd sembra voler condannare i suoi militanti ed elettori. Perfino la formalità burocratica di convocare in tempi rapidi un congresso per voltare pagina e darsi una nuova leadership si è trasformata in uno psicodramma. All'ultima assemblea del settembre 2013, il confronto civile di idee e non solo di personalismi tra i candidati alla segreteria del Pd – oltre a Renzi, Gianni Cuperlo, Giuseppe Civati, il volto di un possibile partito futuro – è stato ancora una volta frustrato dalle manovre dei vecchi capi che non vogliono mollare. Mentre un dirigente imprecava amaro: «Questi hanno perso la fede, poi la Chiesa, gli resta solo la gerarchia e non vogliono andarsene!». Conclusione: dopo venti anni di Seconda Repubblica i due principali schieramenti restano inchiodati ai rispettivi peccati originali. La nuova Forza Italia è in tutto identica alla vecchia: un partito personale e padronale. Il Pd soffre della sindrome opposta: non riesce a darsi un leader e quando lo trova si impegna a neutralizzarlo.

Eppure, in questi due decenni il centrosinistra ha avuto l'opportunità di curare entrambi i mali. Poteva sostenere un governo di legislatura e contribuire a sciogliere l'anomalia berlusconiana: l'occasione dell'Ulivo nel 1996, con Romano Prodi e Walter Veltroni. Quel governo fu buttato giù da Fausto Bertinotti e sostituito dal governo D'Alema-Cossiga, con il plauso generale di tutti i fautori del primato della politica. Da grande speranza il centrosinistra si è trasformato in grande malato. Nel paese mancato c'è stato un «Ulivo mancato» e poi un «Ulivo negato»[5]. Non solo per colpa dei tanti nemici esterni e interni. L'Ulivo e il Pd hanno fallito la loro missione per responsabilità di chi avrebbe

[5] Le espressioni sono di Guido Crainz in *Il paese reale. Dall'assassinio di Moro all'Italia di oggi*, Donzelli, Roma 2012, pp. 323-345.

avuto il dovere di coltivarli. Per debolezza istituzionale: non si è mai sciolto il dilemma tra un modello presidenziale, all'americana, continuamente evocato dal primato del candidato (Prodi, Veltroni) sui partiti, dai comitati elettorali, dai gazebo delle primarie, dal nome stesso del nuovo partito, che avrebbe richiesto un'azione coerente di riforma della Costituzione, sfidando anche il conservatorismo di una parte della sinistra e l'inerzia dei vecchi gruppi dirigenti, legati all'antico partito, congressi, apparati, conta delle tessere, potentati locali da accontentare, bilancino delle correnti... Per debolezza culturale: si è molto insistito sulle regole dell'Ulivo e del Pd, ma mai, o quasi mai, si è riusciti a identificare una cultura politica, mai si è riusciti a discutere cosa fosse, in cosa credesse, quali fossero i valori di riferimento di questo benedetto impasto democratico. E così sono rimaste in piedi le tradizioni del passato, sempre più asfittiche, in realtà, ma abbastanza solide da giustificare la permanenza in vita di strutture, sedi, fondazioni, risorse. All'ombra dell'imprescindibile tradizione comunista si è continuato a far discendere il Partito democratico da Palmiro Togliatti, un insulto per i democratici e forse anche per Togliatti. In nome dell'identità cattolica si sono tollerati i teodem e i cattodem e relative, spesso esose, richieste di posti e candidature, a garanzia, figuriamoci, che c'erano i cattolici anche a sinistra. Per debolezza etica, infine: il mancato ricambio di classe dirigente, sempre meno generosa e capace di rappresentare elettori piuttosto esasperati. E sempre più attiva nell'occupazione di fette di potere, authority, autostrade, ferrovie: dopo Filippo Penati, ecco Rita Lorenzetti.

La Terra promessa di una democrazia dei cittadini e di una competizione tra schieramenti si è capovolta nel suo opposto. E il Pd è finito per diventare, beffardamente, un modello per tutto il sistema politico. Da anni il centrosinistra è una corporation guidata da un patto di sindacato, con un amministratore delegato debole e provvisorio, in cui si avanza o si arretra in modo impercettibile, nessuno vince e nessuno perde perché nessuno davvero si mette in gara. «Guardate, è inutile che mi chiedete di andarmi a schiantare. Io non credo nella competizione, in questo partito si va avanti con gli accordi», disse Enrico Letta ai suoi sostenitori che gli chiedevano di candidarsi alla segreteria del Pd dopo le dimissioni di Veltroni nel 2009. Più chiaro di così. Seguendo il suo credo, andare avanti senza competizione, Letta è arrivato a Palazzo Chigi senza passare da un voto, alle primarie o alle elezioni, alla guida di un governo di larghe intese dove il patto di sindacato si è allargato fino a comprendere il Pdl berlusconiano (o ex Pdl). Con la benedizione del Quirinale.

Meglio le larghe intese, costruite nel Palazzo, anche se in realtà sono sempre meno larghe. Anche se così si ripetono gli errori del passato. Si tradisce l'inconscio desiderio di una nuova democrazia bloccata. Si lascia alle spalle quella cosa faticosa chiamata popolo, nel frattempo alle prese con una recessione economica di cui non si vede la fine.

Il tradimento nei confronti di Prodi, l'uomo che in questi venti anni ha interpretato con maggiore coerenza il modello opposto a quello consociativo, appiccicoso, paralizzante, forse al di là delle sue personali intenzioni, è stato l'atto finale di una storia. Di quella nuova che verrà si possono solo, per ora, intuire i boati più fragorosi nella sfida non più soltanto generazionale di Matteo Renzi, con la sua maturazione politica tutta dentro la storia di questi venti anni e con l'ambizione di guidare finalmente un cambiamento radicale del Paese, lo sconvolgimento delle oligarchie politiche ma anche economiche e intellettuali. Si è anche scoperto che il ministro Graziano Delrio lo chiama amichevolmente Mosè, e pazienza se il condottiero di Israele dopo quarant'anni di marcia non riuscì a vedere la meta. Non è per caso che dovendo indicare una radice del suo impegno il sindaco di Firenze ha allontanato quella dei giovani democristiani e ha preferito riconoscere quella dell'Ulivo nel 1995-96: «Io nasco con i Comitati Prodi». A dimostrazione che, nonostante tutto, il simbolo dell'Ulivo continua a mantenere quasi inalterato il suo mito. Ma ci sono anche segnali che vanno nella direzione opposta: la resistenza del vecchio che non muore, nuove lacerazioni in arrivo, forse una devastante scissione che sarebbe un big bang al contrario, un'implosione della sinistra italiana, un buco nero.

Nel 2014 voteranno per la prima volta i ragazzi e le ragazze nate nel 1996, l'anno della vittoria del Professore e della festa di piazza Santi Apostoli, l'anno della *Canzone popolare* di Ivano Fossati da cui è iniziata questa storia. Una generazione interamente cresciuta nell'era del berlusconismo trionfante e poi decadente e della sinistra impaurita, dilaniata, sconfitta. Di certo tutto può cambiare, «cambia lo superficial, cambia también lo profundo, cambia todo en este mundo...», canta l'argentina Mercedes Sosa in una scena del film di Nanni Moretti *Habemus papam*. Profetico: dopo le prime dimissioni di un pontefice dell'età moderna, il papa Francesco arrivato dall'Argentina, quasi dalla fine del mondo, sta cambiando ogni cosa, non solo nella Chiesa. Ogni generazione ha il suo deserto da attraversare. E ogni generazione ha la sua Terra promessa da raggiungere. Presto anche quella nuova partirà per il suo viaggio individuale e collettivo. Con molti dubbi e con una sola certezza, conclude Walzer. Che «la strada che porta alla terra promessa attraversa il deserto. E che l'unico modo di raggiungerla è unirsi e marciare insieme».

Indice dei nomi

Abete, Luigi, 171.
Adenauer, Konrad, 166.
Adornato, Ferdinando, 91.
Agnelli, Gianni, 56, 89, 137, 192.
Albanesi, Vinicio, 62, 99.
Alborghetti, Guido, 18.
Alfano, Angelino, 20, 233-234.
Alighieri, Dante, 86, 238.
Almirante, Giorgio, 3.
Amato, Giuliano, 16, 40, 70, 113, 119, 122, 129-130, 134-136, 142, 183.
Amendola, Giorgio, 3, 231.
Andreatta, Beniamino, 39, 46, 48-49, 78-79, 93, 99, 109, 121, 125-128, 167, 183, 216.
Andreotti, Giulio, 3-4, 15-16, 19, 22, 40, 128-129, 181, 185.
Angiolillo, Renato, 4.
Angius, Gavino, 182.
Annunziata, Lucia, 62.
Anselmi, Giulio, 116, 186.
Anzaldi, Michele, 33.
Ardigò, Achille, 99.
Ariemma, Iginio, 40, 130, 174.
Armeni, Ritanna, 76.
Assouline, Pierre, 6.
Astrologo, Marina, 148.
Attali, Jacques, 235.
Aznar, José María, 166.
Azzi, Franco, 51.

Bacchiocchi, Aldo, 48.
Bachelet, Giovanni, 156.
Bachelet, Vittorio, 65.
Badaloni, Piero, 115.
Bagnasco, Angelo, 186.
Balocchi, Maurizio, 169.
Ban Ki-moon, 9.
Barbato, Tommaso, 188.
Barca, Fabrizio, 249.
Baroni, Alex, 94.
Bassanini, Franco, 72.
Bassolino, Antonio, 54, 62, 98, 101, 103, 133, 219.
Battiato, Franco, 221.
Battisti, Lucio, 8, 221.
Baudo, Pippo, 206.
Bazoli, Giovanni, 25, 121, 125-129, 177.
Beethoven, Ludwig van, 189.
Belpietro, Maurizio, 11.
Belsito, Francesco, 234, 244.
Benedetto XVI (Joseph Ratzinger), papa, 10, 160.
Benedino, Andrea, 209.
Benigni, Roberto, 63.
Benni, Stefano, 46, 148, 151.
Benvenuto, Edoardo, 99.
Berlinguer, Enrico, 4, 81, 113, 118, 132, 147, 152-153, 197, 199, 207, 215, 249.
Berlinguer, Giovanni, 133-134, 153.
Berlinguer, Luigi, 52, 72, 90, 95.
Berlusconi, Silvio, IX, 7-12, 14-18, 20-22, 25, 27-28, 30, 33, 39, 41-42, 45, 47-49, 52, 55-63, 65, 67, 70, 74, 83, 85-87, 93, 95, 97, 99-100, 102, 104-105, 113, 116, 124-126, 128, 130, 135, 137-138, 142-146, 148, 150-153, 156-157, 160, 162-163, 165-168, 171-172, 174, 176, 178-179, 185-186, 188-191, 193-195, 197, 202-206, 210-211, 216-217, 219, 226-227, 231-233, 236, 239-240, 242-243, 245-246, 251-252.

Bernazzoli, Vincenzo, 236.
Bersani, Pier Luigi, 12-27, 29-30, 33, 38, 48, 69-70, 72, 109, 113, 141-142, 161, 172, 184, 199-201, 207-208, 212, 221-224, 227-248.
Berselli, Edmondo, 47 e n, 48, 111, 116, 167, 184, 195.
Bertinotti, Fausto, 76, 91, 97, 105-108, 123-124, 133, 138, 150, 160, 173, 176, 178, 181-182, 186, 202, 206, 215, 217, 219, 252.
Bertolaso, Guido, 129.
Bettini, Goffredo, 203-204, 206, 209.
Biagi, Enzo, 152.
Biagi, Marco, 151.
Bianchi, Alessandro, 183.
Bianchi, Diego, *detto* Zoro, 209.
Bianchi, Giovanni, 39, 49.
Bianchin, Umberto, 51.
Bianco, Enzo, 120-121.
Bianco, Gerardo, 50, 77-78.
Bignardi, Daria, 19.
Bindi, Rosy, 9, 12-13, 49, 61, 77, 95, 99, 148, 158, 175-176, 183, 185, 192, 199, 201, 206, 208, 218-219, 242.
Binetti, Paola, 208-210.
Bisignani, Luigi, 16 e n, 28, 139.
Blair, Tony, 73, 80, 96, 113, 116, 136, 166, 193, 202, 226.
Boato, Marco, 151.
Bobba, Luigi, 208.
Bobby Solo (Roberto Sotti), 225.
Bocchini, Riccardo, 80.
Boccia, Francesco, 174, 228.
Boffo, Dino, 90.
Boldrini, Laura, 14, 19, 27, 246.
Bollati, Giulio, 251n.
Bompiani, Adriano, 59.
Bonaccini, Stefano, 245-246.
Bonaga, Stefano, 148.
Bonaparte, Napoleone, 232.
Bongiorno, Mike, 226.
Bonino, Emma, 8, 122, 158.
Bonsanti, Sandra, 219.
Bonucci, Silvia, 18, 148, 152.
Bonvicini, Gianni, 59.
Bordiga, Amadeo, 147.
Bordo, Michele, 32.
Bordon, Willer, 145.
Borrelli, Francesco Saverio, 147-148.
Borri, Francesca, 82-83.
Borsellino, Paolo, 238.
Boselli, Enrico, 173.
Bossi, Umberto, 41, 128, 138, 146, 174, 211, 215, 231, 234, 236.
Brambilla, Michela Vittoria, 231.
Brancoli, Rodolfo, 165n, 186n, 204n.
Bressa, Gianclaudio, 53-54.
Breznev, Leonid, 161.
Brunelli, Gianfranco, 99.
Bruno Bossio, Enza, 31.
Buffo, Gloria, 74.
Bulgarelli, Mauro, 187.
Burlando, Claudio, 20, 48, 72.
Bush, George W., 166.
Buttiglione, Rocco, 44-45, 49-50, 90, 97, 229.

Cacciari, Massimo, 36, 115, 120.
Caforio, Giuseppe, 10-11.
Calabrese, Omar, 85.
Calabresi, Mario, 165 e n.
Calamandrei, Piero, 147.
Calasanzio, Giuseppe, santo, 207.
Caldarola, Peppino, 69.
Calderoli, Roberto, 20, 211.
Calearo, Massimo, 210.
Calvino, Italo, 64.
Camilleri, Andrea, 148.
Campana, Micaela, 31.
Campbell, Alastair, 73.
Cancellieri, Anna Maria, 27.
Caprara, Claudio, 73.
Carabini, Orazio, 171n.
Carosone, Renato, 8.
Caruso, Francesco, 180.
Casaleggio, Gianroberto, 9.
Cascella, Pasquale, 73.
Caselli, Giancarlo, 8.
Casini, Pier Ferdinando, 21, 25, 44, 79, 97, 144, 174, 218, 229, 233-234.
Cassanmagnago, Maria Luisa, 165.
Cassese, Sabino, 16.
Castagnetti, Pierluigi, 48-49, 61, 77-79, 93, 113, 121, 125, 128, 130.
Castelli, Roberto, 182.
Castellitto, Sergio, 117.

Cavalcanti, Guido, 64.
Cavour, Camillo Benso conte di, 251.
Ceccarelli, Filippo, 37 e n.
Ceccarelli, Sandra, 178.
Cecchi Gori, Vittorio, 38.
Celli, Pier Luigi, 96.
Celsi, Enzo, 60.
Cencelli, Massimiliano, 168.
Cestelli, Emilia, 148.
Chaplin, Charlie, 205.
Chiamparino, Sergio, 20.
Chiaromonte, Franca, 197.
Chiesa, Mario, 160.
Chirac, Jacques, 123.
Chiti, Vannino, 48.
Ciampi, Carlo Azeglio, 15, 33, 40-41, 75, 88-89, 94-95, 98, 109-110, 123-126, 135-136, 139, 166, 171, 183, 215-218.
Cicchitto, Fabrizio, 246.
Cioni, Graziano, 225, 227.
Cirami, Melchiorre, 152.
Cirillo, Beppe, 13.
Civati, Giuseppe, 18, 241, 252.
Clemenceau, Georges, 6.
Clinton, Bill, 51, 94, 113, 123, 135, 143, 215.
Clinton, Hillary, 136.
Cofferati, Sergio, 82, 84, 96, 132-134, 151-152, 158, 161, 164.
Cohn-Bendit, Daniel, 62.
Colaninno, Roberto, 116.
Colinucci, Federico, 211.
Colletti, Lucio, 62.
Colombo, Daria, 146-147, 164.
Colombo, Emilio, 20.
Colombo, Furio, 147, 169.
Colombo, Gherardo, 96.
Colonna, principi, 36.
Consorte, Giovanni, 171, 199.
Cossiga, Francesco, 44, 67, 79, 84, 91, 97-99, 102-104, 106, 108-111, 113, 117, 120, 122, 147, 181, 185, 217, 229, 252.
Cossutta, Armando, 106, 113.
Costanzo, Maurizio, 61, 83.
Cotti, Fabrizio, 51.
Crainz, Guido, 252n.
Craxi, Bettino, 40, 101, 156, 214.
Crimi, Rocco, 169.
Crozza, Maurizio, 210, 224, 230.
Cuillo, Roberto, 74, 93.
Cuperlo, Gianni, 61, 73, 81, 116, 138, 164, 210, 212, 224, 230, 249, 252.
Curzi, Sandro, 170.
Cusumano, Nuccio, 187-188.

D'Addario, Patrizia, 8.
D'Alema, Massimo, 15-17, 20-24, 27, 29, 31-32, 35, 38, 40, 42-43, 44 e n, 45-49, 52-58, 61-63, 66-69, 71-78, 80-90, 92-94, 96-98, 101-103, 105-106, 107 e n, 108-110, 111 e n, 112-126, 133-146, 149-153, 160-161, 164-165, 170, 171 e n, 172, 175, 180-183, 189-192, 196-200, 204, 206, 208, 211-212, 215, 217, 220-222, 227-228, 234, 237, 239-240, 242, 244, 246-247, 249, 251-252.
D'Alema Giuva, Linda, 108.
D'Alimonte, Roberto, 237.
dalla Chiesa, Nando, 145, 156.
dalla Chiesa, Simona, 219.
Damilano, Marco, 172n.
D'Amore, Maurizio, 60.
Dandini, Serena, 152.
D'Antoni, Sergio, 48, 79, 129.
D'Avanzo, Giuseppe, 96.
De André, Fabrizio, 82.
De Benedetti, Carlo, 44, 130, 173.
De Castro, Paolo, 208.
De Cecco, Marcello, 198.
De Filippi, Maria, 197.
De Gasperi, Alcide, 19, 131, 166-167, 174, 197.
De Gregori, Francesco, 82, 206, 239.
De Gregorio, Sergio, 10, 27, 184, 186, 188, 219.
Delbono, Flavio, 228.
Dellai, Lorenzo, 25.
Delors, Jacques, 97-98.
Del Porto, Dario, 11n.
Delrio, Graziano, 238, 254.
Del Rojo, Luiz, 182.
Del Turco, Ottaviano, 212.
De Magistris, Luigi, 229.
De Marchis, Goffredo, 33n, 223 e n.
De Mita, Ciriaco, 77, 93, 131, 165, 175.
De Petris, Loredana, 187.

De Simone, Alberta, 103.
D'Esposito, Fabrizio, 31n.
Diamanti, Ilvo, 130, 250 e n.
Di Biagio, Luigi, 99.
Di Maio, Marco, 30.
Dini, Lamberto, 11-12, 48, 55, 58, 86, 104-105, 138, 151, 164-165, 188, 215, 229.
Di Pietro, Antonio, 10, 36, 39, 75-76, 92, 105, 121-122, 130, 145-146, 153, 176, 205, 215-216, 233.
Domenici, Leonardo, 225.
Donati, Anna, 187.
Dorazio, Piero, 206.
Doria, Marco, 228.
Dossetti, Giuseppe, 41-42, 46, 78, 99, 166, 217.

Echenoz, Jean, 204, 205n.
Eco, Umberto, 39, 62, 85.
Elia, Leopoldo, 49.
Elkann, Alain, 38.
El Mahroug, Karima, *detta* Ruby, 193.
Emiliano, Michele, 8.
Enriques, Federico, 148.
Epifani, Guglielmo, 30, 133, 164, 207.
Errani, Vasco, 21, 25-26, 29, 245-246.
Esposito, Stefano, 28.

Fabiani, Fabiano, 35.
Falcone, Giovanni, 238.
Fanfani, Amintore, 3, 17, 22, 46, 237.
Fantozzi, Federica, 168.
Farinetti, Oscar, 22.
Farro, Pietro, 147.
Fassina, Stefano, 230.
Fassino, Piero, 11-12, 74, 113, 132-134, 145-148, 153, 156, 164, 171, 176, 180, 182, 197, 199-200, 206-208, 213-214.
Fava, Nuccio, 115.
Fazio, Antonio, 88, 170.
Fede, Emilio, 145.
Fedeli, Paolo, 60.
Ferilli, Sabrina, 206.
Ferragamo, Wanda, 226.
Ferrara, Giuliano, 17, 62.
Ferrari, Isabella, 206.
Ferrero, Paolo, 183.
Fini, Gianfranco, 41, 57-58, 62, 93, 124-125, 138, 144, 150, 174, 218, 227.
Finocchiaro, Anna, 15, 22-23, 31, 72, 96, 199, 247.
Fiorani, Gianpiero, 170.
Fiorito, Franco, 244.
Fioroni, Giuseppe, 28, 147, 182, 200, 206, 208, 226, 242, 247.
Fisichella, Domenico, 187-188.
Flick, Giovanni Maria, 59, 76, 99, 183, 215.
Flores d'Arcais, Paolo, 86, 148-153.
Fo, Dario, 8, 148.
Foa, Vittorio, 53, 122, 153, 218.
Fofi, Goffredo, 91.
Folena, Pietro, 113, 117, 133.
Follini, Marco, 15, 97.
Ford, John, 133.
Forlani, Arnaldo, 3, 17.
Formentini, Marco, 164.
Formigli, Alberto, 227.
Fortugno, Franco, 177.
Fossa, Giorgio, 88-89.
Fossati, Ivano, X, 61, 254.
Franceschini, Dario, 18, 24, 32-33, 48, 67, 79-80, 125, 148, 169, 172, 175, 200, 202, 206-208, 222, 225, 242, 244, 246-247.
Francesco (Jorge Mario Bergoglio), papa, 255.
Fratini, fratelli, 226.
Freccero, Carlo, 74, 149.
Frescobaldi, Bona, 226.
Fresu, Paolo, 219.
Fuccillo, Mino, 56.
Fumagalli, Marco, 197.

Gabanelli, Milena, 8-9, 16, 18.
Galan, Giancarlo, 115.
Gandhi, Mohandas Karamchand, 106.
Garavini, Sergio, 52.
Gardini, Raul, 40.
Garito, Marisa, 64, 179.
Gasparri, Maurizio, 17, 170.
Gatti, Sante, 62.
Gedda, Luigi, 19.
Gentiloni, Paolo, 130, 164, 173.
Gentiloni Silveri, Umberto, 75n, 95n, 109n, 123n, 139.

Geremicca, Federico, 115.
Gerina, Mariagrazia, 83, 172n.
Gherardi, Luciano, 166.
Ghini, Massimo, 35.
Giacomelli, Antonello, 32.
Ginsborg, Paul, 146, 150.
Giolitti, Antonio, 232.
Giorello, Giulio, 248.
Giovanardi, Carlo, 19.
Giovanni Paolo II (Karol Wojtyla), papa, 39, 129, 211.
Gitti, Gregorio, 25.
Giuliani, Carlo, 131.
Giuliani, Fabrizia, 31.
Giuntella, Tommaso, 240.
Giuseppe II d'Austria, 36.
Givone, Sergio, 226.
Gore, Al, 215.
Gori, Giorgio, 61, 74.
Gorresio, Vittorio, 3.
Gorrieri, Ermanno, 46.
Gotor, Miguel, 14, 224 e n.
Gramazio, Domenico, 188.
Gramsci, Antonio, 43, 69, 147, 169, 210.
Grasso, Pietro, 14.
Greco, Rosi, 38.
Grillo, Beppe, 8-9, 12-14, 16, 18, 20-22, 39, 155, 158, 176, 185, 189-190, 205, 235-237, 239, 242-243, 250.
Gruber, Lilli, 172.
Gualtieri, Roberto, 230.
Guazzaloca, Giorgio, 113.
Guenassia, Jean-Michel, 249, 250n.
Guevara, Ernesto, *detto* Che, 61.
Guicciardini Corsi Salviati, Roberto, 85.
Guttuso, Renato, 206.
Guzzanti, Corrado, 146, 152.
Guzzanti, Sabina, 148, 152.

Haendel, Georg Friedrich, 232.
Havel, Václav, 20.
Hollande, François, 235.
Huizinga, Johan, 112, 114.
Huxley, Aldous, 167.

Iglesias, Julio, 8.
Imposimato, Ferdinando, 8.
Ingroia, Antonio, 9.

Jarrett, Keith, 118.
Jobs, Steve, 238.
Jotti, Nilde, 118.
Jovanotti (Lorenzo Cherubini), 60, 205.
Judt, Tony, 112.

Kennedy, John Fitzgerald, 205.
Kennedy, Robert, 215.
Khaled, Hadj Brahim, 153.
Kohl, Helmut, 48, 194.

Lagos, Ricardo, 108.
La Malfa, Giorgio, 50, 103.
Lario, Veronica, 210.
La Russa, Ignazio, 26.
Lasorella, Carmen, 62.
Lastri, Daniela, 227.
Latorre, Nicola, 31, 73, 92, 116, 199, 212.
Lavitola, Valter, 10, 186.
Lawrence, Thomas Edward, *detto* d'Arabia, 35.
Lazzati, Giuseppe, 41.
Leone, Giovanni, 3-4, 246.
Lerner, Gad, 118, 164, 198.
Letta, Enrico, 12, 17, 22, 27, 30-31, 67, 79-80, 129, 135, 143, 152, 162, 172, 175-176, 198, 201, 208, 219, 233, 252-253.
Letta, Gianni, 15, 17, 231.
Leva, Danilo, 32.
Levi, Carlo, 206.
Levi Montalcini, Rita, 52, 187.
Lewis, Carl, 238.
Ligabue, Luciano, 164.
Liotta, Silvio, 104-105.
Lombardi, Giancarlo, 48, 85.
Longo, Luigi, 4.
Loren, Sophia, 172.
Lorenzetti, Rita, 253.
Losacco, Alberto, 211.
Luchetti, Daniele, 160.
Lusi, Luigi, 169, 179, 207, 234, 244.
Luttazzi, Daniele, 152.
Luxuria, Vladimir, 180.
Luzi, Mario, 5.

Maccanico, Antonio, 57-58, 102, 108, 190-191, 215.

Machiavelli, Niccolò, 69.
Madia, Marianna, 18.
Madonna (Madonna Louise Ciccone), 238.
Madre Teresa di Calcutta (Anjëzë Gonxhe Bokaxhiu), 61, 210.
Madron, Paolo, 16n.
Mafai, Simona, 219.
Magistrelli, Marina, 85, 97, 112.
Magni, Luigi, 206.
Magno, Bruno, 214.
Magris, Claudio, 20.
Malfatto, Roberto, 201.
Malgieri, Gennaro, 170.
Maltese, Curzio, 110.
Mammì, Oscar, 16, 156.
Mancino, Nicola, 39, 49, 93, 110, 164, 218.
Manciulli, Andrea, 32, 225.
Mancuso, Filippo, 62.
Mandelson, Peter, 73.
Mann, Thomas, 232.
Mannheimer, Renato, 109.
Mannoia, Fiorella, 206.
Maradona, Diego Armando, 54.
Márai, Sándor, 81.
Marchetti, Laura, 59.
Marchetti, Marco, 25.
Marcos, subcomandante, 177.
Marinelli, Augusto, 226.
Marini, Franco, 7, 15-24, 27-28, 30-31, 33, 36-37, 44, 49, 66-68, 76-77, 79, 86, 93, 101-103, 107-108, 113, 120-125, 131, 134, 141-142, 160, 170, 175-176, 179, 181-182, 188, 197, 200, 202, 218, 221, 244-247.
Marini, Giulio, 182.
Marini, Igor, 11-12, 27.
Marino, Ignazio, 222.
Maritain, Jacques, 210.
Maroni, Roberto, 231.
Marra, Wanda, 31n.
Martinazzoli, Mino, 40-41, 48.
Martini, Carlo Maria, 62.
Martini, Fabio, 105 e n, 172n.
Martino, Antonio, 62.
Martino, Pierdomenico, 33.
Marvasi, Pier Vittorio, 47.
Marx, Karl, 106, 232.
Masia, Giovanni, 106.
Mastella, Clemente, 79, 97, 110, 131, 176-178, 181, 183, 186, 188, 204, 218-219, 229.
Mastella Lonardo, Sandra, 186.
Mattarella, Pier Santi, 16.
Mattarella, Sergio, 16, 77.
Mattioli, Gianni, 52.
Matulli, Giuseppe, 225.
Mauro, Ezio, 90, 110.
Mazzi, Antonio, 85.
McEwan, Ian, 196.
Melandri, Giovanna, 63, 80, 132, 165.
Meloni, Giorgia, 26.
Melville, Herman, 56.
Mentana, Enrico, 63, 124.
Merkel, Angela, 184.
Micheli, Enrico, 76, 97, 217.
Micucci, Massimo, 73.
Middei, Fabrizio, 18.
Mieli, Paolo, 179, 198-199.
Migliavacca, Maurizio, 27, 245.
Milani, Lorenzo, 117.
Mills, David, 227.
Minetti, Annalisa, 94.
Minniti, Marco, 73, 80, 82.
Minzolini, Augusto, 27.
Mirabella, Michele, 35.
Modugno, Domenico, 8.
Mola, Emilio, 26.
Monaco, Franco, 20, 99, 112.
Monda, Antonio, 196.
Monet, Claude, 151.
Montanelli, Indro, 45, 190.
Montezemolo, Luca Cordero di, 185, 241.
Monti, Mario, 20, 24-27, 48, 95, 140, 185, 231-234, 236-237, 241-244.
Morante, Laura, 206.
Moratti, Letizia, 229.
Moretti, Alessandra, 19, 240.
Moretti, Nanni, 91, 118, 145-150, 152-163, 255.
Mori, Giancarlo, 115.
Moro, Aldo, 3-5, 19, 35, 46, 49, 55, 110-111, 113, 150, 167, 215, 225, 250.
Morricone, Ennio, 80.
Morrione, Roberto, 35, 60, 62-63, 216.
Muccino, Gabriele, 205.

Munari, Bruno, 206.
Mussi, Fabio, 60, 84, 98, 117, 133, 161, 171, 197, 202.

Napoli, Antonio, 73.
Napolitano, Giorgio, 5-7, 14, 16, 24, 27, 31, 56, 72-73, 94-95, 109, 164, 171, 181, 183, 186, 216, 218, 231, 232 e n, 233, 245.
Nardella, Dario, 18.
Nastri, Ermanno, 153.
Natta, Alessandro, 147, 159.
Nenni, Pietro, 19.
Nerozzi, Paolo, 210.
Neruda, Pablo, 188.
Novelli, Diego, 52.

Obama, Barack, 19, 136, 205, 211, 226, 238.
Öcalan, Abdullah, 116.
Occhetto, Achille, 40-42, 62, 78, 81, 84, 148, 159, 174, 203, 214, 222, 249.
Odifreddi, Piergiorgio, 209.
Onida, Valerio, 59.
Onofri, Paolo, 95.
Orfini, Matteo, 18, 149, 208, 230, 246.
Orlando, Andrea, 28, 230.
Orlando, Federico, 152.
Oswald, Lee, 104.

Padellaro, Antonio, 147.
Padoan, Pier Carlo, 74.
Padoa Schioppa, Tommaso, 183, 218.
Padre Pio da Pietrelcina (Francesco Forgione), 152.
Pajetta, Giancarlo, 156.
Palme, Olof, 202.
Palombelli, Barbara, 129, 165.
Pancheri, Claudio, 179.
Pannella, Marco, 128, 131, 181.
Pansa, Giampaolo, 62, 75, 83, 116.
Pantani, Marco, 164.
Panzino, Simona, 177.
Paolo VI (Giovanni Battista Montini), papa, 126.
Papini, Andrea, 58, 112.
Pardi, Francesco, *detto* Pancho, 146, 150-151, 156.
Parisi, Arturo, 21, 24-25, 36, 48, 50-51, 53-55, 58-60, 63, 65-70, 76, 84, 95, 97, 100, 104-107, 109, 112, 116, 118, 121, 123-125, 128-131, 165, 168-170, 172, 174-175, 177, 183, 201, 208, 218, 234, 241.
Passera, Corrado, 177.
Pavarotti, Luciano, 223.
Pecci, Gianni, 51.
Pecoraro Scanio, Alfonso, 176.
Pecorelli, Mino, 129.
Pedrazzi, Luigi, 46.
Pellizza da Volpedo, Giuseppe, 224.
Penati, Filippo, 16, 38, 234, 253.
Pertini, Sandro, 9, 187.
Petrini, Carlo, 198.
Petruccioli, Claudio, 43 e n, 170, 214, 232.
Peverelli, Simona, 148.
Pezzotta, Savino, 164.
Piano, Renzo, 118.
Pini, Giuditta, 23.
Pininfarina, Sergio, 185.
Pintor, Luigi, 56-57, 149 e n, 150.
Piovani, Nicola, 152.
Pirani, Mario, 89.
Pisanu, Giuseppe, 180, 218.
Pisapia, Giuliano, 228-229.
Pisicchio, Pino, 37.
Pistelli, Lapo, 28, 225, 227.
Pistelli, Nicola, 225.
Pivetti, Irene, 105, 120.
Pivetti, Ludovica, 105.
Pizzarotti, Federico, 236.
Polito, Antonio, 210.
Pollastrini, Barbara, 185, 192.
Pontecorvo, Gillo, 52, 62.
Princip, Gavrilo, 104.
Prodi, famiglia, 33, 183.
Prodi, Romano, IX, 7-12, 16, 20-33, 35-40, 42, 45, 46 e n, 47-72, 74-79, 81-97, 99-102, 104-112, 114, 116-118, 120-126, 128-131, 135-139, 141-142, 157, 160-161, 164-168, 172-180, 183-194, 198-201, 203-204, 213-219, 238, 242, 245-248, 251-254.
Prodi, Vittorio, 27, 33.
Prodi Franzoni, Flavia, 24, 46 e n, 61, 129, 164.
Profumo, Alessandro, 177.

Proietti, Gigi, 206.
Prospero, Michele, 240.
Putin, Vladimir, 8, 193.

Raciti, Fausto, 28.
Rame, Franca, 182.
Ramenghi, Antonio, 116.
Reagan, Ronald, 190, 238.
Reichlin, Alfredo, 38, 199, 209-210.
Renzi, Francesco, 239.
Renzi, Matteo, 15, 18-20, 22, 27-28, 31-33, 43, 75, 135, 137, 141-144, 196, 201, 205, 208, 219, 221, 225-227, 232, 237-242, 244, 246, 252, 254.
Riccardi, Andrea, 241.
Ricucci, Stefano, 28, 170.
Rilke, Rainer Maria, 80-81.
Rinaldi, Claudio, 75, 116.
Rizzo, Sergio, 206.
Rizzo Nervo, Nino, 170.
Roccella, Eugenia, 179.
Rodotà, Maria Laura, 73.
Rodotà, Stefano, 8, 16, 18-20, 24-25, 27, 31-32, 141, 229 e n, 246-247.
Rognoni, Carlo, 170.
Romano, Andrea, 81.
Romiti, Cesare, 88-91.
Romualdo, santo, 98.
Rondolino, Fabrizio, 73, 76, 92-93, 116.
Rosselli, Carlo, 118, 218.
Rosselli, Nello, 218.
Rossi, Enrico, 32.
Rossi, Guido, 116.
Rossi, Nicola, 74.
Rossi, Vasco, 223-224.
Rovati, Angelo, 28-29, 123, 180, 185.
Ruggiero, Renato, 146.
Ruini, Camillo, 61, 90-91, 99, 167, 208.
Russo Jervolino, Rosa, 49, 220.
Russo Spena, Giovanni, 181.
Rutelli, Francesco, 33, 36-37, 60, 93, 101-103, 119-120, 128-132, 134, 145-147, 156, 164, 167-173, 175-177, 183, 200, 202-203, 207-208, 234, 238.

Saccà, Agostino, 152.
Salerno, Andrea, 60, 64.
Salinger, Jerome David, 221.
Salvi, Cesare, 90, 101.
Sangalli, Gian Carlo, 33.
Sani, Luca, 32.
Sannino, Conchita, 11n.
Santagata, Giulio, 46, 51, 53-54, 59-60, 64, 94, 175, 177-179, 183.
Santagata, Marco, 46 e n.
Santanchè, Daniela, 19.
Santer, Jacques, 123.
Santoro, Michele, 39, 130, 148, 152, 164-165, 172.
Saonara, Gianni, 112.
Saraceno, Pasquale, 98.
Saragat, Giuseppe, 246.
Sardoni, Alessandra, 92n, 173 e n.
Sassoli, David, IX.
Scalera, Giuseppe, 188.
Scalfari, Eugenio, 44, 88, 214.
Scalfaro, Oscar Luigi, 40, 72, 95, 165, 181-182, 226, 245.
Scalfarotto, Ivan, 177.
Schianchi, Francesca, 210.
Schiavone, Aldo, 226.
Schifano, Mario, 206.
Schönborn, Christoph, 10.
Schroeder, Gerhard, 109.
Schuman, Robert, 166.
Sciascia, Leonardo, 86.
Scola, Ettore, 52.
Scoppola, Pietro, 99, 174, 195, 197, 222.
Segni, Mario, 20, 40, 50, 214, 222.
Serra, Davide, 240, 244.
Serra, Michele, 85, 228 e n.
Serracchiani, Debora, 18, 83.
Serri, Rino, 52.
Siciliano, Enzo, 96.
Silvestrini, Achille, 126.
Simenon, Georges, 6 e n.
Simone, Michele, 83.
Sircana, Silvio, 180.
Sofri, Adriano, 218, 240.
Soliani, Albertina, 123, 146, 187.
Soriero, Pino, 134.
Soro, Antonello, 244.
Soru, Renato, 213, 224.
Sosa, Mercedes, 255.
Spagna, Ivana, 94.
Spagnolli, Giovanni, 3.
Spaventa, Luigi, 59.

Speranza, Roberto, 240, 247.
Spinelli, Barbara, 122, 123 e n, 166.
Sposetti, Ugo, 27, 169, 207, 234, 240.
Sposini, Lamberto, 62.
Staino, Sergio, 244.
Stalin (Josip Vissarionovič Džugašvili), 246.
Stella, Gian Antonio, 144, 206.
Sting (Gordon Matthew Thomas Sumner), 118.
Storace, Francesco, 182.
Strada, Gino, 8, 16, 18, 132, 146.
Strano, Nino, 188.
Stumpo, Nico, 230.
Sturzo, Luigi, 167, 197, 210.

Tabacci, Bruno, 21.
Tabucchi, Antonio, 148.
Tamaro, Susanna, 38.
Tarantini, Gianpaolo, 8.
Taviani, Paolo, 206.
Taviani, Vittorio, 206.
Tedesco, Giglia, 40.
Telese, Luca, 93n.
Thatcher, Margaret, 136, 190, 238.
Timperi, Tiberio, 206.
Tocci, Walter, 18.
Togliatti, Palmiro, 19, 28, 118, 147, 153, 206, 210, 218, 253.
Tonini, Giorgio, 132, 203-204.
Totti, Francesco, 135.
Tranfaglia, Nicola, 148.
Trantino, Enzo, 11.
Travaglio, Marco, 148, 152.
Tremonti, Giulio, 62, 211, 231.
Treu, Tiziano, 82, 95.
Tronchetti Provera, Marco, 88-90, 185, 191-192.
Trotsky, Lev, 79.
Turco, Livia, 72, 95.
Turigliatto, Franco, 188.

Urbani, Giuliano, 170.

Vacca, Giuseppe, 77, 165.
Vaccaro, Guglielmo, 31.
Valentini, Chiara, 116.
Valetto, Maria Pia, 112.
Valpiana, Tiziana, 106, 217.
Vanoni, Ezio, 98.
Vantini, Federico, 237.
Vattimo, Gianni, 148.
Vecchioni, Roberto, 146.
Velardi, Claudio, 73-75, 84, 92, 108, 110-111, 115-116.
Velo, Silvia, 32.
Veltri, Elio, 148.
Veltroni, Walter, 27-28, 33, 36, 38, 42-44, 45 e n, 49, 54, 60-64, 67-68, 71-72, 75, 77, 81-84, 86-88, 91, 94, 96-98, 100-101, 103, 108-110, 113-114, 116-120, 123-125, 130-131, 133-134, 140, 158, 160-161, 164, 171-173, 183, 186, 190, 196-220, 222-227, 230, 238-240, 244, 252-253.
Vendola, Nichi, 18, 20-21, 25, 60, 83, 174, 228, 233, 246.
Ventura, Michele, 225, 227.
Verdi, Giuseppe, 223.
Verdini, Denis, 20, 245.
Verdon, Timothy, 129.
Verini, Walter, 28, 60.
Vespa, Bruno, 83, 92.
Vigna, Piero Luigi, 226.
Violante, Luciano, 84-85, 104-105, 107, 246.
Virzì, Paolo, 206.
Visani, Davide, 55.
Visco, Vincenzo, 72.
Vissani, Gianfranco, 116.

Walzer, Michael, 249 e n, 255.
Weber, Roberto, 74, 179.
Wen Jiabao, 185.

Zaccagnini, Benigno, 3.
Zagrebelsky, Gustavo, 8.
Zampa, Sandra, 24, 30.
Zanda, Luigi, 19, 247.
Zanotelli, Alex, 132.
Zapatero, José Luis, 168, 228.
Zátopek, Emil, 204.
Zedda, Massimo, 228.
Zevi, Tullia, 198.
Zingaretti, Nicola, 140, 209.
Zoffoli, Sauro, 147.

Annotazioni

Annotazioni